20世纪的公共支出：
全球视野

〔美〕维托·坦齐
〔德〕卢德格尔·舒克内希特 著

胡家勇 译

商务印书馆
2005年·北京

Vito Tanzi
Ludger Schuknecht
PUBLIC SPENDING IN THE 20TH CENTURY
A GLOBAL PERSPECTIVE
Cambridge University Press, 2000
本书根据剑桥大学 2000 年版译出

献给玛丽亚、乔蒂和我们的孩子

目 录

表格 ·· 6
前言 ·· 1

第一部分 政府扩张：历史视野

第一章 1870年以来政府的扩张 ································ 7
 一、第一次世界大战以前 ······································ 7
 二、两次世界大战期间 ·· 13
 三、第二次世界大战后到1980年 ······························ 14
 四、1980年代和1990年代 ······································ 24
 五、公共支出增长的非对称性 ·································· 27
 六、结论 ·· 29

第二章 公共支出结构 ·· 30
 一、政府实际支出 ·· 31
 二、补贴和转移支付 ·· 38
 三、社会支出 ·· 42
 四、公共债务的利息支出 ······································ 58
 五、结论 ·· 61

第三章 收入、赤字和公共债务 ·································· 65

一、收入 ·· 66
　　二、赤字 ·· 77
　　三、公共债务和隐性债务 ·· 80
　　四、结论 ·· 87

第二部分　公共支出增长的收益

第四章　政府绩效的历史证据 ·· 91
　　一、分析方法说明 ·· 91
　　二、经济指标 ·· 95
　　三、社会指标 ··· 111
　　四、结论 ··· 122

第五章　政府规模及其绩效 ·· 123
　　一、导言 ··· 123
　　二、公共支出模式 ·· 124
　　三、经济绩效、公共债务和劳动力市场指标 ······················ 127
　　四、社会指标 ·· 132
　　五、环境指标 ·· 135
　　六、分配与社会稳定指标 ··· 136
　　七、治理指标 ·· 140
　　八、结论 ··· 143

第六章　新兴工业化国家的经验 ·· 145
　　一、新兴工业化国家的公共支出模式 ······························· 146
　　二、经济和劳动力市场指标 ·· 150
　　三、社会和分配指标 ··· 153

四、治理指标 ……………………………………… 155
五、结论 …………………………………………… 156

第三部分 国家职能与政府改革

第七章 重新思考国家的职能 …………………… 161
  一、改革的范围 …………………………………… 161
  二、变革政策体制 ………………………………… 164
  三、削减国家职能 ………………………………… 168
  四、改革的实施 …………………………………… 173
  五、改革与经济全球化 …………………………… 179
  六、改革的时间安排 ……………………………… 180
  七、结论 …………………………………………… 182

第八章 财政规则和财政制度 …………………… 183
  一、财政规则与财政制度的重要性 ……………… 183
  二、预算过程 ……………………………………… 185
  三、财政规则 ……………………………………… 189
  四、公共支出管理的新趋势 ……………………… 194
  五、实施机构 ……………………………………… 198
  六、腐败和法治 …………………………………… 201
  七、结论 …………………………………………… 204

第九章 削减公共支出的蓝图 …………………… 205
  一、改革支出政策的重要性 ……………………… 205
  二、公共企业、公共服务和公共投资的私有化 …… 208
  三、教育 …………………………………………… 218

四、养老金改革 225
五、医疗部门改革 235
六、减少其他收入转移计划 239
七、准预算政策 240
八、算资源使用账 242
九、结论 243

第四部分 一些国家政府改革的新近经验

第十章 新近改革经验 247
一、新西兰政策体制变革 248
二、智利的政策体制改革 252
三、OECD 国家的财政改革 255
四、若干新兴工业化国家的财政改革 266
五、结论 270

第十一章 公众舆论中的财政改革 272
一、财政改革在公共舆论中处于突出位置 272
二、有关赤字和公共支出限度的争论 277
三、公众对支出政策的争论 281
四、改革的实施：在全球化与既得利益集团的夹缝中 286
五、结论 291

第十二章 公共支出的未来 292

参考文献 300

作者索引 …………………………………………… 325
主题索引 …………………………………………… 335

表　格

表 1.1　1870—1996 年政府总支出的增长 …………………… 10
表 2.1　1870—1995 年政府实际支出 …………………………… 31
表 2.2　1870—1994 年政府就业 ………………………………… 33
表 2.3　1900—1995 年公共国防支出 …………………………… 35
表 2.4　1870—1995 年政府在补贴和转移支付上的支出 …… 39
表 2.5　1870—1993 年公共教育支出 …………………………… 44
表 2.6　1910—1975 年西欧社会保险覆盖面:养老、
　　　　失业和医疗保险 ……………………………………… 46
表 2.7　1913—1994 年公共医疗支出 …………………………… 47
表 2.8　养老金制度越来越慷慨 ………………………………… 51
表 2.9　1913—1993 年公共养老金支出 ………………………… 52
表 2.10　1937—1996 年公共失业支出 ………………………… 55
表 2.11　1992 年在其他收入转移计划上的公共支出 ……… 56
表 2.12　1870—1995 年中央政府利息支出 …………………… 59
表 2.13　1870—1995 年政府公共投资总支出 ………………… 62
附表 2.1　人口老龄化(60 岁以上人口所占百分比) ………… 63
表 3.1　1870—1996 年政府总收入 ……………………………… 67
表 3.2　1870—1994 年政府收入结构 …………………………… 71

表 3.3	1996年税率:增值税/销售税、所得税和工薪税	75
表 3.4	1960—1996年政府财政总体平衡状况	78
表 3.5	历史上的公共债务总额(1870—1996)	81
表 3.6	若干工业化国家净养老金债务估计值	85
表 4.1	历史上的经济指标:实际经济增长	96
表 4.2	历史上的经济指标:人均GDP	98
表 4.3	历史上的经济指标:失业率	100
表 4.4	历史上的经济指标:通货膨胀	103
表 4.5	1960—1990年公共债务实际利率	106
表 4.6	1991—1995年若干OECD国家公共债务的风险补偿金	107
表 4.7	1970—1994年G7国家的财政赤字、公共债务和储蓄	110
表 4.8	历史上的社会指标:婴儿死亡率和预期寿命	111
表 4.9	历史上的社会指标:教育	115
表 4.10	历史上的社会指标:收入分配	117
表 4.11	选准转移支付的受益者抑或普遍受益(1980年代中期)	119
表 4.12	1980年代中期通过税收和转移支付而实现的收入分配均等化	120
表 5.1	1960年前后和1990年的政府规模与公共支出结构	125
表 5.2	1960年前后和1990年各组国家的政府规模、经济绩效、财政和劳动力市场指标	128

表 5.3	1960年前后和1990年不同国家组的政府规模、医疗、教育和环境指标 ················ 133
表 5.4	1960年前后和1990年不同国家组的政府规模、收入分配和社会稳定指标 ················ 137
表 5.5	1990年前后政府规模与治理指标 ················ 142
表 6.1	1990年代初若干"小"政府国家和新兴工业化国家的政府绩效指标 ················ 150
表 7.1	若干工业化国家财政搅拌水平 ················ 170
表 9.1	在各种支出计划上实施政府改革的蓝图 ················ 207
表 9.2	评估基础设施领域商品和服务私人与公共提供的好处 ················ 212
表 9.3	产品和服务的私人与公共提供 ················ 216
表 9.4	1980年代中期高等教育机构的收入来源 ················ 224
表 9.5	若干工业化国家养老体系的缴费缺口及改革的影响 ················ 229
表 9.6	成本控制和私人与公共医疗支出(1992) ················ 236
表 10.1	公共支出变动与政府改革:智利与新西兰 ················ 250
表 10.2	若干工业化国家的公共支出变动与政府改革 ················ 255
表 10.3	若干新兴工业化国家的公共支出变动与政府改革 ················ 266

前　　言

写本书的想法四年前就产生了，当时我们中的一位应邀去参加一个会议，并要求就福利国家的未来写一篇文章。写这样一篇文章需要动一番脑筋，以解答这样一个问题：如果压缩福利国家，可以放弃什么。在思考这个问题时，不可避免地会联想到一个相关的问题：一些工业化国家在变为福利国家之前，它们是一种什么类型的社会，更具体地说，它们的公共支出处在什么水平上？我们惊奇地发现，即使与当今发展中国家的一般水平相比，20世纪初期的公共支出一直是很低的。但是，正是在这个时期，一些工业化国家的社会经济充满了活力和现代气息。

目前，各种各样的计划，诸如教育、医疗、养老、失业和其他一些计划，占去了工业化国家预算的巨大份额，而这些计划在20世纪初意义并不大。认识到这一点促使我们对公共支出与社会福利之间的关系进行反思。当增加公共支出时，它会产生两种效应。首先，它将导致税收水平提高，从而导致个人可支配收入下降；其次，那些从公共支出中受益的人根据自身能力采取行动以防范各种风险的需求被削弱了。因此，公共行动在某种程度上替代了私人行动。对某一个人情况如此，对很多人，尽管不是所有个人，情况也肯定如此。因此,增加公共支出并不会自动提高公共福利,甚至会降低它。本书将对诸如此类的问题进行分析。

写作本书需要在搜集资料上付出巨大的努力。我们相信,从本书中可以得到的某些资料,从其他任何单一渠道都是得不到的。索利托·韦克菲尔德(Solita Wakefield)对本书的数据统计提供了很大帮助。国际货币基金组织图书馆的资料也给予我们很大帮助。我们尤其想感谢国际货币基金组织财政图书馆的伊冯娜·连(Yvonne Liem)和迪尔德丽·尚利(Deirdre Shanley),她们帮助我们找到了一些不易查找的书籍和论文。尚利女士还对本书文献目录的精心编排给予了特别帮助。

本书各种手稿的录入工作主要是由占巴·源(Champa Nguyen)承担的,我们对她怀有极大的感激之情。我们还想感谢比拉·戴维(Beulah David)和迪尔德丽·尚利,戴维帮助我们处理了最后文稿,尚利帮助我们编排了文献目录。

本书的部分工作是我们中的一位作者(V.坦齐)在布达佩斯学院高级研究所(位于布达佩斯)度假期间完成的。该所提供了惬意的思考和写作环境,我们想对该所所给予的友好接待表示感谢。最后,四位评阅人对本书的初稿提出了很有价值的评论。这些评论有助于完善本书的最终文本。

如果不提我们的家人,致谢就是不完整的。本书主要是在夜晚和周末完成的,她们为此付出了很大的代价。我们希望感谢我们的四个孩子,尤其要感谢我们有耐心的妻子玛丽亚(Maria)和乔蒂(Jyoti)。

显然，本书的观点完全是作者本人的，并不代表本书写作期间与作者有关的机构的官方观点。

维托·坦齐于华盛顿特区
卢德格尔·舒克内希特于法兰克福

第一部分　政府扩张：
历史视野

　　本书第一部分由第一章至第三章组成，集中讨论1870年到1990年代中期大约125年间工业化国家公共支出的增长。第一章把这一时期分为如下几个阶段：1870年到第一次世界大战；两次世界大战之间；第二次世界大战至1980年以及最近几年。

　　第二章对导致公共支出增长的各种政府计划进行分门别类的分析。该章表明，那些以往并不构成政府责任的一些领域，随着时间的推移，在公共支出中发挥着日益重要的作用。其中一些计划已成为公共支出大幅度增长的最重要原因。

　　公共支出的增长不得不主要靠税收收入提供资金。第三章描述了税收收入和税收结构的变化，正是这些变化，才使得有可能为日益膨胀的支出提供资金。该章同时表明，当税收的增加仍不足以为高水平的公共支出提供资金时，政府就会求助于债务融资。这就导致了公共债务的增长，同时由于债务是需要偿还的，这继而导致对公共收入提出更高的需求。

　　第一部分的主要结论是，公共支出的增长并不是由不可避免的力量所导致的，这些力量使得公共支出的增长成为绝对必需的。因此，它并不像诸如瓦格纳定律（Wagner's Law）或鲍莫尔病

(Baumol's disease)等公共支出增长理论所认为的那样是不可避免的;相反,我们可以认为,公共支出的增长不过是对人们关于政府应该做什么的观念发生变化的一种反应。从某种意义上讲,政府的扩张反映出人们对私人部门处理某些问题的能力缺乏信心,而相信公共支出是应对某些个人风险的最好方式。政府的行动总是被假定是对个人行动的增进或补充。几乎从来不认为它是对个人行动的取代。

第一章 1870年以来政府的扩张

有关国家的经济职能,经济学家和社会公众的观点在过去两个世纪发生了明显的变化。正因为如此,公共机构和政府参与经济的程度也发生了变化。1870年以来,政府支出在当今的所有工业化国家中都大幅度地增加了。虽然增长幅度各国不尽相同,但很明显,公共支出的增长是一个普遍现象,尽管工业化国家之间存在着巨大的制度差异和地理、语言障碍。直到1980年前后,政府支出增长异常迅速。1980年代初以来,政府支出的增长放慢了许多,在某些情况下甚至下降了。我们将在本书中指出,尽管由于人口的变化未来几年财政形势将普遍不好,从而给增加公共支出造成压力,但公共支出未来可能会下降。

一、第一次世界大战以前

自由放任居支配地位

19世纪,古典经济学家和政治哲学家普遍赞成国家发挥最低限度的经济职能。这种态度在某种程度上是对18世纪政府干预导致严重扭曲的一种反映。① 正如凯恩斯所指出的那样："18世纪政府所做的几乎每一件超出其最低限度职能的事情,都似乎是有害的,或是不成功的"(Keynes,1926,第12页)。古典经济学家认为,政府的职能应限于国防、治安和行政管理,因为,"除了对个人权利给予法律上的保护之外",政府"不可能有其他任何合理的职能"(Bastiat,1944—1945)。1776年,亚当·斯密把自己有关国家职能的观点描述为提供公共品,用他自己的话说就是,"建立和维护公共机构和公共工程,它们虽然对整个社会有很大的好处,但由于其自身的性质,它们所带来的利润从来就不能弥补任何个人或少数人为此所花费的支出……[这些公共工程主要是]那些为社会商业活动提供便利和促进人民教育的设施。"② 因此,从某种意义上讲,是斯密引入了公共品概念的最初版本。

而且,古典经济学家"是国家办教育最有力的赞成者和先驱者"(West,1970)。斯密已经认识到较低"阶级"的教育对现代国家具有重要性:"国家可以从对它们的教育中获得巨大的益处,它们所受到的教育越多,就越不容易陷入偏执与妄想的狂热之中,那些无知的国家经常会发生可怕的秩序混乱。"当时很多人还强调教育对于年轻人摆脱胡闹具有重要意义。③

---

① 关于这一点,可参见凯恩斯(1926)有些名气的著作。
② 亚当·斯密:《国民财富的性质和原因的研究》(1937,第618页)。到19世纪初,私人慈善事业就已经被认为是不够的,从而引入了对穷人的公共救济和处罚计划,这主要是为了维持法治与秩序(Rimlinger,1971)。危机期间,还出现了分配干预政策。有关1819年恐慌期间的债务豁免,可参见罗特巴特(Rothbard,1962),国内战争以前的银行业和政治状况,可参见海蒙德(Hammond,1957)。
③ 见维斯特(West,1970,第112—113页)。不过,维斯特还写道,政府的参与程度在过去100年间不断提高,这可能是古典经济学家所不赞成的。

对于古典经济学家而言,政府的职能应该是小的,从本质上讲应限于资源的配置(参见 Robbins,1962)。国家的制度框架,如美国的宪法,没有给政府指定其他任何经济职能。结果,在19世纪,在许多可以查到1870年资料的工业化国家,公共支出都处于最低水平(表1.1)。① 1870年前后,没经加权的平均公共支出仅占国内生产总值的10%左右。在美国,政府支出约为GDP的7%,这一时期的绝大多数新兴欧洲工业化国家,如德国、英国及荷兰,公共支出没有超过GDP的10%。澳大利亚、意大利、瑞士和法国公共支出占GDP的份额在12%到18%之间,按照古典经济学家的标准,这些国家可以被视为政府严重干预经济的国家。保罗·勒鲁瓦-博利厄(Paul.Leroy-Beaulieu,1888)是当时法国经济学家的一位领军人物,他在谈到税收占经济的比例多大为合适这一问题时指出,5%—6%的份额是适中的,超过12%就应该被视为是"过于昂贵"的,从而有可能毁掉一个国家的增长前景。

然而,19世纪的后期,古典经济学家开始受到马克思主义思想的挑战。马克思主义思想强烈地影响到欧洲的社会主义运动。到19世纪末,德国经济学家施莫勒(Schmoller)和瓦格纳(Wagner)已经把财富再分配追加为政府的一项合法的和一般的职能。他们证明了旨在把财富从富人手中再分配到穷人手中的政府政策是合理的。在此之前,带有再分配效应的政策基本上是临时性的,旨在保护处在诸如饥馑、银行危机等特殊情形下的某些群体。此时,政

---

① 在最近的一篇论文中,我们两人中有一位警告说,政府的职能并不仅仅限于公共支出,它还可以通过准财政活动(quasi-fiscal activities)和规制来履行(参见 Tanzi,1998c)。在本书中,我们集中讨论支出和税收,基本不考虑上述警告。

府在提供小学教育上的作用已经非常突出(Connell,1980),尽管仍有大部分人口没有接受教育的机会,因而没能上学。第一个社会保险体制于 1880 年代在德国开始建立,尽管符合条件的人数和保险金水平都处于最低限度(Altenstetter,1986)。人们一直认为,"到 19 世纪末,现代社会保障理念的基础已经奠定了"(Rimlinger,1971)。

表 1.1　1870—1996 年政府总支出的增长(占 GDP 的百分比)

	19 世纪后,1870 年前后[a]	一战前 1913	一战后 1920	二战前 1937	二战后 1960	二战后 1980	二战后 1990	二战后 1996
政府总支出(所有年份)								
澳大利亚	18.3	16.5	19.3	14.8	21.2	34.1	34.9	35.9
奥地利	10.5	17.0	14.7[b]	20.6	35.7	48.1	38.6	51.6
加拿大	…	…	16.7	25.0	28.6	38.8	46.0	44.7
法国[c]	12.6	17.0	27.6	29.0	34.6	46.1	49.8	55.0
德国	10.0	14.8	25.0	34.1	32.4	47.9	45.1	49.1
意大利	13.7	17.1	30.1	31.1	30.1	42.1	53.4	52.7
爱尔兰[d]	…	…	18.8	25.5	28.0	48.9	41.2	42.0
日本	8.8	8.3	14.8	25.4	17.5	32.0	31.3	35.9
新西兰[b]	…	…	24.6	25.3	26.9	38.1	41.3	34.7
挪威[d]	5.9	9.3	16.0	11.8	29.9	43.8	54.9	49.2
瑞典[c]	5.7[b]	10.4	10.9	16.5	31.0	60.1	59.1	64.2
瑞士	16.5	14.0	17.0	24.1	17.2	32.8	33.5	39.4
英国	9.4	12.7	26.2	30.0	32.2	43.0	39.9	43.0
美国	7.3	7.5	12.1	19.7	27.0	31.4	32.8	32.4

(续表)

平均	10.8	13.1	19.6	23.8	28.0	41.9	43.0	45.0
政府支出(1870—1937年为中央政府支出,此后为政府总支出)								
比利时	…	13.8	22.1	21.8	30.3	57.8	54.3	52.9
荷兰	9.1	9.0	13.5	19.0	33.7	55.8	54.1	49.3
西班牙	…	11.0	8.3	13.2	18.8	32.2	42.0	43.7
平均	9.1	11.3	14.6	18.0	27.6	48.6	50.1	48.6
总平均	10.7	12.7	18.7	22.8	27.9	43.1	44.8	45.6

资料来源:由坦齐和舒克内希特根据以下资料整理而得:费尔南德斯·阿查(Fernández Acha,1976);安迪克和韦韦尔卡(Andic and Veverka,1964);澳大利亚,调查与统计局(1938);国家统计协会(比利时)(1952);布罗西奥和马切塞(Brosio and Marchese,1986);美国调查统计局(1975);布特林(Butlin,1984);挪威,《统计年鉴》(1969,1978);德洛姆和安德烈(Delorme and André,1983);弗洛拉、克劳斯和普芬宁(Flora, Kraus and Pfenning,1983);国际货币基金组织:《统计附录:新西兰》;国际货币基金组织:《瑞士近期经济发展》(1996);《日本历史统计》(1987);米切尔:《国际历史统计》(相应年份);内克和施奈德(Neck and Schneider,1988);荷兰中央统计局(1956);《新西兰政府》(1938);OECD:《世界经济展望》(1996,1997);意大利国家统计局(1951);奥地利统计局(1935)。
a 表中各栏或者是可以得到的最接近年份的数据。第二次世界大战前的数据有些是根据 GNP 或 NNP 而不是 GDP 计算出来的。
b 该年份为中央政府数据;新西兰 1960 年一栏为 1970 年的数据,1996 年一栏为 1994—1995 年的数据。
c 1996 年的数据;依据马斯特里赫特条约(Maastricht)的定义而计算的,小于法国国家统计局(INSEE)发表的数据。
d 由于数据计算的中断,用 1995 年的数据替代 1996 年的数据。

尽管如此,自由放任的观点仍居支配地位,政府的职能依然有限。1870 年至第一次世界大战期间,公共支出占 GDP 的平均份额缓慢提高,从 1870 年的 10.7%上升到 1913 年的 11.9%。在绝大多数国家,这一支出份额包括了中央、州和地方政府的支出(详见表1.1)。奥地利、德国、法国和英国参与了第一次世界大战,这些国家的军备开支反映在较高的公共支出水平上。而日本、挪威、荷兰和美国的公共支出仍低于GDP的10%。在此期间,几个国家政府支出占GDP的份额甚至下降了。这一时期的一个显著特征是,如此之低的政府支出份额是在很多欧洲国家实现现代化和许多大型公共工程(铁路、地铁)得以建成的情况下达到的。[1]

第一次世界大战的影响

第一次世界大战使政府的平均支出水平大幅度提高了。这主要是由军事以及与战争有关的支出造成的。至少是出于为战争目的提供资金的需要,政府拓展了自己的收入基础,因此,战后政府就有可能继续维持较高支出水平(Peacock and Wiseman,1961)。政府还必须偿还与战争有关的债务或者赔款。到1920年或随后的几年,公共支出已经提高到平均占GDP的18.7%,只有瑞典、西班牙、美国仍维持在近10%。在法国、德国、意大利和英国这些受战争影响最大的国家,公共支出已经超过了GDP的25%。澳大利亚、奥地利、加拿大、爱尔兰、日本、荷兰、挪威和瑞士属于"中"政府*的这组国家,支出水平低于GDP的20%。

---

[1] 或许有必要对这些数据所存在的疑问作一点说明。显然,这些数据的可比性是有问题的。然而,这些问题并不能改变所提到的基本趋势。

* "中"政府指中等规模政府,与"大"政府和"小"政府相对应,下同。——译者

二、两次世界大战期间

自由主义的终结

第一次世界大战之后，人们对政府职能的一般态度开始发生变化，这反映在凯恩斯1926年出版的一本书的书名上：《自由主义的终结》。在这本书中，凯恩斯写道："对政府而言，重要的事情不是去做那些个人已经在做的事情，也不是把这些事情做得好一点或差一点；而是去做那些目前根本没有做的事情"（第46—47页）。他的意思是，当时有很多事情没有做。

到了1920年代末，许多欧洲国家已经建立起了基本社会保险制度，与此同时，"大衰退"掀起了一场实施包括社会计划在内的扩张性政府支出政策的浪潮（Ashford and Kelley, 1986）。"大衰退"被很多人视为是市场经济的巨大失败，也是自由放任的巨大失败，这一失败证明了政府干预的合理性，也使得许多知识分子以各自不同的崇敬目光看待在苏联、德国和意大利进行的经济试验。美国在"新政时期"开始启动大型公共支出计划（如对抚养孩子的家庭给予补助），其他国家的政府则批准在失业和公共工程上花费更多的支出，这部分是为了在"大衰退"的情况下创造就业机会。从1930年代中期开始，为了应对希特勒德国的威胁，军费开支不断增加，这也导致了欧洲国家公共支出的上升。

到1937年，公共支出已经提高到平均22.8%的水平，约为1913年的2倍。公共支出水平在所有国家都提高了，加拿大、德国、日本、荷兰、西班牙、瑞典、瑞士和美国最为明显。不过,这种提高在某种程度上是由"大衰退"所造成的 GDP 下降导致的,而不是公共支出真正增加了。① 除了澳大利亚、挪威和西班牙以外,公共支出在所有国家都超过了 GDP 的 15%。到了 1937 年,奉行自由放任政策的小政府开始消失。这一背景成了福利国家未来发展的沃土,而在福利国家发展的过程中,收入再分配起了巨大的作用。

三、第二次世界大战后到 1980 年

凯恩斯主义影响日益扩大

第二次世界大战以后,尤其 1960 年到 1980 年这段时期,人们对积极的支出政策表现出前所未有的狂热,与之相伴的是政府对经济的干预程度迅速提高。理查德·马斯格雷夫(Richard Musgrave,1959)在他的一部有影响的著作中描述了现代政府应该履行的资源配置、经济稳定和收入再分配功能。公共品理论和外在性概念的发展赋予国家越来越大的资源配置功能。社会主义在西方知识分子和一些政治领袖中间的流行使得政府的再分配职能越来越有吸引力,越来越重要。

在《再分配伦理》这部著作中(1952,第 73 页),法国政治哲学家贝特朗·德茹弗内尔(Bertrand de Jouvenel)写道:

---

① 如果考虑到一些国家 1937 年就已经在为战争做准备这一事实,公共支出水平的提高就更不明显。

第一章 1870年以来政府的扩张

公共财政通常是一个乏味的题目,但在20世纪前半叶,它却令人着迷:它一直被革命,反过来也一直是社会革命的手段。公共财政有许多新的方面,其中两点最值得注意:首先,它一直被用来改变国民收入在社会各阶级之间的分配;其次,经过公共之手的国民收入大幅度增加了。

应该注意的是,贝特朗·德茹弗内尔是在1950年代写作这本书的,恰在公共支出实际发生扩张的前夕。

凯恩斯的《通论》提供了经济稳定的工具,同时也提供了政府干预的另一个强有力的理由,它通过阿尔文·汉森(Alvin Hansen)、阿巴·勒纳(Abba Lerner)、劳伦斯·克莱因(Lawrence Klein)等人有影响的著作而得到普及。人们相信,运用凯恩斯的需求政策能够消除,至少可以缓解商业周期和失业,这一信仰使得"大衰退"后人们对失业的恐惧开始得到缓解。凯恩斯著作对1960年代和1970年代的政策产生了重大影响(即使是仅仅作为特殊利益集团推行扩张性政策的借口),从而使得这一时期被称为凯恩斯时代。凯恩斯的影响在一定程度上证实了他自己的预言:"经济学家和政治哲学家的思想,不管是在对的时候还是在错的时候,都比一般所设想的要更有力量。的确,世界就是由他们统治着的。"①

加尔布雷思(Galbraith)的著作《丰裕社会》(1958)是具有政治影响的一本书,该书写于在财政上奉行保守主义的艾森豪威尔

---

① 凯恩斯继续写道:"实践者自认为不会受任何学理的影响,可是他们常常是某个已故经济学家的奴隶。在空中听取灵感的当权狂人,他们的狂乱想法不过是从若干年前学术界拙劣作家的作品中提炼出来的。"1966年,沃尔特·赫勒(Walter Heller)在一本书中谈到了"凯恩斯爵士从古典均衡的荒野中拯救经济学的壮举"(第4页)。

(Eisenhower)执政时期,运用犀利而明快的风格表达了当时经济先锋派的立场。受"大衰退"经历和战前扩张性财政政策似乎获得成功的影响,加尔布雷思支持以下观点:"正如目前所广泛接受的那样,在需求不足的情况下,税收应该削减而公共支出[应该]增加。"在他看来,以往"在任何时候都应该平衡预算的传统思想"已经过时了(第18页)。加尔布雷思尤其对政府没有充分从事公共品和公共服务的生产活动感到不快。因此,在某种程度上,他是把自己的思想建立在凯恩斯1926年在《自由主义的终结》一书中所表达的观点的基础上。正如加尔布雷思所指出的那样:"偏爱(私人)生产和物质投资是缺乏远见的,它使我们的注意力偏离了如何动员资源这一紧迫问题,尤其是偏离了投资于人这一更重要的需要和机会"(第332页)。在加尔布雷思看来,"公共贫困"不仅在教育中普遍存在,在基础研究、教育、污染控制以及消除饥饿的对外援助中也普遍存在。换言之,公共贫困能够通过增加公共支出来消除。他总结道:"政府支出可能始终处于社会所能容忍的最低限度的边缘"(第241页)。这一结论似乎与最近有关公共支出水平的观点相去甚远。

对加尔布雷思而言,反对社会保险和社会立法是自由主义的另一个错误,它所反映的是李嘉图和马尔萨斯(Ricardian and Malthusian)式的悲观和社会达尔文主义(1958,第五章)。到1950年代末,即在绝大多数国家引入社会立法和社会保险之后仅几十年,加尔布雷思就以赞赏的口吻指出:"生活所面临的基本不确定性已经被消除了"(1958,第八章)。在这句话中,他预见到了支持政府支出的一个重要的理由,即降低绝大多数公民的风险。

当时另一位有影响的经济学家弗朗西斯·巴托尔(Francis Bator)也抱有这样一种对政府职能的强烈信念。在《政府支出问题》一书中,他提出了自己关于美好社会的以下看法:"我对美好社会的信念……使我相信,我们在国防、外援、教育、城市振兴和医疗服务方面正处于危险的匮乏状态;我们迫切需要在这些领域和其许许多多的任务上分配更多的资源"(Bator,1960,第14页)。换言之,迫切需要增加公共支出。詹姆斯·托宾(James Tobin)在1958年也表达了类似的观点,他写道:"1953年以来的五年间,传统的财政教条又主宰了我们的政策,又把我们的国家带到了灾乱的边缘……"(Tobin,1966,第57页)。在1960年的一篇作品中,他补充道:"增税是增长的代价"(同上,第87页)。

前面所提到的经济学家及其他人都对政府更大程度地参与商品和服务的提供抱有坚定的立场,与此同时,政府计划评估技术和预算技术取得了新进展。参见梅雷维茨和索斯尼克(Merewitz and Sosnick,1971)。在此之前几十年,人们主要关注预算过程中的制度和责任,有时也凭借经验对政府计划的收益进行评估。1950年代和1960年代初期,一些人逐渐开始相信,计划、规划、预算体制及以其他一些技术能够提高公共支出的效率(Premchand,1983)。

例如,公共项目的成本—收益分析就被认为是经济规划技术的一个重大突破。新技术据说能够使预算决策摆脱随意的政治干预,从而保证政府能够恰当而有效地配置公众资金。现在已很难表达当时人们在这一领域的兴奋心情。"随着诸如投入—产出、线性规划、贴现现金流、关键路径分析的提出,一种不可思议的气氛开始笼罩着我们",从而使得一些经济学家预言,"这些技术将给政府政策带来一场革命性影响,就如同凯恩斯革命给经济学所带来的影响"(Peters,1973,第10页)。史密瑟斯(Smithies,1964)强调计划预算在确定国家计划目标上的作用,并建议把预算作为"计划、评估、管理和控制的一个精确工具",它有助于"澄清和提炼政府目标和分配资源"。这种伴随着政策评估和实施而出现的有关公共政策和社会福利的工程学思路据说会变得越来越有效。[①]

当时人们还认为,累进税的税基应该是稳定的,而且不会产生严重的负面刺激效应,它能够为雄心勃勃的支出政策提供资金来源。而且,这些支出政策能够以较低的行政成本和效率损失来区分和确定潜在受益者。显然,当时的绝大多数研究都没有发现过高的边际税率会对经济产生消极影响。对高边际税率的影响进行的所谓第二代分析(second generation analyses)只是在后来的若干年才出现。

财政制度的衰落

理论界对国家积极职能和履行这种职能的权力的信仰,被逐渐内化于国家决策的法律—制度框架之中。19世纪末,对政府支出政策的约束已经开始受到某些侵蚀(Moser,1994)。第二次世界大战之前,"大衰退"是财政赤字约束遭受侵蚀的主要原因,例如,当时在美国,最高法院颁布法令:"国会有权为了公众利益而划拨

[①] 在谈到熊彼特(Schumpeter)有关经济不确定性和衰退会带来有利影响的观点时,加尔布雷思评论道:"政府无所作为就如同房子起火时不向消防局打电话,因为大火本身会熄灭"(1958,第46页)。把处于衰退之中的经济想象为一座着火的房子,把政府的需求政策想象为消防队,是按照社会经济"工程学"思路来看待政府的典型例子。

公共资金,国会的这一权力不受宪法中有关立法机关直接拨款规定的限制。"因此,这一法令为大力兴建公共工程和发展福利计划打开了法律缺口(Niskanen,1992)。

第二次世界大战之后,很多欧洲国家开始把福利权利当作一项宪法权利来看待,侵蚀财政赤字法律—制度约束的速度随之加快。一些国家(例如德国和瑞士)在它们的宪法中制定了有关干预主义政策的明确法律条款,或者是通过立法机关(如德国和美国)和最高法院来支持这样的政策,这些法律机关把积极立法解释为是与现存法律框架一致的(Moser,1994)。

在德国,战后新宪法强调国家在构建"社会市场经济"中的作用。1960年代末,稳定法把政府的职能扩展到促进宏观经济的稳定上。第一次石油危机后,德国最高法院取消了政府预算要受宪法规定的财政赤字限额限制的规定。意大利宪法第81款对财政政策提出了一些正式约束,包括要求新的和较高的预算支出要与相应的融资手段相匹配。但对于什么是适当的"手段",这一条款是含混不清的,这可能使得这一条款很容易在1960年代松弛下来(Eusepi and Cerioni,1989)。在瑞士,1947年对联邦权力进行了最为全面的修订,其中包括对工业和农业进行补贴。1971年,瑞士法院允许国家出于社会政策的考虑而进行干预。

美国宪法中没有任何有关经济和社会立法的明确条款,也很难改变。事实上,美国最高法院推动了宪法规则的改变,最初它批准了《新政》立法,后来又通过了诸如1946年的《就业法案》等战后的积极立法活动(Moser,1994)。1946年的《就业法案》宣布:联邦政府有责任促进"就业、生产和购买力的最大化"(Okun,1970,第37

页)。这确实是对自由放任的严重偏离。① 用詹姆斯·托宾的话说,"由于这一法案是国家政策的严肃表述,无论是民主党还是共和党,没有任何政府能够避免实施适量的经济计划"(1966,第10页)。

民主社会政治过程的动态变化也促进了政府的扩张。对支出计划进行游说的利益集团和对大规模预算存在需求的官僚机构加剧了公共支出的增长。能够通过发行货币来为政府赤字融资弱化了支出控制。还有一些制度因素导致了征税和支出的政治成本不对称。在民主社会中,立法者典型地抱有一种内在的冲动,他们会投票赞成在自己所在的地区兴办支出项目,以强化对自己的政治支持。因为,财富被转移到了自己的投票人,而成本却由本国的所有投票人来承担。同样的道理,立法者不情愿增加影响自己选民的税收。在一些国家,联邦主义决策过程发生的某些变化也强化了预算的扩张压力。②

人们还提出了公共支出增长的其他许多原因(如想了解,可参见 Holsey and Borcherding,1997)。工业化国家的快速城市化可能促进了税收的增长,同时创造了对公共支出更大的需求。近来,工业

---

① 这几个例子表明支撑工业化国家财政政策的法律—制度框架是如何发生变化的,从而允许扩张性财政政策和赤字的存在,但相关讨论却少得令人吃惊。

② 有大量有关这一问题的理论和经验文献,可参见福特和皮科克(Forte and Peacock,1985)、米勒(Mueller,1986)、布坎南、罗利和托利森(Buchanan, Rowley and Tollison,1987)、弗雷(Frey,1988)、维纳和黑蒂奇(Winer and Hettich,1991b),以及布雷顿、加莱奥蒂、萨蒙和温特罗布(Breton, Galeotti, Salmon and Wintrobe)的论文集(1991)。维尔德沃斯基(Wildavsk,1985)对公共支出增长提出一种"文化"上的解释。林德特(Lindert,1991)指出,政治经济因素可以用来解释 1880—1930 年间各国社会支出的增长。如果想了解有关赤字的文献,可参见米勒(1997)、阿列辛纳和佩罗蒂(Alesina and Perotti,1995a)。

化国家人口老龄化已经开始对公共支出增长起推动作用,尽管人口老龄化的全部压力在未来几十年才能感觉到。瓦格纳定律(以阿道夫·瓦格纳1876年的一部著作而得名)可能一直很有名,但它不能对政府扩张给出非常令人信服的解释。瓦格纳认为,公共支出的增长在某种程度上是伴随人均收入增长而来的自然发展过程。瓦格纳定律不能解释,为什么公共支出在1870年到1913年间没有增长。在本书中,我们认为,公共支出的增长是由于人们对政府经济职能的看法发生变化而导致的。

在对第二次世界大战以来公共支出膨胀进行评价时,坚持历史和制度的观点是重要的。1937年到1960年间,公共支出占GDP的比例以较慢的速度增长,而且其中的大部分可能与国防支出的增加有关,二战期间和二战以后尤其如此。没有加权的平均公共支出占GDP的比例从1937年的约22%上升到1960年的28%。1960年,日本、瑞士和西班牙的公共支出仍低于GDP的20%。在德国、日本和瑞士,公共支出甚至下降了。然而,在澳大利亚、奥地利、荷兰、挪威、瑞典和美国,政府职能扩大本身同时就表现为公共支出的大幅度增加。

1960—1980年间公共支出的迅速增长是很奇怪的,因为,这种增长是在绝大多数国家没有战争的情况下发生的;也没有衰退,人口形势对政府财政大多是有利的。这种增长主要反映了前面已经提到的人们对国家职能的态度发生了变化。1960年代和1970年代正是凯恩斯主义的鼎盛时期,当时,政府被许多人认为在配置和再分配资源以及稳定宏观经济上是有效的。这一时期也是基本社会保险制度开始具备某些福利国家特征的时期。① 结果,公共支出占 GDP 的份额从 1960 年的 28% 左右增加到 1980 年的 43% 左右。这一份额在比利时、爱尔兰、日本、西班牙、瑞典和瑞士几乎翻了一番,其他大多数工业化国家的增长也很快。到了 1980 年,比利时、荷兰和瑞典的公共支出已经超过了 GDP 的 50%。没有一个工业化国家把公共支出保持在 GDP 的 30% 以下,只有日本、西班牙、瑞士和美国接近这一水平。

1960—1980 年这段时期可以看作是公共部门干预的黄金时代。也是一个受有关政府如何运作的天真想法强烈影响的时期(Tanzi,1997)。有关政府应该如何行动的规范性观点压过了有关现实世界中政府实际上是如何行动的实证观点。公共选择文献的影响还不大。最近的经验表明,有关政府政策是如何被制定出来又是如何被执行的罗曼蒂克式的或理想主义的观点常常远离现实。从某种程度上讲,这种罗曼蒂克式观点的极端版本已经隐含在丁伯根(Tinbergen,1952)和约翰森(Johansen,1965)的著作中。那么,这些有关政府是如何运作的天真想法包括哪些呢?它们或明或暗地假定:

(a)决策者的行为通常是受增进社会福利这一目标所驱使的。因此,对于那些制定政策的人而言,寻租行为被认为是微不足道的,或根本不存在。有关寻租的文献在 1970 年代才出现,直到最

---

① 在许多国家,社会保险体制已经把自己的活动范围扩大到老年保险领域之外。同时,缴费与养老金之间的联系对个人缴费者而言变得越来越淡。因此,社会保险缴费越来越被许多缴费者视为一种税收。

近才产生影响。①

(b)公共部门是铁板一块的,而且存在一个显而易见的神经中枢,有关整个公共部门的所有重要经济决策都是在这个神经中枢中以理性和透明的方式作出的。因此,各项政策彼此之间不可能不协调。例如,公共企业或其他分散主体(如地方政府、稳定委员会和社会保险机构)所奉行的政策不可能与中央政府所奉行的政策相矛盾。当然,在中央政府内部,各个部委所制定的政策是协调一致的。② 令人迷惑的是,直到 1990 年代,人们一直对财政联邦主义和国家**内部**的政策协调问题没什么兴趣。③

政策被认为不仅在空间上具有一致性,而且在时间上具有一致性。政府的政治眼光是很长远的,以至于目前的政策不可能与未来的政策相冲突。这样的冲突要么是由失误导致的,要么是由政治上的考虑导致的(如为了赢得下次大选),政治上的考虑可能使得政治家在短期内选择那些明显与长期目标相矛盾的政策。有关经济政策时间不一致性的文献同样是最近几年的研究成果。④

---

① 参见塔洛克(Tullock,1976)和克鲁格(Krueger,1974)。
② 如想了解美国政府内部政策不一致或不协调的例子,可参见克鲁格(1993)。美国提供了一个极端的例子:政府在试图抑制人们吸烟的同时,却给予烟草生产者以补贴。
③ 如想了解中央政府与地方政府政策不协调的例子,可参见坦齐(1996c);如想了解最近有关财政联邦主义实践的考察,可参见特尔-米纳西安编(Ter-Minassian,1997)。有关联邦财政主义的历史研究,可见马斯格雷夫编辑的论文集(1965),尤其是其中拉富斯(Rafuse)对战后美国州政府和地方政府不稳定的支出和收入变动状况的研究。
④ 参见卡尔沃(Calvo,1978)。目前有大量的文献证实,公共支出行为中存在政治周期。

(c)政策决定是可以逆转的。因此,当不再需要时,政府雇员可以被辞退;公共部门的工资既可以增加,也可以削减;当激励措施的目标已经实现或者实施的期限已过时,就可以取消这些激励措施;享受资格可以被终止,如此等等。1980年代,政府不得不面对以下令人不快的现实:增加利益(如养老金和工资)远比削减容易,或者,聘用公务员远比解聘他们容易。

(d)决策者能够完全控制住政策工具。他们可以依靠诚实而有效率的公共部门雇员,这些雇员能够有效而客观地执行上级所做出的决策。有关腐败、委托—代理问题和寻租的文献与这里的问题有关,但它们也是近几年的研究成果。

(e)最后,人们认为,决策者能够很好而准确地理解经济是如何运行的。不像1970年代才开始的那样,一直没有人以令人信服的方式对凯恩斯主义经济学中的确定性,以及菲利普斯曲线提出实践上或理论上的挑战。

四、1980年代和1990年代

对政府干预越来越怀疑

1960年代末和1970年代,人们对国家在许多活动领域的所谓适当职能开始产生怀疑。当时,那些支持政府在资源配置、经济稳定和收入分配上制定积极政策的基本理论模型的缺陷首先被少数批评家(布坎南、弗里德曼和其他一些人)清楚地看到,接着被越来越多的观察者所看到。一些批评者还开始对这些政策的实际执行情况提出质疑。

在1970年代的经济滞胀中,政府政策并不能有效地配置资源,不能按照明确的目标来再分配资源,也没有实现经济的稳定。与此同时,新的研究成果表明,高税收具有负刺激效应,地下经济的规模越来越大。① 新的规划和预算技术的有效性也引起了人们的怀疑。政策的制定过程并没有充分认识到制度和体制的约束。而且,在界定政府目标或对许多成本与收益的货币价值进行评估方面也出现了困难(Premchand,1983)。随着赤字和公共债务的增加,许多经济学家指出,政府的扩张已经远远超出了它的合理职能,破坏了经济刺激、产权和经济自由,"抵押"了未来几代人的收入(Buchanan,1975)。

对于进行"正确"政策选择的"慈善"政府及其有效实施这些政策的技术能力,人们持有新的怀疑态度。这重新唤起了人们对政治机构职能和决策者所面临的刺激的理论兴趣。公共选择理论和新制度经济学文献尤其讨论了对财政决策施加约束的重要性。这些讨论最初主要集中在美国。然而,近几年,在其他工业化国家已经重新掀起了对财政赤字、公共债务和公共支出实施制度约束的兴趣。②

---

① 也很奇怪,直到1970年代末人们才发现地下经济现象。
② 对美国的建议包括:在更加广泛的范围内实施有关增加支出和税收的多数裁定原则(Majority Rule)、总统一票否决制、参议院的权力限于削减(而不是增加)支出,最重要的是,建议修改宪法,加进平衡预算(Wagner and Tollison,1987;Buchanan,1985)。有关制度功能的新文献将在本书的第三部分进行更详细的讨论。在欧洲,人们对税率实施宪法上的限制也给予了某些关注。例如,瑞士对最近实施的增值税税率就进行了这样的限制。还可参见福特(1989,1998)。

在政治层面上,1980年代,潮流转而拥护政府发挥较小职能。随着玛格丽特·撒切尔当选英国首相和罗纳德·里根当选美国总统,两位对大政府持强烈反对态度,又敢于明确发表反对意见的人在两个非常有影响的国家开始执政。他们凭借自己的强有力地位,对大政府发起了决定性的政治攻击。[①] 在整个1980年代和1990年代初期,越来越多的社会和政治集团开始对它们所认为的过度的政府支出和昂贵的福利国家进行抨击,政府也承诺和启动了许多改革。[②] 许多OECD国家也开始对政府管制进行猛烈抨击。

公共支出的新趋势

除了一些值得注意的例外,迄今为止,能够在口头上反对政府干预的同时,又能够在政策体制上成功地转向较少政府干预和削减公共支出的国家没有几个。[③] 部分由于过去的承诺具有强制性,同时也因为那些对公共支出享有巨大权利的社会群体处于当权地位且抵制改革,因此,从总体上看,公共支出水平是持续上升的,但速度明显放慢了(见表1.1)。1990年,没有加权的平均公共支出达到GDP的44.8%,1996年达到45.6%。1980—1996年间,比利时、爱尔兰、新西兰、荷兰和英国公共支出占GDP的比例下降了。加拿大、法国、意大利、挪威、西班牙、瑞典和瑞士公共支出占

---

① 里根普及了这样一种观点:政府远不是解决问题的办法,而是造成问题的根源。如想了解对里根轻视政府的批评性报道,可参见《纽约时报杂志》,1996年8月11日。

② 参见阿萨尔·林德贝克(Assar Lindbeck,1997)和本书第五章。

③ 不过,在减少政府对经济活动的管制方面已经取得了一些进展。

GDP 的比例又提高了 5 个百分点以上。1980 年代,意大利和挪威的支出再提高 10 个百分点以上,但在过去 6 年间,这两个国家以及加拿大,公共支出下降了。1990 年代的前半期,瑞士的长期衰退和德国统一导致这两个国家公共支出占 GDP 的比例大幅度上升。尽管 1980 年以来社会呼声很高和公众意识很强,但英国,尤其是美国,在削减公共支出上一直都不太成功。

如果把 19 世纪末和 20 世纪末的总体状况进行比较,可以明显看出,政府支出增长中有一半,即从 1870 年前后占 GDP 的 10% 到 1960 年的 28%,是在两次世界大战期间发生的。1960 年以后的 36 年中,公共支出增长到 GDP 的 46%,它等于前 90 年的支出增长,尽管 1960 年以后没有发生大规模的战争和大衰退。

五、公共支出增长的非对称性[①]

在过去 126 年间,在所有工业化国家,政府都快速扩张了。然而,各个国家公共支出的增长并不是完全一样的。1870 年,瑞士、法国和澳大利亚的公共支出水平最高。今天,澳大利亚和瑞士在工业化国家中政府规模最小。两次世界大战之间和第二次世界大战以后的一段时期,英国是政府规模最大的国家之一,但到了 1990 年代中期,却呈现出较低的公共支出水平。政府规模发生最明显变化的是瑞典和挪威,直到第二次世界大战,它们的政府规模

[①] 原文为对称性,而主题索引中为非对称性,根据下面的内容判断应为非对称性。——译者

处于最小行列,但到了1990年代,它们的政府规模则处于最大行列。新西兰、挪威和爱尔兰是1980年代末以来大幅度削减公共支出的第一批工业化国家。

如果对公共支出不对称变动的原因进行考察,就不会感到惊奇:那些对税收和支出实施较严格的制度约束的国家,与没有这种约束的国家相比,公共支出增长较慢。例如,在瑞士,征税权受到宪法的限制,而且这些限制近几十年并没有太大的松动。比如,规定所得税和直接税税率的法律只有10年的有效期。过了这一期限,要延长(或变动)就要通过公民投票。有限的征税权可能使得瑞士的政府支出增长远远慢于其他西欧国家。

日本也是一个通过制度约束减缓政府扩张的有趣例子。回想一下,1960—1996年间,日本政府支出仅从不足GDP的20%增加到大约36%。第二次世界大战后日本的政治体制导致一党统治,该党有很强的监督和制约机制。它似乎囊括了所有重要的社会群体,从而能够平衡各个社会群体的利益(Olsen,1982)。这样一个政治体制还包括一个具有较大自主权,通常又被认为是有效和强大的官僚机构。[①] 制度变革的次数,尤其是那些导致政府规模扩张的制度变化的次数,是有限的。正因为如此,决策者似乎可以反映促进国家整体福利(而不是某些被挑选出来的特殊利益集团的福利)的愿望,并使政府保持廉洁而有效率。不过,以上观点还需要根据新近的发展做出修正。新近的发展表明,官僚机构也许已经

[①] 最近,一系列丑闻和日本经济长期面临的问题使这一官僚机构的能力受到质疑。日本还一直承受着增加公共支出以刺激经济的压力。

不像从前所认为的那样有效了。

文献很少对那些公共支出增长最快的国家,尤其是斯堪的那维亚国家的制度变迁进行讨论。[①] 在意大利,直到1960年,宪法约束可能阻止了公共支出(以及公共赤字)的大幅度增加。随后,尤其是在1970年代凯恩斯主义的鼎盛时期,公共支出开始快速增加,这或许是因为宪法约束放松了或不再有效(Eusepi and Cerioni, 1989)。

六、结论

在这一章中,我们说明了在过去126年间工业化国家公共支出的增长。尽管最初是两次世界大战导致了公共收入和支出水平的大幅度提高,但1960—1980年是公共支出增长最快的时期。公共支出水平是紧随人们有关国家职能的态度以及约束政府干预经济的制度的变化而变化的。态度变化既是决策者的特点,也是经济学家的特点。1980年代和1990年代初期再次见证了有关国家职能态度的又一次变化。这一时期也许已经出现了扭转公共支出增长趋势的最初尝试。在本书余下部分,我们将指出,这种态度上的变化可能会导致绝大多数工业化国家未来几年公共支出占GDP份额的下降。尽管由于人口变化和其他一些因素导致财政形势不利,这种情况仍可能出现。

[①] 但是,可以参见林德贝克(1997)。

第二章 公共支出结构

在过去一个世纪,政府的扩张始终伴随着公共支出结构的巨大变化,而公共支出结构的变化又反映着人们对政府应该做什么的观念发生了变化。一个世纪以前,公共支出主要限于维护法治与秩序、对外安全以及非常有限的政府服务与投资。在随后的几十年间,政府所提供的商品和服务的范围大大拓展了。不过,最近几十年,绝大多数国家政府的**实际支出**或**耗费掉的**支出① 增长得并不多。相反,与社会计划相关的现金支出增长异常迅速。政府支出的增长主要是由明确的政府政策造成的,而不是由诸如"鲍莫尔病"或"瓦格纳定律"等技术因素决定的。换句话说,在公共支出的增长过程中,并不存在坚定的政府所不能克服的自发的或不可避免的因素。最近几年,失业和人口变化也促进了公共支出的增长。如果目前的政策不变,社会支出,包括养老金和医疗支出,将会持续增长,再加上一些国家利息负担不断加重,公共支出有可能被推上一个不可持续的水平。

---

① 指**直接**吸收实际资源的支出,这些资源本可由私人部门使用。它不同于诸如养老金支出、公共债务利息支出等现金形式的支出。

一、政府实际支出

过去125年间,政府实际支出① 大幅度增长,在绝大多数国家,这主要发生在1980年以前。从能够获得资料的7个国家看,19世纪末,政府实际支出占GDP的比例为2.5%到6.7%(表2.1)。把这些数字与前一章表1.1中的政府总支出进行比较,可以明显看出,当时政府总支出中的1/2到2/3可归于实际支出这一类型。政府支出水平低,这表明,除了"执法"、国防和其他一些基础设施支出外,政府只提供最低限度的服务。第一次世界大战之前,国防支出平均占政府实际支出的一半以上,占政府总支出的1/3。公共教育和基础设施支出可能是19世纪末政府支出的另一个主要类型。正是在这一时期,大型公共工程,如铁路、地下铁道系统和城市供水系统,得以建设,电厂得以修建,普及适龄人口教育成了政府的重要目标。

表2.1 1870—1995年政府实际支出(占GDP的百分比)

	1870年前后[a]	1937	1960	1980	1990	1995
澳大利亚	4.8	5.5	11.2	17.6	17.1	17.5
加拿大	…	10.1	13.4	19.2	19.8	19.6
法国	5.4	15.0	14.2	18.1	18.0	19.3

---

① 政府实际支出定义为政府工资和薪金支出、政府物资和设备采购支出的总和。是政府花在**直接**吸收或使用经济资源上的支出。这样一个经济学上的定义并没有指明这笔支出的功能。因此,它包括以实物形式提供的社会支出(如公共住房或公共教育),但不包括现金形式的支出。

(续表)

德国	…	21.0	13.4	20.2	18.4	19.5
日本	…	12.4	8.0	9.8	9.1	9.7
荷兰[b]	6.7	12.3	12.6	17.9	14.5	14.3
挪威[b]	2.6	3.2	12.9	18.8	21.0	20.7
西班牙[b]	4.9	10.7	8.3	12.5	15.5	16.6
瑞典[b]	5.5	10.4	16.0	29.3	27.4	25.8
英国	…	11.7	16.4	21.6	20.6	21.4
美国	2.5	12.9	19.4	18.7	18.9	16.2
平均	**4.6**	**11.4**	**13.3**	**18.5**	**18.2**	**18.2**
奥地利	…	…	13.0	18.0	17.8	18.8
比利时	…	…	12.4	17.8	14.5	14.8
爱尔兰	…	…	12.5	19.2	15.1	14.7
意大利	…	…	12.0	14.7	17.4	16.3
新西兰	…	…	10.5	17.9	16.7	14.3
瑞士	…	…	8.8	12.7	13.3	14.0
平均	…	…	**11.5**	**16.7**	**15.8**	**15.5**
总平均	**4.6**	**11.4**	**12.6**	**17.9**	**17.4**	**17.3**

资料来源:坦齐和舒克内希特根据以下资料整理而得:安迪克和韦韦尔卡(1964);布特林(1984);德洛姆和安德烈(1983);福斯特和斯图尔特(Foster and Stewart, 1991);米切尔(Mitchell);《国际历史统计》(相应年份);OECD:《国民账户》(各期);大川、筱原、梅村(Okawa Shinohara, Umemura, 1965—1979)。

a 各栏中的数据或者是可以得到的最接近年份的数据。
b 1870年和1937年两栏是中央政府的数据。

公共就业(包括军人)水平是一个世纪以前政府职能有限的另

一个指标。1870年,在总就业人口中,平均只有2.4%为政府工作,相比之下,1994年为18.4%(表2.2)。在日本和德国,这一比例仅约为1%。英国公共部门劳动力所占的比例最高,大约为就业量的5%。这可能与英国当时是一个大殖民帝国,在世界各地有许许多多殖民地有关。

表 2.2　1870—1994年政府就业[a](占总就业量的百分比)

	1870年前后[b]	1913	1937	1960	1980	1994
澳大利亚	1.4	1.7	…	23.0	26.0	20.9
奥地利	1.9	4.7	7.6	10.6	17.3	22.4
比利时	2.2	4.8	…	12.2	18.9	19.4
加拿大	…	…	…	18.4	18.8	20.4
法国	2.5	3.0	4.4	…	20.0	24.8
德国	1.2	2.4	4.3	9.2	14.6	15.1
爱尔兰	2.5	2.6	1.8	…	14.5	14.0
意大利	2.6	4.4	5.1	7.7	14.5	16.2
日本	1.0	3.1	5.0	…	6.7	6.9
荷兰	3.5	4.6	5.8	11.7	14.9	12.7
新西兰	…	…	…	17.9	19.2	18.1
挪威	2.2	3.4	4.7	…	23.2	30.6
西班牙	…	…	…	…	11.9	15.1
瑞典	2.2	3.5	4.7	12.8	30.3	32.0
瑞士	2.4	5.7	5.8	7.3	10.7	14.1
英国	4.9	4.1	6.5	14.8	21.1	15.0

(续表)

美国	2.9	3.7	6.8	14.7	15.4	14.5
平均	2.4	3.7	5.2	12.3	17.5	18.4

资料来源：坦齐和舒克内希特根据以下资料整理而得：伯德、布科韦斯基和富特（Bird, Bucovetsky and Foot, 1979）；弗洛拉等（1983）；日本统计协会（1987）；莱斯纳（Liesner, 1985）；OECD：《历史统计》（1992, 1996）。

a 依据联合国国民账户有关政府的定义，一般意义上的政府包括军队。

b 各栏中的数据或者是可以得到的最接近年份的数据；新西兰 1994 年一栏为 1985 年的数据，其他一些国家 1994 年一栏为 1993 年的数据。

政府实际支出占 GDP 的比例从 1870 年平均 4.6% 增加到 1937 年的 11.4%。1937 年，政府实际支出占公共总支出的比例继续保持在平均约 50% 的水平。大衰退之后开展的公共支出计划，如美国的新政，政府服务（如教育）的扩展，以及许多欧洲国家的战争赔款，这些因素基本可以对政府实际支出增长中的大部分做出解释。[①]

1870—1937 年，公共部门就业翻了一番，达到总就业量的 5%。奥地利、英国和美国公共部门职员所占比例最高。政府就业增长比公共消费支出要慢，这可能是由于与衰退有关的公共支出计划只提供临时性公共岗位，但对一般性政府就业不会产生太大影响。

到 1960 年，政府实际支出占 GDP 的比例已逐步增长到 12.6%，而在政府总支出中的比例则下降到略低于 50%。大衰退和第二次世界大战结束以后，一些公共支出计划不复存在，从而减

---

① 德国和意大利 1937 年的国防支出几乎吸收了 GDP 的 10%，法国和英国也大幅度提高了军费开支。

缓了公共支出增长,否则,公共支出的平均增长率会高一些。在一些国家(主要是德国、日本和西班牙),国防支出的下降就可以解释1973—1960年间所报告的实际公共支出下降的大部分。

如果考察一下1937—1960年公共就业的变化,可以发现,公共支出计划之间存在某种替代的迹象。政府就业在1937年到1960年间翻了一番,但并没有导致政府实际支出同比例增加。这可能反映出这样一个事实:战后公共服务的扩张创造了一些新的公共就业岗位,而战后裁军和与大衰退有关的支出计划的退出则减少了政府支出,但这并不影响政府文职人员的规模。

仍有少数国家,如澳大利亚、挪威、瑞典和英国,这一时期的政府实际支出大幅度增加了。在美国(澳大利亚也是如此,不过幅度较少),政府实际支出增长主要是由于国防支出增加了,1960年的国防开支远高于1937年(见表2.3)。事实上,1960年美国所报告的政府实际支出占GDP的比例最高(为19.4%),当年的国防支出也较高。英国政府实际支出占GDP的比例居第二位,为16.4%。日本、瑞士和西班牙政府实际支出仅占GDP的8%到9%,不到美国的一半。而且,这些国家政府支出水平的差异基本可以用国防支出的差异来解释。

表2.3 1900—1995年公共国防支出(占GDP的百分比)

	1900年前后[a]	1920	1937	1960	1980	1995
澳大利亚	0.2	1.0	0.6	2.4	2.3	2.4
奥地利	…	0.7	1.3	1.2	1.2	0.9
比利时	…	2.4	…	3.4	3.1	1.7
加拿大	…	…	…	4.3	1.6	1.6

(续表)

法国	6.5	1.9	5.5	6.3	3.3	3.1
德国	1.7	0.9	9.6	4.0	2.9	1.7
爱尔兰	…	5.1	1.2	1.4	1.9	1.4
意大利	7.4	2.7	9.9	2.7	1.7	1.9
日本	6.0	4.1	5.3	1.0	0.9	1.0
荷兰	…	…	…	3.9	3.2	2.1
新西兰	…	…	3.9	1.4	1.6	1.3
挪威	…	0.9	0.8	3.2	2.6	2.6
西班牙	…	5.8	3.8	2.9	1.6	1.5
瑞典	…	2.0	1.6	2.8	3.2	2.5
瑞士	…	…	1.8	2.4	2.1	1.6
英国	5.4	2.6	5.3	6.4	4.9	3.1
美国	0.8	0.6	1.1	8.8	5.2	4.0
平均	**4.0**	**2.4**	**3.7**	**3.4**	**2.5**	**2.0**

资料来源:坦齐和舒克内希特根据以下资料整理而得:费尔南德斯·阿查(1976);安迪克和韦韦尔卡(1964);澳大利亚,调查与统计局(1938);挪威统计局(1969,1978);国际货币基金组织:《世界经济展望》(1995);国家联盟:《统计年鉴》(相应年份);斯德哥尔摩国际和平研究所:《斯德哥尔摩国际和平研究所年鉴(1996):军备、裁军与国际安全》;联合国军备控制与裁军办公室:《国际军事经验交流》(1996)。

a 各栏中的数据或者是可以得到的最接近年份的数据。

在随后的20年,政府实际支出进一步增加,从1960年平均占GDP的12.6%增加到1980的17.9%。到1980年,只有日本维持在10%左右的水平。在瑞典、德国和英国,政府实际支出已经超过了GDP的20%。瑞典的变化尤其明显,从1960年的16%提高到1980年的29.3%。在美国,政府实际支出中有大量的国防支出被非国防支出所取代,其他国家存在同样的情况,只是程度稍低而已。事实上,美国国防支出的下降在很大程度上掩盖了非国防支出的增加。同样,在法国和加拿大,如果不是军费开支的大幅度下降,政府支出的增长幅度可能更高。

公共就业的增加与政府实际支出是一致的。到1970年代中期,平均而言,工业化国家1/6的劳动力由政府雇用。在澳大利亚、法国、挪威、瑞典和英国,政府的在册雇员已占到劳动力的20%以上。

一些人认为,政府实际开支的增加可能高估了政府实际支出的增加,因为,公共部门生产率的提高通常被认为慢于私人部门。因此,购买同样比例的实际投入必须花费更高比例的GDP。例如,莱维特和乔伊斯(Levitt and Joyce, 1987)指出,尽管英国政府实际支出占GDP的比例由1964年的16.5%提高到1984年的21.8%,但如果根据价格变动对其进行调整,其提高的幅度就是微不足道的:以1980年的价格计算,政府实际支出仅从20.7%提高到20.8%。[1]对于其他国家,人们也提出了同样的观点。这可能表明,从真实量上看,1960年代以来,许多工业化国家政府消费的增长并不太多。尽管如此,较高的支出仍需要较高的税收来为其融资,而较高的税收会对整个经济施加真实成本,从而减少纳税人为维持自身生活水准而持有的收入。

实际支出的增长只能解释这一时期政府总支出增长的一部

---

[1] 公共部门与私人部门生产率增长的差异有时被称之为鲍莫尔病(参见 Baumol, 1967)。

分。政府实际支出在公共总支出中的比例从1960年的几乎50%降至1980年的42%。1980年以来,政府平均实际支出一直在GDP为17%—18%的范围内保持基本不变,在比利时、爱尔兰、新西兰、荷兰、瑞典和美国,甚至有所下降。正如前一章所指出的那样,这种下降反映出人们对政府职能的看法发生了变化,在美国、英国和其他一些国家,或者反映出国防支出的进一步下降。近几年,许多国家实行了私有化,或者把公共服务分包给私人部门,这都降低了政府参与经济的程度。另外,一些国家还降低了政府在经营企业上的职能。例如,1980年代,在德国、意大利,最明显的是英国,国有企业在经济中所占的份额下降了。① 国有企业份额的下降减少了这些企业从政府那里所得到的补贴。

虽然政府实际支出占GDP的比例在1980年代和1990年代初一直保持相对稳定,但它在公共总支出中所占的比例持续缩小。1995年,政府实际支出仅占公共总支出的37.8%。本章下一部分将表明,这种下降趋势反映出现金补贴和转移支付在预算中越来越重要。事实上,我们可以认为,政府实际支出的相对停滞或下降反映出政府政策已经转向了转移支付(它在政治上更重要)。

二、补贴和转移支付

政府支出结构最明显的变化发生在过去30—40年间,表现为

---

① 如想更详细地了解有关公共企业的问题,可参见世界银行:《官办企业》(1995),或世界银行:《世界发展报告》(1997)。

公共补贴和转移支付大幅度上升(见表2.4)。在某种程度上,这是由于生产者补贴的出现和扩大。然而,更重要的是,它反映出工业化国家政府社会和福利活动的扩展导致了社会支出的增加。把社会援助计划扩展到越来越多的人身上,提高受益水平,这样的政治决策对政府总支出的增长起到了关键性作用,诸如人口老龄化等技术性因素在这一时期的重要性则是有限的。[①] 还值得注意的是,补贴和转移支付的增加主要发生在1960—1980年间,这一时期,人们对政府干预经济所能带来的有利影响以及旨在保障和再分配收入的政府政策抱有高度的信任。[②]

表2.4　1870—1995年政府在补贴和转移支付上的支出(占GDP的百分比)

	1870年前后[a]	1937	1960	1970	1980	1995
加拿大[b]	0.5	1.6	9.0	12.4	13.2	14.9
法国[b]	1.1	7.2	11.4	21.0	24.6	29.9
德国[b]	0.5	7.0	13.5	12.7	16.8	19.4
日本	1.1	1.4	5.5	6.1	12.0	13.5
挪威[c]	1.1	4.3	12.1	24.4	27.0	27.0
西班牙	…	2.5	1.0	6.7	12.9	25.7
英国	2.2	10.3	9.2	15.3	20.2	23.6
美国[c]	0.3	2.1	6.2	9.8	12.2	13.1
平均	**0.9**	**4.5**	**8.5**	**13.6**	**17.4**	**20.9**

---

① 人口老龄化等技术性因素可能在未来变得越来越重要。
② 如想详细了解有关不同国家1880—1930年福利支出的详细讨论,可参见林德特(1994)。

(续表)

澳大利亚	…	…	6.6	10.5	16.7	19.0
奥地利	…	…	17.0	16.6	22.4	24.5
比利时[c]	0.2	…	12.7	20.7	30.0	28.8
爱尔兰	…	…	…	18.8	26.9	24.8
意大利	…	…	14.1	17.9	26.0	29.3
荷兰[c]	0.3	…	11.5	29.0	38.5	35.9
新西兰[c]	0.2	…	…	11.5	20.8	12.9
瑞典	0.7	…	9.3	16.2	30.4	35.7
瑞士	…	…	6.8	7.5	12.8	16.8
平均	…	…	11.1	16.5	24.9	25.3
总体平均	1.1	4.5	9.7	15.1	21.4	23.2

资料来源：坦齐和舒克内希特根据以下资料整理而得：安迪克和韦韦尔卡(1964)；挪威统计局(1969,1978)；德洛姆和安德烈(1983)；福斯特和斯图尔特(1969)；国际货币基金组织：《政府财政统计》(相关年份)；林德特(1994)；米切尔；国际货币基金组织：《国际财政统计》(相关年份)；OECD：《国民账户》(相关年份)；皮科克和怀斯曼(Peacock and Wiseman, 1961)。

a 各栏中的数据或者是可以得到的最接近年份的数据。除日本之外，1970—1995年为中央政府数据。

b 1937年以前的历史数据只包括转移支付。

c 1870年的数据只包括失业、养老金、医疗和住房方面的福利支出。见林德特(1994)。

19世纪末期，在可以获得数据的国家中，补贴和转移支付的平均水平仅为 GDP 的 1%。当时，英国此类支出处于领先地位，占 GDP 的 2.2%，而法国、日本和挪威几乎不到一个百分点。社会保险实际上是不存在的，生产者补贴非常有限。

到 1937 年，伴随大衰退而来的社会保险制度的建立，使政府在补贴和转移支付上的平均支出增加到 GDP 的 4.5%。法国、德国,尤其是英国,转移支付规模最大。19 世纪末,转移支付和补贴总共只占公共支出的约 10%,公共总支出也少得多,到了 1937 年,则上升到几乎 20%。

转移支付和补贴继续保持增长,1960 年达到 GDP 的 9.7%,约为公共总支出的 1/3。奥地利在所有国家中最高,比利时、法国、德国、意大利、荷兰和挪威的此类支出也超过了 GDP 的 10%。日本和美国起初水平很低,1937—1960 年间也大幅度增加了补贴和转移支付方面的支出。只有西班牙减少了此类支出,英国也有小幅度减少。

1960—1980 年间,许多国家对早期有限的社会政策进行了逐步改革,形成了所谓的福利国家。补贴和转移支付占 GDP 的比例提高了一倍以上,超过了 20%,相当于政府总支出的 50%。[①] 在比利时、法国、爱尔兰、荷兰、挪威和瑞典,此类支出已超过或接近 GDP 的 1/4,荷兰最高,达 38.5%。只有日本、西班牙、瑞士和美国几个国家,补贴和转移支付保持在 GDP 的 10%附近。虽然家庭转移支付占了绝大部分,但这一时期许多国家的生产者补贴也在迅速增长,1980 年,爱尔兰、挪威已达 GDP 的 7%—8%(见联合国:《国民账户》)。

1980 年以后,扩张趋势继续保持,但慢得多。花在补贴和转移支付上的支出从 1980 年平均占 GDP 的 21.4%提高到 1995 年的

---

① 第二次世界大战前,社会保险基本上是分散的,但战后福利国家的发展是与普遍国有化和社会保险的集中化同时进行的(参见 Ashford and Kelly, 1986)。

23.2%,略超过政府总支出的一半。虽然转移支付持续增长,然而,生产者补贴在绝大多数国家开始下降,新西兰甚至完全取消了这种补贴。公共转移支付的增长各国存在明显差异,比利时、爱尔兰、荷兰和新西兰等国家开始降低政府的参与程度,其他一些国家,尤其是西班牙,则继续扩大它们的福利支出。

三、社会支出

转移支付和补贴越来越重要,是因为政府在社会领域所肩负的责任越来越大,从另一个角度看,也就是公民所享有的权利越来越大。为了完整理解社会支出的变动轨迹,有必要更深入地考察一下其中的一些子类,以及导致它们迅速增长的基本社会政策。这些子类包括教育、医疗、养老金、失业津贴和其他一些转移支付计划。1960—1980年,欧盟社会支出占GDP的比例翻了一番多,从10%提高到20%以上,随后保持较慢增长。在经济合作与发展组织(OECD)的其他国家,此类支出的增长大体相同。[①]

教育

一个多世纪以来,提供良好的教育一直被绝大多数人视为政府的根本任务之一。人们通常认为,教育不仅对经济增长,而且对平等有促进作用,从而对社会稳定和民主价值观有促进作用。19世纪中叶政府开始提供教育。到了1900年,在今天的工业化国

---

① 社会支出主要由现金转移支付构成,但也包括一些实际支出。

家,完全普及初等教育已经成了一条规则,虽然在许多国家,适龄人口实际入学率远低于潜在数量,许多人还是文盲。1900年代初,公共教育支出已经超过了GDP的1%,法国、德国和日本的支出水平最高(见表2.5)。德国和日本的教育支出达到了政府总支出的约1/5。

第二次世界大战之前,随着平均法定就学年限的不断增加,公共教育支出占GDP的比例几乎翻了一番,达到2%左右。到1960年,OECD国家适龄人口普遍能够获得中等教育,并且是免费的,公共教育支出则增至GDP的3.5%。只有澳大利亚和西班牙报告的教育支出水平低很多。第二次世界大战之后,许多国家经历了生育高峰,大学制度也得到了发展,从而导致1960—1980年间公共教育支出迅速增长。1980年以来,公共教育支出则几乎一直保持稳定。

1993—1994年,加拿大、新西兰、挪威和瑞典报告的公共教育支出水平最高,达到GDP的7.3%到9.2%。然而,德国、日本和西班牙的公共教育支出不到GDP的5%。从一般情况看,教育支出中有1/5到1/6被大学花掉,约占GDP的1%。加拿大的这一比例要高得多。日本所报告的公共**高等教育**支出相对于GDP的比例最低。

教育支出的增长能够在一定程度上解释以往政府支出的增长。它反映了入学率,尤其是高层次教育入学率的提高。但也是政府政策的反映,即政府力图为各级各类学校提供越来越多的教育经费。第二次世界大战以前,学生学费至少能够弥补中等教育的一部分成本。今天,中等教育基本是免费的。即使是高等教育,

表 2.5　1870—1993 年公共教育支出（占 GDP 的百分比）

	教育总支出 a					高等教育支出	
	1870 年前后 b	1913	1937	1960	1980	1993—1994	1970—1972	1993
澳大利亚	…	…	0.7	1.4	5.5	6.0	1.5	1.2
奥地利	…	…	2.5	2.9	5.6	5.5	0.7	1.1
比利时	…	1.2	…	4.6	6.1	5.6		1.0
加拿大	…	…	…	4.6	6.9	7.6	2.5	2.2
法国	0.3	1.5	1.3	2.4	5.0	5.8	0.7	0.9
德国	1.3	2.7	…	2.9	4.7	4.8	0.6	0.9
爱尔兰	…	…	3.3	3.2	6.6	6.4	0.8	1.1
意大利	…	0.6	1.6	3.6	4.4	5.2	0.5	0.8
日本	1.0	1.6	2.1	4.1	5.8	4.7	0.5	0.4
荷兰	…	…	1.5	4.9	7.6	5.5	2.1	1.4
新西兰	…	…	2.3	3.2	5.8	7.3	1.3	1.5
挪威	0.5	1.4	1.9	4.2	7.2	9.2	0.9	1.5
西班牙	…	…	0.4	1.6	1.3	2.6	4.7	…	0.8
瑞典	…	…	…	5.1	9.0	8.4	0.9	1.5
瑞士	…	…	…	3.1	5.0	5.6	0.8	1.2
英国	0.1	1.1	4.0	4.3	5.6	5.4	1.4	0.9
美国	…	…	…	4.0	…	5.5	1.3	1.3
平均	**0.6**	**1.3**	**2.1**	**3.5**	**5.8**	**6.1**	**1.1**	**1.1**

资料来源：坦齐和舒克内希特根据以下资料整理而得：费尔南德斯·阿查(1976)；澳大利亚，调查与统计局(1938)；新西兰统计局(1937)；日本统计协会(1987)；国家联盟：《统计年鉴》(相应年份)；米切尔(1962)；OECD：《教育概览》(1996)；意大利国家统计局(1951)；联合国教科文组织：《世界教育报告》(1993)；联合国开发计划署：《人类发展报告》(1996)；联合国：《世界经济观察》(相应年份)。

a 澳大利亚 1937 年的教育支出只包括政府支出，法国 1937 年之前的教育支出均为中央政府支出。

b 各栏中的数据或者是可以得到的最接近年份的数据。

也常常主要由政府出资,虽然对那些从中获益的人来说,高等教育带有很大的投资成分,因为它能够提高受教育者增加终生收入的专业素质。最近,一些国家(法国、意大利)的政府开始尝试对高等教育收取部分费用,但遭到了学生的强烈反对。然而,政府所面临的财政压力有可能强化收取学费的尝试。

随着中等教育的普及以及主要由政府资助的大学学生注册数量的增加,教育将不断吸收大量公共资源。不过,出生率的下降已经减缓了教育支出上升的势头。尽管如此,教育部门仍面临改革的压力,以改善公共教育的质量和成本效率,促使不合时代要求的教育产出和组织与现代经济相协调。政府也会尝试让一些私人部门发挥更大作用的改革,例如,通过发放教育券,让学生选择学校,包括私立学校,从而迫使学校这一官僚机构开展某些竞争。

医疗

政府较大程度参与医疗部门是最近的事情。第一次世界大战之前的相关数据普遍缺乏。20世纪,尤其是近几十年,医疗技术迅速发展,人们也认识到公共医疗有助于提高个人福利和经济生产率,这使得医疗部门快速发展。随之而来的是,人们要求政府参与进来,以保障人口有较高的医疗水平。如同教育部门一样,在医疗领域,外在性观念和对平等的关注常被作为政府干预医疗服务提供的理由。在学术界和许多国家,获得免费的医疗服务是一项基本人权的观点得到强烈拥护。

在一些国家,公共医疗保险是人们可以得到的第一批社会保险计划之一。在俾斯麦于1883年最初引入医疗保险以来,其他五

表 2.6　1910—1975 年西欧社会保险覆盖面：
养老、失业和医疗保险（占劳动力百分比）

	养老保险					医疗保险				
	建立年份		覆盖劳动力百分比			建立年份		覆盖劳动力百分比		
	自愿[a]	强制[a]	1910	1935	1975	自愿	强制	1910	1935	1975
奥地利		1972	2	36	81		1888	24	49	88
比利时	(1900)	1924	29	44	100	(1894)	1944	12	31	96
法国	(1895)	1910	13	36	98	(1898)	1930	18	36	94
德国		1889	53	68	86		1883	44	52	72
爱尔兰	(1908)	1960	…	44	85		1911	…	38	71
意大利	(1898)	1919	2	38	94	(1886)	1928	6	22	91
荷兰		1913	NA	56	100		1929	NA	42	74
挪威		1936	NA	NA	100		1909	NA	56	100
瑞典		1913	NA	NA	100	(1891)	1953	27	35	100
瑞士		1946	NA	NA	100	(1911)		NA	69	100
英国	(1908)	1925	NA	79	80		1911	NA	82	100
平均			20	56	93			22	47	90

续表 2.6

	失业保险				
	建立年份		覆盖劳动力百分比		
	自愿	强制	1910	1935	1975
奥地利	(1920)	1920	NA	25	65
比利时	(1920)	1944	NA	23	67
法国	(1905)	1967	NA	1	65
德国		1927	NA	35	76
爱尔兰		1911	NA	30	71
意大利		1919	NA	31	52

(续表)

荷兰	(1916)	1949	NA	16	78
挪威	(1906)	1938	NA	5	82
瑞典	(1934)		NA	2	67
瑞士	(1924)	1976	NA	28	29
英国		1911	NA	63	73
平均				**24**	**66**

资料来源:弗洛拉等(1983)。

NA 表示没有公共保险计划。

a "自愿"表示自愿性保险(劳动补偿金、收入调查型养老金);括号内为建立保险计划的年份;"强制"表示强制性保险。

个欧洲国家纷纷效仿,并于 1900 年之前实施了强制性或自愿性保险计划(见表 2.6)。然而,覆盖面有限,1910 年,平均仅覆盖了劳动力的 22%。甚至在德国这个社会保险的先驱国家,二战前医疗保险的覆盖面也仅有 44%。而且,受益水平很低,昂贵的技术发明和人口老龄化也没有促使医疗服务成本的上升。到 1930 年前后,平均公共医疗支出仍只有 GDP 的 0.4%(见表 2.7)。

表 2.7　1913—1994 年公共医疗支出(占 GDP 的百分比)

	1910 年前后[a]	1930 年前后	1960	1980	1990
澳大利亚	0.4	0.6	2.4	4.7	5.8
奥地利[b]	…	0.2	3.1	4.5	6.2
比利时	0.2	0.1	2.1	5.1	7.2
加拿大	…	…	2.3	5.4	7.0
法国	0.3	0.3	2.5	6.1	7.6
德国	0.5	0.7	3.2	6.5	7.0
爱尔兰	…	0.6	3.0	8.4	6.0

(续表)

意大利	…	…	3.0	6.0	5.9
日本	0.1	0.1	1.8	4.6	5.5
荷兰	…	…	1.3	6.5	6.9
新西兰	0.7	1.1	3.5	4.8	5.7
挪威	0.4	0.6	2.6	6.5	6.9
西班牙	…	…	0.9	…	5.8
瑞典	0.3	0.9	3.4	8.8	6.4
瑞士	…	0.3	2.0	5.4	6.9
英国	0.3	0.6	3.3	5.2	5.8
美国	0.3	0.3	1.3	4.1	6.3
平均	**0.3**	**0.4**	**2.4**	**5.8**	**6.4**

资料来源:坦齐和舒克内希特根据以下资料整理而得:费尔南德斯·阿查(1976);安迪克和韦韦尔卡(1964);澳大利亚,调查与统计局(1938);挪威统计局(1969,1978);新西兰调查与统计局:《新西兰官方年鉴》(1937);国家联盟:《统计年鉴》(相应年份);林德特(1994);米切尔(1962);OECD:《社会支出,1960—1990》;大川等(1979);世界银行:《世界发展指标》(1997)。

a 各栏中的数据或者是可以得到的最接近年份的数据;除奥地利以外,其他国家均为政府对医疗护理的补贴(见 Lindert,1994)。

b 只包括中央政府。

1920年代到1960年代,强制性公共医疗保险已成为医疗服务融资的主导形式。到1929年,表2.6中的所有11个欧洲国家至少都有自愿保险计划。到了1935年,一半劳动力被医疗保险所覆盖,到了1953年,表2.6中的所有国家,只有瑞士没有实施强制性医疗保险。到了1975年,欧洲国家公共医疗保险已经覆盖了劳动力总量的71%到100%。除此之外,技术进步也促使医疗成本上升。受益水平,尤其在1960年代和1970年代,也提高了。政府提供越来越慷慨的医疗保险,降低甚至完全免除了对医疗服务受益者的收费,这诱使人们越来越不把医疗服务当作稀缺而昂贵的资源来看待。①

到1960年,公共医疗支出已增至GDP的2.4%。到1980年,该项支出又翻了一番多,平均达到GDP的5.8%。在爱尔兰和瑞典,医疗支出则超过了8%。此后,公共医疗支出增长较慢,1994年达到6.4%。有趣的是,1990年代初,各国公共医疗支出大体一致:保持在日本的5.5%和法国的7.6%之间。然而,这幅图画掩盖了各国在医疗总支出上的巨大差异,因为这幅图画并不包括私人为医疗服务提供的融资。事实上,在某些国家,如意大利,一些地区的公共医疗服务质量较差,这刺激了私人医疗服务的发展。在美国,私人医疗服务对许多人而言仍处于主导地位。

1980年以来医疗支出增长放慢,这在某种程度上反映了政府在改革医疗部门和控制医疗成本方面所作出的努力。然而,公共医疗预算所面临的压力可能会继续增大。与其他部门相比,技术进步可能会有力地拉动医疗服务成本,在预期寿命延长和人口老龄化的背景下,要想保持良好医疗标准不至于遭到损害,按照成本—效率的方法来使用公共资源就显得更为迫切。然而,医疗保险部门现有的制度安排并不能激励人们去控制成本。政府将面临压力,进一步采取节约成本的改革,并对未来政府在医疗部门的适当职能进行思考。总有一天,政府会更多地成为医疗服务的规制

---

① 例如,1970年代和1980年代初,德国的医疗保险实际上支付了所有医疗支出(包括牙齿护理与治疗)100%的费用。其他国家的情况也是这样。

者,更少地成为医疗服务的提供者,除非是向人口中最穷困的群体提供医疗服务。

养老金

政府参与老年人赡养是从19世纪末开始的,当时,即1889年,德国开始建立养老保险(见表2.6)。法国和意大利步其后尘,在该世纪末之前实施了自愿性养老计划。到1920年代中期,有资料可查的11个欧洲国家绝大部分建立了基本退休保险。同样,覆盖面很有限,受益水平很低。到1910年,只有德国才覆盖了一半劳动力。在意大利和奥地利,覆盖面只扩展到劳动力的2%。

公共养老保险沿着与公共医疗保险相似的轨迹发展。1960年前后的发展状况是不容易区分的,但所呈现的画面是相似的:政治压力促使覆盖面扩大和受益水平提高。结果,养老金支出开始上升,第二次世界大战后尤其如此。19世纪20年代到60年代,覆盖面从1910年占劳动力的20%提高到1935年的56%,1975年接近100%。受益水平也提高了,但战后受益水平提高最快。养老金替代率,即退休时养老金替代工资的比例,从1939年的约15%提高到1969年的51%和1980年的62%(见表2.8)。公共支出的增加在某种程度也是由于人口的老龄化,在OECD国家,60岁以上人口所占的比例从1900年8.7%提高到1960年的14.4%。

公共养老金支出占GDP的比例从1920年的1.2%上升到1937年的几乎2%(见表2.9)。到1960年,养老金支出已平均达到GDP的4.5%,德国和奥地利几乎达到10%。与此相反,加拿大、爱尔兰、日本和瑞士的公共养老金支出不到GDP的3%。

表 2.8 养老金制度越来越慷慨(养老金占平均工资的百分比)

	养老金替代率		
	1939	1969	1980
澳大利亚[a]	19	…	…
奥地利	…	67	68
比利时	14	…	…
加拿大[a]	17	41	49
法国	…	56	75
德国	19	55	49
爱尔兰	…	…	…
意大利	15	62	69
日本	…	27	61
荷兰	13	61	63
新西兰	…	…	…
挪威	8	…	…
西班牙	…	…	…
瑞典	10	56	83
瑞士	…	45	55
英国	13	43	47
美国	21	44	66
平均	**15**	**51**	**62**

资料来源:坦齐和舒克内希特根据以下资料整理而得:欧罗斯特(Eurostat,1992);帕拉西奥斯(1996)。

a 主要受益项目是全社会性的,或者收入调查性的,由一般税收收入提供资金。

表 2.9 1913—1993 年公共养老金支出（占 GDP 的百分比）

	1913 年前后[a]	1920[b]	1937[b]	1960	1980[c]	1990[c]	1993[c]
澳大利亚	…	…	0.7	3.3	4.5	4.2	4.5
奥地利	…	2.4	2.4	9.6	11.4	12.3	12.7
比利时	…	0.3	3.7	4.3	11.2	11.2	10.9
加拿大	…	…	…	2.8	3.4	4.8	5.5
法国	…	1.6	…	6.0	10.5	11.3	12.3
德国	…	2.1	…	9.7	12.8	11.3	12.4
爱尔兰	…	…	…	2.5	5.8	5.8	5.9
意大利	…	2.1	…	5.5	11.7	12.4	14.5
日本	0.6	0.3	0.8	1.3	4.5	5.9	6.0
荷兰	…	…	…	4.0	12.6	13.3	13.4
新西兰	…	…	2.9	4.3	7.7	8.1	8.1
挪威	…	0.1	…	3.1	6.9	8.9	9.0
西班牙	0.5	0.9	2.0	…	7.7	9.2	10.4
瑞典	…	0.5	…	4.4	9.9	10.8	12.8
瑞士	…	…	…	2.3	8.5	8.9	10.2
英国	…	2.2	1.0	4.0	5.9	6.3	7.3
美国	…	0.7	…	4.1	7.0	7.0	7.5
平均	0.4	1.2	1.9	4.5	8.4	8.9	9.6

资料来源：坦齐和舒克内希特根据以下资料整理而得：费尔南德斯·阿查(1976)；澳大利亚，调查与统计局(1938)；新西兰统计局(1937)；比利时国家统计局：《比利时统计年鉴》(1952)；日本统计协会(1987)；国家联盟：《统计年鉴》（相应年份）；米切尔：《国际历史统计》(1962)；OECD：《社会支出，1960—1990》(1985)；OECD：《社会支出统计》(1996)；奥地利统计局(1935)；帕拉西奥斯(1996)；美国社会保险管理局：《世界各地社会保险计划》(1993)。

a 各栏中的数据或者是可以得到的最接近年份的数据。
b 只包括中央政府养老金支出。
c 老年现金津贴、残疾人养老金、伤残养老金。

与社会支出其他领域的情况一样,养老金支出是在 1960—1980 年"起飞"的,到 1980 年,它几乎翻了一番,达到 GDP 的 8.4%。1993 年平均养老金支出进一步增长,达到 GDP 的 9.6%。一些国家养老金支出已超过了 10%,意大利甚至接近 15%。澳大利亚、加拿大、爱尔兰和日本是公共养老金比例最低的国家,没有超过 GDP 的 6%。

霍尔兹曼(Holzmann, 1985)对 1960—1985 年间促使公共养老金快速增长的各种因素进行了详细分类。这一时期,OECD 国家公共养老金支出占政府总支出的比例几乎增加了两倍。放宽享受养老金的条件、提高受益水平可以解释其中的 3/4,人口老龄化的影响不足 20%,失业增加的影响约为 6%。决策者在分配公共资金上过于慷慨,表现在,自 1970 年以来,一些工业化国家的实际退休年龄一直在降低,而预期寿命却在大幅度提高(世界银行,1994a)。

在人口比较年轻的时候,政府给予了慷慨利益。然而,现在很多国家都面临着潜在的爆炸局面。据估计,2020 年,60 岁以上人口占总人口的比例将提高到 1/4 以上,高出目前 50%。人口老龄化的速度在加拿大和日本将更快。后面我们将指出,决策者过去所作的承诺,再加上人口的老龄化,在许多工业化国家已经导致了难以偿付的巨额养老金债务(Chand and Jaeger, 1996)。如同医疗保险方面的情况一样,政府将在压力之下改革养老金体制,以免酿成巨大的预算困难,或者牺牲防止老年贫困的其他重要目标。

失业

在工业化国家的社会保险体系中,失业保险相对而言是一个后来者,欧洲绝大多数国家到了1910年代和1920年代才开始引入失业保险(见表2.6)。法国和挪威是最先提供自愿性失业保险计划的两个国家,时间分别为1905年和1906年。强制性失业保险于1911年最先在英国和爱尔兰建立,但1960年代和1970年代之前,法国和瑞士没有颁布实施强制性失业保险。到1975年,欧洲国家仍然只有2/3的劳动力被失业保险所覆盖。

1930年以前的失业保险支出数据没有找到,这可能是由于当时没有多少失业补偿值得一提。然而,随着1929年后大衰退的冲击,新生的失业保险体制在其建立后不久就很快面临第一次考验。1930年代中期,挪威、英国和美国的公共失业支出超过了GDP的2%(见表2.10)。战后,许多工业化国家普遍实现了充分就业,失业保险支出大幅度下降。1974年第一次石油危机以后,工业国的失业又增加了,公共失业计划的预算成本随之增加。到1996年,工业化国家的失业补偿成本已平均达到GDP的1.6%,比利时、爱尔兰和荷兰达到了3%左右。1996年,所有劳动力市场计划(包括再培训和公共工程)的支出平均达到2.7%。奥地利、比利时、爱尔兰和瑞典超过了4%。只有日本、美国的失业计划支出不到1%,因为它们的失业率较低。

其他收入转移支付计划

最近几十年间,还实施了其他大量的转移支付计划,范围也大

表 2.10　1937—1996 年公共失业支出（占 GDP 的百分比）

	失业补偿				所有劳动力市场计划
	1937[a]	1960	1980	1996	1996
澳大利亚	…	0.1	0.8	1.3	1.8
奥地利	…	0.3	0.4	2.1	4.2
比利时	0.9	0.7	2.6	2.9	4.3
加拿大	…	1.5	2.3	1.3	1.9
法国	…	0.2	1.5	1.4	3.1
德国	…	0.1	0.9	2.4	3.8
爱尔兰	…	0.6	2.0	2.7	4.6
意大利	…	0.2	0.5	0.7	2.0
日本	…	0.3	0.4	0.4	0.5
荷兰	…	0.2	0.6	3.4	4.8
新西兰	…	0.0	0.5	1.2	1.9
挪威	2.3	0.2	0.2	0.9	2.1
西班牙	…	…	…	2.1	2.8
瑞典	0.2	0.2	0.4	2.3	4.5
瑞士	0.6	0.0	0.1	1.3	1.9
英国	3.2	0.2	0.9	1.3	1.8
美国	2.2	0.6	0.6	0.3	0.5
总体平均	**1.3**	**0.3**	**0.9**	**1.6**	**2.7**

资料来源：坦齐和舒克内希特根据以下资料整理而得：澳大利亚，调查与统计局（1938）；国家联盟：《统计年鉴》（相应年份）；OECD：《1990年代的劳动力市场政策》（1985）；OECD：《就业概览》（1997）；OECD：《社会支出，1960—1990》（1985）。

a 各栏中的数据或者是可以得到的最接近年份的数据。

大扩展了。从单个计划来看,绝大多数都很小,但放在一起看,目前它们所吸收的资源已平均占到GDP的5%(见表2.11)。这是一个巨大的公共资源份额,平均相当于一个国家的教育支出。这些转移支付计划包括残疾人、病人、孕妇、提前退休、工伤和职业病、家庭津贴以及包括社会援助在内的其他许多临时性救济。1992年,荷兰慷慨的疾病和残疾津贴制度和其他临时性救济吸收了GDP的10%,瑞典和挪威也少不了多少。日本、瑞士和美国是惟一把这些计划的成本保持在GDP 3%以下的三个国家。

表2.11 1992年在其他收入转移计划上的公共支出
(占GDP的百分比)

	与工龄有关的总支出[a]	残疾	疾病	孕妇	工伤与职业病
澳大利亚	3.37	0.98	0.09	…	…
奥地利	5.57	2.03	…	0.45	…
比利时	6.32	1.55	1.02	0.17	0.55
加拿大	4.32	0.80	0.06	0.18	0.28
法国	5.39	0.96	0.52	0.21	0.56
德国	6.31	1.51	1.66	0.10	0.76
爱尔兰	4.94	0.80	1.26	0.08	0.12
意大利[c]	2.99	1.40	0.18	0.13	0.55
日本	0.91	0.30	0.06	0.08	0.21
荷兰	10.25	4.64	2.92	0.09	…
新西兰	3.13	0.71	0.32	…	…
挪威	9.63	3.18	2.42	0.50	0.02
西班牙	3.31	1.39	1.10	0.05	0.49
瑞典	9.17	2.38	1.30	1.30	0.83

(续表)

瑞士	1.91	0.25	0.27	0.01	…
英国	7.84	1.83	1.03	0.07	0.09
美国	2.64	0.89	…	…	0.72
总体平均	**5.18**	**1.51**	**0.95**	**0.24**	**0.43**

续表 2.11

	提前退休	其他临时性补助[b]	住房	家庭津贴
澳大利亚	…	0.31	0.27	1.72
奥地利	0.08	0.86	…	2.15
比利时	0.74	0.30	…	1.99
加拿大	…	2.70	…	0.30
法国	0.40	0.19	0.77	1.78
德国	0.49	0.48	0.16	1.15
爱尔兰	0.20	0.37	0.64	1.47
意大利[c]	0.27	…	0.00	0.46
日本	…	0.14	…	0.12
荷兰	0.46	0.79	0.34	1.01
新西兰	…	0.09	0.44	1.57
挪威	…	1.14	0.24	2.13
西班牙	…	0.05	0.10	0.13
瑞典	0.21	0.79	0.95	1.41
瑞士	…	0.38	…	1.00
英国	0.05	1.60	1.49	1.68
美国	…	0.33	0.34	0.36

(续表)

| 总体平均 | 0.32 | 0.66 | 0.48 | 1.20 |

资料来源：OECD:《社会支出数据库》。
    a 失业除外。
    b 许多国家包括社会救助。
    c 残疾补贴为 1991 年的数据。

正如我们看到的那样，工业化国家福利支出的急剧增长并不仅仅由某一个计划所造成。决策者对绝大多数社会群体都给予了慷慨的利益。[①] 在那些吸收一国 1/4 资源的主要政策和计划中，许多都是在 20 世纪早期出于保护人们免遭灾乱和威胁生命事件的损害这一良好愿望，为那些经过严格选择的社会群体而建立的，当时的成本似乎很小。然而，近几十年来，这些福利计划常常演变为几乎遍及整个社会的"从摇篮到坟墓"的保险，而且越来越慷慨。尤其是养老保险和医疗保险，在绝大多数国家，它们用掉了社会支出的绝大部分，并将随着人口的变化呈急速扩张态势。

四、公共债务的利息支出

1980 年代初以来，利息支出已经成为公共支出的一个重要组成部分。从历史上看，战后一般利息支出高，以偿还与战争有关的债务。[②] 19 世纪末，澳大利亚、法国、意大利和西班牙的利息支出

[①] 在一些国家，例如意大利，这些计划主要与就业相联系。因此，那些没有成为工作人口的社会群体便被排除在外。

[②] 如想了解历史上和国际上有关利率的观点，参见霍默和西拉(Homer and Sylla, 1991)。

较高,这是因为政府必须偿还前几年战争所欠下的债务。一战以后,利息支出再次增加了,因为这些国家,尤其是欧洲国家,必须偿还一战期间所欠下的新债。德国和奥地利政府大量拖欠债务,而瑞士和瑞典在战争期间保持中立,因此,这几个国家的利息支出较低。

第二次世界大战以后,绝大多数工业化国家经济快速增长,政府预算平衡,从而使得与战争有关的公共债务及其利息支出大幅下降。[①] 然而,1960年代以来,绝大多数工业化国家公共支出的快速上升以及随之而来的公共债务的累积则与战争无关。政府利息支出占GDP的比例由1970年的平均1.4%迅速上升到1995年的4.4%(见表2.12)。在比利时和意大利,当年利息支出已经达到甚至超过GDP的10%或政府总支出的约20%,这给政府财政带来了沉重的负担。[②] 只有少数国家摆脱了这一趋势。对大多数国家而言,公共债务与GDP的比例以及公共利息负担呈持续上升势头,虽然近几年上升的步伐有所减缓。1990年代通货膨胀率的下降降低了名义利率,在一些国家(如意大利)也降低了GDP中用于支付利息的比例。

表2.12　1870—1995年中央政府利息支出(占GDP的百分比)

	1870年前后[a]	1913	1920	1937	1970	1980	1995
澳大利亚[b]	3.6	2.8	5.4	5.8	1.7	1.8	1.8

---

① 第二次世界大战后,美国公共债务与GDP的比例大约为1990年代中期的两倍。但利率水平很低,甚至为负数,从而降低了利息负担。

② 当巨额利息支出导致巨额赤字和债务/GDP上升时,就会形成潜在的爆炸局面。

(续表)

奥地利	…	…	1.0	1.5	0.8	2.5	4.0
比利时	…	4.1	6.6	3.4	2.8	6.2	9.8
加拿大[b]	…	…	4.8	5.8	1.2	2.5	4.3
法国	5.2	…	4.5	5.4	0.5	1.5	3.2
德国	0.3	0.3	…	0.9	0.4	1.0	2.5
爱尔兰	…	…	0.5	2.3	3.5	6.3	5.8
意大利	4.5	2.6	4.4	4.7	1.8	5.4	11.1
日本	…	…	1.1	…	0.4	2.4	3.0
荷兰	2.4	…	…	4.8	1.3	3.7	4.8
新西兰	…	…	…	6.3	2.6	3.9	4.5
挪威	0.4	0.9	1.8	1.4	1.0	2.7	2.3
西班牙	3.3	3.2	2.3	3.9	0.5	0.7	4.7
瑞典	…	…	1.0	0.9	1.0	4.1	6.6
瑞士	…	…	…	1.1	0.3	0.5	0.9
英国[b]	1.7	1.7	5.7	5.3	2.7	4.7	3.7
美国[b]	1.4	…	1.3	1.0	1.3	2.3	3.2
总体平均	**2.5**	**2.2**	**3.1**	**3.4**	**1.4**	**3.1**	**4.5**

资料来源:坦齐和舒克内希特根据以下资料整理而得:费尔南德斯·阿查(1976);安迪克和韦韦尔卡(1964);布特林(1984);新西兰统计局(1937);挪威统计局(1969,1978);德洛姆和安德烈(1983);国际货币基金组织:《政府财政统计》(1997);国家联盟:《统计年鉴》(相应年份);米切尔(相应年份);米切尔:《历史统计摘要》(1962);皮科克和怀斯曼(1961)。

a 各栏中的数据或者是可以得到的最接近年份的数据。
b 1870—1937 年是各级政府利息总支出的历史数据。

公共投资

近几十年财政支出模式的另一个有趣变化是公共投资的下降。例如,在欧盟国家,此类支出从1970年的平均4.3%下降到1985年的3.2%(Tanzi,1986)。对于我们样本中的所有工业化国家而言,1990年代中期的公共投资处于20世纪初以来的最低水平(见表2.13)。从真实量上看,下降幅度甚至更大。因为,20世纪初期,公共投资大多投向基础设施领域,与今天相比,该领域当时的成本较低。公共利息支出与公共投资支出之间存在负相关性。这也许表明,为了偿还公共债务的成本,至少要在一定程度上减少花在资本积累上的支出。

五、结论

在过去125年间,工业化国家公共支出的结构发生了巨大变化。1870年到1960年前后,公共支出的增长带来了政府服务的扩展和基本社会保险体系的形成。直到1960年前后,政府直接支出或实际的支出一直是主导力量。现金转移支付意义很小。然而,1960年代初以来,政府支出增长中的绝大部分被日益扩张的社会计划所吸收,且一般采取现金转移支付的形式。在大多数情况下,政府支出的增长并不是由技术因素,如政府生产率下降或人口老龄化造成的,而是由扩张公共服务的政治决策造成的,这些政策把有限的社会安全网变成了普及性的社会福利。而且,当前的政策承诺意味着某些社会支出将呈上升态势,从而对未来政府预算的稳定性构成严重威胁。如果目前的政策不变,诸如人口老龄化等技术性因素将会对未来的公共支出构成巨大压力。这就是目前的政策为什么不可能保持不变的主要原因之一。

表 2.13 1870—1995 年政府公共投资总支出(占 GDP 的百分比)

	1870 年前后[a]	1913	1920	1937	1960	1980	1994—1995
澳大利亚	6.9	8.9	8.5	7.0	3.6	2.8	1.9
加拿大	1.5	3.8	1.9	3.8	4.0	2.7	2.3
法国	0.5	0.8	2.7	6.3	3.4	3.1	3.1
日本	1.3	3.7	4.3	3.3	3.9	6.1	6.8
荷兰	…	2.1	6.4	4.5	4.3	3.5	2.7
挪威	0.9	1.1	1.6	2.3	3.2	3.7	3.1
西班牙	…	0.3	0.4	1.4	2.6	1.8	3.8
瑞典	…	…	…	0.6	3.2	3.3	2.4
英国	0.7	2.1	1.7	4.1	3.3	2.4	1.8
美国	2.2	2.7	3.5	5.1	2.3	1.7	1.7
平均	**2.0**	**2.8**	**3.4**	**3.8**	**3.4**	**3.1**	**3.0**
奥地利	…	…	…	…	4.2	4.2	3.1
比利时	…	…	…	…	2.2	3.6	1.5
德国	…	…	…	…	3.2	3.6	2.5
爱尔兰	…	…	…	…	2.8	5.6	2.3
意大利	…	…	…	…	3.7	3.2	2.3
新西兰	…	…	…	…	1.1	2.5	2.0
瑞士	…	…	…	…	3.7	5.6	5.7

(续表)

平均	…	…	…	3.0	4.0	2.8	
总平均	2.0	2.8	3.4	3.8	3.2	3.5	2.9

资料来源:坦齐和舒克内希特根据以下资料整理而得:费尔南德斯·阿查(1976);澳大利亚,调查与统计局(1938);布特林(1984);新西兰统计局(1937);挪威统计局(1969,1978);欧洲委员会(1995);国际货币基金组织:《政府财政统计》(1995);OECD:《经济展望》(1997);OECD:《历史统计,1960—1990》(1985);OECD:《国民账户》(相应年份);意大利国家统计局(1951);法国国家统计与经济研究所(1961)。

a 各栏中的数据或者是可以得到的最接近年份的数据。法国、荷兰、挪威、西班牙和瑞典1937年以前为中央政府的历史数据。

附表2.1 人口老龄化(60岁以上人口所占百分比)

	1900年前后[a]	1930	1960	1990	2020预测
澳大利亚	6.2	9.9	12.3	15.0	22.8
奥地利	…	…	…	20.2	28.9
比利时	9.4	11.8	17.9	20.7	28.7
加拿大	7.7	8.4	10.9	15.6	28.4
法国	12.7	14.2	17.1	18.9	26.8
德国	…	…	…	20.3	30.3
爱尔兰	…	…	…	15.2	20.1
意大利	9.6	10.8	13.9	20.6	30.6
日本	…	7.4	8.9	17.3	31.4
荷兰	…	…	…	17.8	28.4
新西兰	7.2	10.4	12.2	15.2	22.7
挪威	…	…	…	21.2	26.0

(续表)

西班牙	8.0	9.5	16.5	18.5	25.6
瑞典	12.0	12.8	19.7	22.9	27.8
瑞士	…	…	…	19.9	30.5
英国	7.4	9.4	15.9	20.8	25.5
美国	6.4	10.4	13.2	16.6	24.5
总体平均	**8.7**	**10.5**	**14.4**	**18.6**	**27.0**

资料来源：帕拉西奥斯(1996)。

a 各栏中的数据或者是可以得到的最接近年份的数据。

第三章 收入、赤字和公共债务

1870年迄今，公共支出增加了，为此必须提供相应的资金。最初的100年，即到1960年代，除非在战争期间，公共支出的增加主要通过增加税收来提供资金。近几十年，公共收入并没有与公共支出同步增长，尽管设置了新的税种，大幅度提高了税率，税收收入在GDP中的比例也大幅度提高了。1970年代，一些国家的政府开始不断打破财政赤字记录。赤字累积带来了沉重的公共债务负担。尤其是那些公共支出水平很高的国家，它们一直遭受着沉重税收负担、财政赤字和巨额公共债务的困扰。除此之外，一些国家的政府还向退休人员做出了过分的承诺。在现行政策下，一些工业化国家养老体系未来资金缺口的现值会使目前的显性公共债务相形见绌。近几年，诸如此类的事态发展已经导致许多国家的政府和政策专家对高水平的公共支出和现行政策对未来几代人的影响表示担忧。最近，稳固财政的行动已经在开花结果，表现为绝大多数国家的赤字下降了，一些国家甚至出现了财政盈余。然而，稳固财政在未来能否持续，仍有待观察，在经济增长放慢的情况下更是如此。

一、收入

总收入

直到 1970 年代初期,政府收入在平常时期基本与公共支出保持同步。持续出现财政赤字的情况是很少见的,除非是在战争期间或大衰退的严峻时期。1870 年到 1913 年间,税收收入(如同支出)约占 GDP 的 10%(见表 3.1)。[①]1870 年,当时政府"最大"的国家,即澳大利亚、法国和意大利,税收收入水平也最高(占 GDP 的 12% 到 18%),财政预算实际上是平衡的。我们应该回忆一下,尽管如此,当时的经济学家和财政专家仍大都认为这样的税收负担过重。例如,当时法国的一位著名经济学家勒鲁瓦-博利厄就认为,所有税收收入占国民收入的 5%—6% 才能认为是"适度"的。当这一比例升至 10%—12% 时,税收就"过重"了。超过了 12%,税收水平就不堪重负,就会对一个国家的经济增长和公民自由产生严重的后果(见 Leroy-Beaulieu,1888,第 127—128 页)。此外,哈佛大学的一位公共财政教授在 1913 年认为,对个人收入超过 50 万美元的人适用 7% 的"最大"税率就"明显偏高"了(见 Richard Goode,1964,第 3 页)。最后,当时的赋税委员会主席科德尔·赫尔(Cordell Hull)认为,按提议的 1%—6% 的所得税率征税,"所收到

[①] 在有限的程度上,可以把表 3.1 中的收入数据与表 1.1 中的支出数据相比。不过,与支出相比,政府总收入方面的数据更少。这就限制了这些数据的可比性。另外,同栏目中收入和支出的历史数据并不总是同一年份的。

的钱可能就比人们头脑中设想要花的钱还多。"(见 Tanzi,1988,第99页)

表 3.1 1870—1996 年政府总收入(占 GDP 的百分比)

	1870 年前后[a]	1913	1920	1937	1960	1980	1990	1996	1997
政府总收入(所有年份)									
澳大利亚	17.8	16.7	19.4	14.9	24.4	29.7	35.5	35.0	35.1
法国	15.3	13.7	17.9	20.5	37.3	46.1	48.3	50.3	50.6
意大利	12.5	14.7	24.2	31.1	24.8	36.9	42.4	46.2	47.9
爱尔兰	9.6	11.8	23.2	26.3	27.5	35.9	36.7	36.5	37.0
日本	9.5	…	…	…	18.8	27.6	34.2	31.7	32.1
新西兰	…	…	24.7	27.0	…	…	52.1	49.1	47.6
挪威	4.3	7.7	11.5	10.9	32.4	49.0	52.3	51.4	52.1
英国	8.7	11.2	20.1	22.6	29.9	39.6	38.7	37.2	37.8
美国	7.4	7.0	12.4	19.7	27.0	30.0	30.8	31.6	32.1
平均	**10.6**	**11.8**	**19.2**	**21.6**	**27.8**	**36.8**	**41.2**	**41.0**	**41.3**
1937 年以前为中央政府收入[b]									
奥地利	…	…	9.0	15.7	37.9	46.4	46.7	47.8	48.2
比利时	11.6	…	17.0	…	30.3	49.0	48.1	49.8	50.1
加拿大	4.1	5.5	16.6	22.6	26.0	36.1	41.9	42.7	43.5
德国	1.4	3.2	8.6	15.9	35.2	45.0	43.0	45.3	45.0
荷兰	…	6.4	11.8	11.9	33.9	51.6	49.0	47.3	47.7

(续表)

西班牙	9.4	10.3	5.8	11.9	18.7	30.0	38.2	39.0	39.5
瑞典	9.5	6.7	7.2	8.5	32.5	56.1	63.3	62.1	61.1
瑞士	…	2.5	3.8	6.0	23.3	32.8	34.2	36.4	36.0
平均	7.2	5.8	10.0	11.6	29.7	43.4	45.5	46.3	46.4
总体平均	9.3	8.8	13.7	16.6	28.7	40.1	42.2	43.4	43.5

资料来源:坦齐和舒克内希特根据以下资料整理而得:费尔南德斯·阿查(1976);澳大利亚,调查与统计局(1938);布特林(1984);新西兰统计局(1937);挪威国家统计局(1969,1978);国际货币基金组织:《政府财政统计》(1995);米切尔(相应年份);米切尔:《英国历史统计摘要》(1992);OECD:《经济展望》(1997年6月号);OECD:《历史统计,1960—1990》(1992);OECD:《国民账户》(相应年份);意大利国家统计局(1951);法国国家统计与经济研究所(1961)。
a 各栏中的数据或者是可以得到的最接近年份的数据。
b 澳大利亚(1920)、比利时和加拿大(1870、1913)、德国、荷兰、西班牙、瑞典和瑞士为中央政府数据。

第一次世界大战以后,许多欧洲国家需要竭力解决战争带来的破坏和公共债务。1920年,公共收入约占GDP的14%,而公共支出约占GDP的18%,公共收入已经在某种程度上落后于公共支出。不过,这些数据不是完全可比的,它夸大了赤字的平均水平。① 在加拿大、澳大利亚、新西兰和美国这些非欧洲国家,收入仍与支出保持平衡。美国的公共收入水平最低,仅为GDP的12%,新西兰最高,几乎占到GDP的25%。在欧洲,意大利和爱尔兰的公共收入水平高,约为GDP的23%—24%。

1920年代,各国财政形势好转,1920—1937年间,平均收入与

---

① 1937年之前的平均赤字被高估了。因为,与公共总支出相比,政府总收入数据只在极少数几个国家可以得到。

支出同步大幅度增长,从 GDP 的 15.6% 增加到 19.5%。"大衰退"使绝大多数工业化国家暂时偏离了预算平衡,但到了 1937 年,许多没有备战的国家财政账户又出现了平衡。1937 年,收入占 GDP 的比例在澳大利亚为 15%,美国为 20%,爱尔兰和新西兰为 25% 左右,与这些国家的支出水平相近。

值得注意的是,如果以 1990 年代的眼光看,直到 1940 年代,许多经济学家仍把政府参与经济的程度限定在似乎令人惊讶的低水平上。例如,1940 年代,科林·克拉克(Colin Clark),这位当时很有影响的经济学家在一篇引起广泛讨论的文章中指出:税收收入超过 GDP 的 25%,就有可能触发"政治的、经济的和心理的内在力量,这些力量不可避免地导致成本和价格总水平的上升,不过会有两三年的滞后期"。因此,GDP 的 25% 就在某种程度上构成了税收水平的上限。在写给克拉克的私人信件中,凯恩斯赞成道:"把 25% 作为税收的最大可容允比例非常接近真实情况"(见 Clark,1964,第 21 页)。

第二次世界大战后,平衡预算又成了政府奉行的规则。直到 1960 年代,收入增长缓慢,并与支出保持同步。[①] 1960 年,政府总收入平均约达到 GDP 的 29%,支出为 GDP 的 28%,二者基本持平。平衡预算居于支配地位,而当时"大手大脚花钱的国家"——奥地利、比利时、德国、荷兰、瑞典和英国,政府收入与 GDP 的比例

[①] 但是,正如第一章已经提到的,凯恩斯主义经济学家已经对受制于这个规则的约束而感到恼怒。托宾对这一时期作了批判性的评论,他写道:"在财政政策方面,平衡预算并把预算保持在小规模上,已经成为责任心和高尚品质的试金石"(见 Tobin,1966,第 38 页)。

也最高。在这些国家,政府收入超过了GDP的30%。

到了1970年,政府收入已增加到GDP的32.4%,仍能与支出保持大体平衡。1973年的石油冲击导致公共支出与公共收入第一次普遍出现巨大差异,这是因为,政府试图通过增加公共支出来维持居民实际收入和总需求。1970年代是凯恩斯主义的鼎盛时期,反周期政策据信是对衰退的"正确"反应,即使这些政策会刺激通货膨胀。失业被认为是比通货膨胀更严重的问题,而且人们相信,决策者能够在失业与通货膨胀之间做出选择。当时的德国总理赫尔穆特·施密特(Helmut Schmidt)因为他的一句名言而闻名:"5%的通货膨胀比5%的失业要好。"不久德国就同时得到了这两者。

到1980年,在绝大多数工业化国家,支出偏离收入的过程已经变得显而易见。1960—1980年间,支出占GDP的比例平均提高了15个百分点,达42.6%,而收入"仅"提高了11个百分点,为40%。在奥地利、比利时、法国、德国和挪威,收入超过GDP的45%。荷兰和瑞典甚至超过了GDP的50%。这些数字肯定会使科林·克拉克在坟墓中感到不安,但即使是这些给人留下深刻印象的收入数字,一般也低于这些国家的公共支出水平。

到了1990年代,情况没有太大的变化。平均收入占GDP的比例又增加了3个百分点,1996年达到43%,但公共支出也增加了。令人惊讶的是,比利时、挪威和瑞典政府能够征收到超过GDP一半的收入。不过,澳大利亚、日本、瑞士和美国报告的收入水平低于1930年代中期,反映出它们的公共支出较低。

收入结构

在过去 125 年间,政府收入结构发生了巨大变化(见表 3.2)。最初,间接税是政府收入的最重要来源。然而,第二次世界大战以来,所得税和社会保险缴费成为最重要的收入类别,它们几乎总共占到政府总收入的 2/3。不过,许多国家在 1960 年代和 1970 年代开始征收的增值税在提高间接税收入和税收总水平上也发挥了重要作用。

表 3.2 1870—1994 年政府收入结构(占 GDP 的百分比)

	间接税:国内							间接税:关税				
	1870[a]	1913	1920	1937	1960	1980	1994	1870	1913	1920	1937	1990[b]
澳大利亚	4.7	1.9	2.6	3.1	10.9	12.3	13.7	4.1	1.6	1.8	2.1	1.2
奥地利	…	6.3	5.0	7.0	14.7	16.4	16.7	…	2.3	1.6	2.2	1.1
比利时	2.5	2.7	4.6	…	11.5	12.4	13.7	1.1	1.4	2.4	…	…
加拿大	3.6	4.2	5.0	6.2	12.4	11.5	13.5	2.6	3.4	2.9	1.8	0.7
法国	1.5	3.0	3.2	5.7	16.5	14.6	15.4	0.3	1.6	1.1	2.2	…
德国	1.3	2.6	5.0	7.8	13.8	13.1	12.4	0.7	1.3	0.9	1.8	…
爱尔兰	…	…	9.1	10.3	15.3	15.0	17.0	…	…	4.5	6.4	…
意大利	0.8	1.2	0.5	0.9	11.2	8.6	14.2	0.8	1.2	0.5	0.9	…
日本	1.9	3.8	1.7	2.3	8.5	7.4	7.5	0.4	1.5	0.4	0.8	0.2
荷兰	…	3.0	2.8	4.3	…	12.0	13.8	…	0.6	0.8	1.7	…
新西兰	…	…	…	…	…	…	14.8	…	…	…	…	0.8
挪威	3.0	3.2	2.0	5.6	12.7	15.7	16.9	2.2	2.7	1.7	2.5	0.2
西班牙	2.9	2.8	1.4	2.7	7.5	6.6	11.9	1.6	1.7	0.9	0.4	…
瑞典	5.1	3.4	2.3	4.0	10.0	13.5	15.5	3.3	1.1	1.2	1.5	…
瑞士	…	2.1	2.5	3.7	7.3	7.0	8.0	…	2.1	2.5	3.2	1.5

(续表)

英国	4.0	3.1	5.6	7.1	13.0	15.7	15.7	1.9	1.4	2.2	4.7	…
美国	5.2	1.7	1.2	2.8	8.9	7.8	8.3	2.7	0.8	0.4	0.5	0.3
平均	**3.0**	**3.0**	**3.4**	**4.9**	**11.6**	**11.8**	**13.5**	**1.8**	**1.7**	**1.6**	**2.2**	**0.8**

续表 3.2

	直接税							社会保险缴费			其他收入		
	1870	1913	1920	1937	1960	1980	1994	1960	1980	1994	1960	1980	1994[c]
澳大利亚	…	…	1.1	0.6	10.5	16.0	16.2	…	…	…	3.0	2.1	3.1
奥地利	…	4.3	3.1	3.3	10.4	11.0	10.6	8.9	12.7	15.0	3.8	2.2	5.4
比利时	1.2	4.5	4.3	…	7.9	18.2	17.5	7.7	13.5	15.5	3.3	4.8	4.2
加拿大	…	…	0.8	2.3	9.0	14.7	16.0	1.7	3.3	6.1	2.8	6.9	6.3
法国	1.4	1.3	1.1	2.0	5.5	7.6	7.8	11.8	17.8	19.1	…	3.5	6.5
德国	…	…	3.6	6.4	9.3	13.4	11.5	10.3	13.1	15.4	1.8	2.4	7.2
爱尔兰	…	…	3.9	3.8	6.7	12.3	15.1	…	4.8	5.4	9.5	5.3	7.6
意大利	3.0	2.5	1.0	2.8	4.9	9.4	14.5	9.4	11.5	13.0	2.0	2.3	…
日本	5.4	3.0	2.9	3.6	6.8	11.7	10.5	2.9	7.4	9.8	0.7	2.1	4.0
荷兰	…	3.4	8.4	7.6	11.7	14.8	12.6	…	17.1	19.3	…	5.7	4.1
新西兰	…	…	…	…	14.9	23.0	22.2	…	…	…	…	…	…
挪威	…	0.7	2.6	1.6	12.2	19.4	14.3	…	9.9	9.9	7.5	2.3	7.5
西班牙	3.7	3.5	2.0	4.7	3.5	6.3	9.9	…	11.7	13.8	7.7	3.2	3.9
瑞典	1.4	1.0	2.5	2.1	14.9	21.2	21.6	4.9	14.1	13.9	2.7	6.0	7.4
瑞士	…	…	0.5	0.6	8.6	12.7	13.4	8.9	9.5	12.4	4.1	5.1	0.4
英国	0.8	2.1	10.3	7.6	11.1	5.0	12.1	…	5.8	6.1	5.8	4.4	2.4
美国	…	…	…	2.5	13.9	13.4	12.3	4.3	5.9	7.0	…	…	…
平均	**2.4**	**2.6**	**3.2**	**3.4**	**9.5**	**13.5**	**14.0**	**7.1**	**10.5**	**12.1**	**3.4**	**3.6**	**4.4**

资料来源:坦齐和舒克内希特根据以下资料整理而得:布特林(1984);OECD:《经济展望》(相应年份);米切尔:《国际历史统计》(相应年份)。

a 各栏中的数据或者是可以得到的最接近年份的数据。1937年以前的历史数据只包括中央政府。
b 1988年数据。
c 政府总收入(表3.1)与直接税、间接税和社会保险缴费之和之间有残差。

第一次世界大战之前,间接税收入略高于直接税收入,但低税率和窄税基阻止了绝大多数国家从这两种税收中的任何一种征收到超过GDP 5%的收入。然而,第一次世界大战以后,许多国家都大幅度地提高了它们的收入征收水平:奥地利、加拿大、德国和爱尔兰提高了它们的间接税征收水平,荷兰则大幅度地提高了它的直接税征收水平。在英国,这两种税的征收水平都很高。第二次世界大战之前,关税几乎占到间接税的一半,而且间接税收入平均而言仍比直接税高20%。

直到1960年,间接税与直接税的征收额仍普遍保持在上述比例上。另外,社会保险缴费开始成为重要的收入来源。间接税和直接税分别占总收入的40%和33%。剩下的为社会保险缴费和其他收入。

在随后的30年间,政府收入的增长主要是由于直接税和社会保险缴费的提高。正是在这一时期,个人所得税逐步被视为是最好且最公平的税种。[1]它变得非常盛行。[2] 间接税收入和其他收入

---

[1] 例如,可参见美国政府间关系咨询委员会提交的年度观察报告:"政府与税收:变化着的公众态度。"

[2] 在1960年代和1970年代的环境下,个人所得税是一种理想的工具,因为它是累进的,因此能够促进收入分配目标的实现;它具有内在的灵活性,因此有助于实现经济稳定目标;据信它能够降低个人储蓄,从而有助于增加总需求。而且,通过对受优待的社会群体给予特殊照顾,个人所得税还适合于社会工程。

占GDP的比例没有太大变化。到1994年,间接税收入占GDP的13.5%,约占政府总收入的30%,来自直接税的收入提高到总收入的33%,占GDP的14%。为了给日益扩张的社会支出提供资金,社会保险缴费占总收入的比例从1960年的22%提高到1980年代的几乎30%。到1994年,社会保险缴费平均占GDP的12%左右,法国和荷兰几乎达到20%。

税率

过去125年间,政府收入征收总水平的提高是通过大幅度拓宽税基和提高税率而实现的。事实上,为了征收高达GDP 40%—50%的收入,高税率和高缴费率是不可避免的。直接税收入和社会保险缴费的增长尤其表明,在过去几十年间税率大幅度提高了,税基拓宽了。除此之外,税率具有累进性,通货膨胀导致了人们名义收入的增加,从而使人们的收入档次上升,政府因此获得了巨额的意外之财。1970年代和1980年代初期,由于所得税的征收档次没有完全按照通货膨胀指数化,来自个人所得税的税收收入增加了。然而,近几年,资本和劳动力的流动性提高了,人们对高税率所造成的扭曲越来越关注,所有这些都开始促使最高档次的所得税和公司税的边际税率下降(Owens,1997;Tanzi,1995)。

高边际所得税率和社会保险缴费率在工业化国家尤其值得关注(表3.3)。样本国家中有一半国家的最高边际所得税率达到甚至超过了50%,只有新西兰征收的最高边际税率处于30%的低水平上。自从1980年代末税制改革以来,公司所得税率在工业化国家之间已变得非常接近,1996年处在瑞典的28%和意大利的53%

之间。累积工薪税也很高,欧洲国家尤其如此,比利时、法国和意大利超过了40%。澳大利亚最低,仅为7%。销售税或增值税率平均为17%,澳大利亚、奥地利、比利时、法国、爱尔兰、挪威和瑞典达到甚至超过20%。另一方面,日本、瑞士和加拿大仍保持一位数的销售税率或增值税率,美国仍没有开征国民销售税。

表3.3 税率:增值税/销售税、所得税和工薪税

	1996年标准增值税率或销售税率	1997年所得税率		1993年总工薪税率[b]
		个人[a]	公司	
澳大利亚[c]	32	20—47	36	0
奥地利	20	10—50	34	41.8
比利时	21	25—57	39	47.3
加拿大	7	17—31	29	14.8
法国	21	12—54	33	56.3
德国	15	25.9—53[d]	45	38.2
爱尔兰	21	27—48	38	22.2
意大利	19	10—51	53	57.9
日本	3[e]	10—50	38	31.5
荷兰	18	6.35—60	35	54.7
新西兰	13	24—33	33	2.7
挪威	23	37.5—23.5	21	24.5
西班牙	16	30—56	35	38.7
瑞典	25	30—50	28	32.3
瑞士	6.5	11.5	10	22.8

				(续表)
英国^c	18	20—40	33	15.6
美国^f	…	15—39.6	35	21.5

资料来源:库珀和莱布兰德(Coopers and Lybrand,1997);旺德和克罗(Wunder and Crow, 1997);齐(Zee,1996)。

a 在所选国家仅指联邦税率。
b 包括雇主和雇员的缴费,自我雇佣者不包括在内。
c 社会保险提供养老、失业和其他福利,所有这些项目都由统一收入提供资金。无论是雇主还是雇员,都不要求分开缴费。
d 不包括统一缴费。
e 基于会计账户的增值税;4.5%的税率仅适用于轿车。
f 州政府和地方政府所征收的货物税和服务税在不同行政区是不同的,可能会达到10%。

毫不奇怪,在那些征收收入(及公共支出水平)最高的国家,边际税率通常也最高。对收入征收高达50%以上的边际税率或者对销售收入征收20%的边际税率,可能会导致严重扭曲,包括对工作和投资产生负面刺激,以及诱使人们逃税。① 例如,达韦里和塔贝利尼(Daveri and Tabellini,1997)指出,1965年到1975年以及1976年到1991年间,劳动所得的平均税率提高了9%,这可能是造成增长率持续下降0.5%和失业率上升4%的原因。还可参见齐(1996)。另外,工业化国家税收体系的复杂性和高昂管理成本也常常令人担忧。随着电子商务等新技术的发展,高税率将被视为在全球资本和劳动力市场上展开竞争的一个越来越不利的因素(Owens,1997;Tanzi,1998a)。根据一项考察结果,布鲁内蒂、基苏尼科和韦德(Brunetti,Kisunko and Weder,1977a)指出,税收管制和/

---

① 有大量文献指出了诸如此类的效率损失。如想了解近期对有关税收诸多问题的考察,可参见 OECD:《让工作得到回报:税收、收入、就业与失业》(巴黎:1997)。

或高税率可以视为工业化国家的企业所面临的最大障碍。①

二、赤字

前一部分已经提到了一些国家总体财政形势的严重恶化,这个问题值得进一步讨论。我们并不认为,预算平衡对于一个国家而言总是最好的财政状况,我们也同意,在战争和衰退期间,平衡预算是不现实的,甚至是不明智的。但是,作为一个经验法则,预算平衡为评价一个国家"通常"时期的财政状况提供了一个有用的基准。②

19世纪到1960年代,制度的约束,再加上强烈的道德和知识信仰,促使政府在和平时期保持预算平衡,甚至产生预算盈余。平衡预算规则是针对早期许多君主和政府不负责任的财政行为而提出来的。正如加尔布雷思指出的那样,"王子和政府的挥霍习性受制于这一规则,他们收入多少就只能支出多少"(1958,第15页)。战争期间增加的公共支出和公共债务一般会在战后减下来(Buchanan,1958)。1960年,绝大多数工业化国家实现了预算平衡,甚至有少量盈余。只有加拿大、意大利、英国报告有财政赤字,占GDP的2%,而17个国家中有11个报告有盈余(表3.4)。

---

① 如想了解有关新西兰的经验研究,可参见卡拉加策(Caragata,1998)。

② 仅仅依据财政赤字来评估各国的财政形势应持某种谨慎态度。与长期繁荣之后的预算平衡相比,衰退期间少量的赤字可能是财政"健康状况"较好的一个信号。在界定赤字时,包括还是不包括养老体系或金融体系中隐含债务,以及公共债务,可能会呈现出完全不同的画面。巴罗(Barro,1979)还指出,维持税率相对稳定、从而允许在特定条件下发生盈余或赤字的财政政策,比那种允许税率上下变动的财政政策更有效。

表 3.4 1960—1996 年政府财政总体平衡状况（占 GDP 的百分比）

	1960	1980	1990	1996	1997
澳大利亚	3.2	-1.7	0.6	-0.9	-0.3
奥地利	2.2	-1.7	-2.2	-3.9	-2.5
比利时	0.0	-8.8	-5.8	-3.2	-2.1
加拿大	-2.6	-2.8	-4.1	-2.0	+0.9
法国	2.7	0.0	-1.6	-4.0	-3.0
德国	2.8	-2.9	-2.1	-3.4	-2.6
爱尔兰	-0.5	-12.3	-2.3	-0.9	+0.9
意大利	-5.3	-8.6	-11.0	-6.7	-2.7
日本	1.3	-4.4	2.9	-4.3	-3.1
荷兰	0.2	-4.2	-5.1	-2.3	-1.4
新西兰	…	…	-1.6	+3.0	+1.6
挪威	2.5	5.2	2.6	+5.8	+7.3
西班牙	-0.1	-2.0	-3.8	-4.7	-2.6
瑞典	1.5	-4.0	4.2	-3.5	-0.8
瑞士	6.1	0.0	0.7	-2.2	-2.0
英国	-2.3	-3.4	-1.2	-4.7	-1.7
美国	0.0	-1.4	-2.7	-1.1	0.0
平均	**0.7**	**-3.3**	**-2.3**	**-2.3**	**-0.8**

资料来源：OECD.《经济展望》(相应年份)。

到 1980 年,形势发生了根本性变化。财政赤字平均超过 GDP 的 3%。爱尔兰的赤字超过了 GDP 的 12%,比利时和意大利也接近两位数。只有瑞士、法国和挪威竭力维持住了预算平衡或有一定盈余。1980年代末的经济繁荣有助于改善各国的财政收支状况,1990年,澳大利亚、日本、挪威、瑞典和瑞士出现了盈余。然而,平均赤字依然超过GDP的2%,目前意大利名列前茅。在经历了1990年代初财政形势进一步恶化以后,由于要迈向欧洲货币联盟(财政赤字限定在3%以内),加之新西兰和其他一些国家的改革,以及美国、英国伴随改革而来的有利经济环境,1996年的平均财政赤字接近1990年的水平。新西兰和挪威已经实现了巨额财政盈余,但其他绝大多数国家仍报告有赤字。1997年和1998年财政形势继续好转,许多国家实现了财政平衡,甚至出现盈余。

1960年代前后的主要区别之一是财政赤字具有长期性,即使在"正常"的经济增长时期也是如此。自1970年代初以来,许多工业化国家几乎一直存在着财政赤字。我们已经看到,即使是像1980年代后半期那样的长期经济繁荣,也只是促使少数国家出现财政盈余。赤字之大是和平时期前所未有的。前面的收入和支出表显示,即使是1930年代中期,也没有一个国家出现过两位数的赤字。

结构性赤字

观察一个国家财政政策是否稳健的另一种方式是考察所谓的结构平衡。与没经调整的财政平衡相比,结构性平衡试图把一个国家在商业周期中所处的位置考虑进来。一个国家陷于严重的衰退,却只有较小的实际赤字,它事实上就存在着结构性盈余。道理在于,在经济下降时期,公共收入一般会减少,而公共支出义务没减轻,甚至有所增加(例如,失业补偿金会增加)。因此,财政赤字就比没有发生衰退时大。另一方面,经济繁荣时期的财政盈余也许掩盖着结构性赤字,因为,收入可能因为繁荣而被人为地膨胀了。然而,计算结构性赤字所需要的一些假设条件存在疑问,甚至存在根本性问题。

与没有调整的数据相比,结构性赤字所揭示的画面并没有太大的不同。① 1970年代以前,绝大多数工业化国家没有赤字。然而,1970年代扩张性政策把结构性赤字推到了1980年平均4.7%的水平,比利时和爱尔兰的结构性赤字超过了10%。1990年代初,结构性赤字平均在3%和4%之间,但1996年下降到2.3%,1997年降为1.1%,稳固财政的努力开始开花结果了。

然而,各国之间存在巨大的差异。1980年后,比利时和爱尔兰能够大幅度地降低它们的结构性赤字,近几年荷兰和意大利也巩固了它们的财政形势。新西兰和加拿大也出现了重大转机。然而,一些国家(如日本)的结构性赤字出现了严重的恶化。

三、公共债务和隐性债务

公共债务

巨额财政赤字所带来的破坏并不限于直接挤掉私人部门的经济活动和投资,它可能会延续到很长时期。长期高赤字会造成巨

---

① 如想了解结构性赤字的数据,可参见 OECD:《经济展望》(年刊)。

额债务负担,当一个国家的经济增长率低而政府借款的利率却很高时,情况就更是如此。前面已经提到,如果财政赤字所造成的利息负担反过来导致赤字的进一步增加,以及政府的欠债风险推动实际利率的进一步上升,那么,债务的增长就具有潜在的爆炸性质。过去25年间工业化国家公共债务的增长就是近几十年政府挥霍财政累积效应的一个很好的显示器。表5.3显示了过去125年间财政赤字对公共债务的影响。

公共债务并不是一个新的现象。① 1870年代,澳大利亚、法国、意大利、英国和美国的公共债务占GDP的比例为40%到100%,它们都是由大规模战争造成的。直到第一次世界大战,除法国以外,上述所有国家由于这一时期所奉行的财政政策,都大幅度削减了公共债务负担。第一次世界大战期间,公共债务又迅速上升了。德国和奥地利等一些国家借助恶性通货膨胀摆脱了自己的债务。1920年,平均公共债务水平仍达GDP的60%,澳大利亚、比利时、法国、新西兰和英国超过了GDP的100%。

表 3.5 历史上的公共债务总额(1870—1996,占GDP百分比)

	1870年前后[a]	1913	1920	1937	1970	1980	1990	1997
澳大利亚	100.1	75.1	122.4	153.0	…	…	21.3	38.7
奥地利	…	…	22.5	40.5	19.4	37.3	58.3	65.9
比利时	…	128.4	132.9	117.2	67.5	78.2	129.7	122.4
加拿大	…	…	40.6	74.1	51.9	44.0	72.5	93.8
法国	51.4	66.5	136.8	137.7	53.1	30.9	40.2	64.6

---

① 勒鲁瓦-博利厄(1888)曾用两卷本、几百页的专题论文来论述公共债务。

(续表)

德国[c]	…	…	4.2	17.4	18.4	31.1	45.5	65.0
爱尔兰	…	…	9.6	31.4	67.4	72.7	96.3	68.3
意大利	92.0	70.6	91.3	95.7	41.7	58.1	104.5	121.7
日本	0.6	53.6	25.6	57.0	12.1	51.2	65.1	87.1
荷兰	…	…	…	71.9	50.6	46.9	78.8	71.4
新西兰	…	…	158.3	154.8	…	44.8	60.9	47.0[b]
挪威	6.8	27.9	28.4	28.0	47.0	47.6	32.5	40.6[b]
西班牙	…	77.7	37.7	57.4	14.2	18.3	50.3	73.5
瑞典	…	…	21.5	26.5	30.5	44.3	44.3	77.1
瑞士	…	…	…	33.4	…	…	31.9	48.2[b]
英国	40.2	30.4	132.0	188.1	81.6	54.0	39.3	60.3
美国	43.9	2.5	31.0	43.7	45.4	37.0	55.5	61.5
平均	**47.9**	**59.2**	**66.3**	**78.1**	**42.9**	**46.4**	**60.4**	**71.0**

资料来源:坦齐和舒克内希特根据以下资料整理而得:费尔南德斯·阿查(1976);布特林(1984);挪威国家统计局(1978);多恩布施和德拉吉(Dornbusch and Draghi, 1990);菲尔德(Field, 1934);日本统计协会(1987);金德尔伯格(Kindleberger, 1993);国家联盟:《统计年鉴》(相应年份);米切尔(1962);国际货币基金组织:《新西兰:若干问题及统计附录》(1996k);OECD:《经济展望》(1997);法国国家统计与经济研究所(1961);联合国:《世界经济观察》(相应年份)。

a 各栏中的数据或者是可以得到的最接近年份的数据。自1970年开始,表中数据包括国民账户体系所定义的所有财政公债,涵盖了中央政府、州政府和地方政府,以及社会保险部门的所有政府部门。这里的定义不同于马斯特里赫特条约。

b 1996年。

c 包括1995年德国铁路基金债务。为政府系统内某一分支机构所持有、构成政府另一分支机构债务的资产没完全包括进来。

由于受大衰退的影响,1920—1937年间没有一个国家能够设法大幅度削减它们的公共债务负担。然而,尽管1930年代初遇到了前所未有的经济下滑和失业,债务水平并没有上升多少。1937

年,平均债务占 GDP 的比例仅比 1920 年高约 10 个百分点。

第二次世界大战以后直到 1970 年代中期,由于预算平衡、经济快速增长和实际利率较低,公共债务下降了,从而降低了债务占 GDP 的份额。到 1970 年,平均公共债务水平已经下降到 GDP 的 40%左右,与此同时,实际利率处于历史最低点。当时,英国报告的债务水平最高,占 GDP 的 80%以上。在奥地利、德国、日本和西班牙,政府债务不到 20%。25 年后,平均公共债务占 GDP 的比例提高了 30 个百分点。比利时、加拿大和意大利报告的公共债务已经超过了它们的名义 GDP。只有挪威和英国在 1970 年到 1997 年间降低了它们的债务水平。这一时期,奥地利、比利时、加拿大、意大利、日本和西班牙所报告的债务增幅最大,从 GDP 的 20%—40%提高到 GDP 的 70%—80%。1997 年和 1998 年,一些国家再次降低了公共债务占 GDP 的比例,但降幅很小。

公共债务水平高并不是引起关注的惟一原因。在严重的经济危机时期,如果不冒宏观经济不稳定的风险,一些国家可能会丧失驾驭高额赤字的能力。① 瑞典也许可以用来说明危机是如何对公共债务发生令人注目的影响的。瑞典在 1990 年出现过财政盈余,3 年后则出现两位数的赤字。仅仅 5 年的时间,公共债务就翻了一番,达到 GDP 的 81%。在日本,债务占 GDP 的比例经历着类似的上升过程。意大利或比利时的欠债达到 100%以上,它们可能会感到,渡过类似的突然恶化的经济形势更加困难。1970 年代和 1980 年代初,尽管赤字很高,但不期而遇的通货膨胀把实际利率

---

① 日本正是这样一个国家,因为它的赤字很高,公共债务数额巨大且不断增加。

保持在低水平上,甚至把它变为负数,从而减缓了公共债务实际值的增长。① 然而,最近几年,低通货膨胀率降低了名义 GDP 的增长,再加上实际经济增长率低而实际利率高,使得公共债务占 GDP 的比例加速提高,尽管财政赤字一直受到比较严格的控制。事实上,在没有通货膨胀或者经济增长率不高而实际利率较高的情况下,为了降低债务水平,有必要保持大量财政盈余。

政府隐性债务

近几年,另一种类型的政府债务已经引起了人们的极大关注。前面已经指出,在过去几十年间,工业化国家的政府提高了养老金的受益水平,放宽了享受资格。直到目前,人口结构一直是有利的,或者说是对财政友好的,在这样的人口结构下,领取养老金的人不多而向养老体系供款的缴费者很多,从而使养老体系保持在良好的收支状态。在绝大多数国家,现收现付计划一直在为较少的退休者提供较高的养老金。然而,如果退休年龄不变,在今后的 25 年间,由于预期寿命的延长和出生率的下降,达到退休年龄的人的比例几乎会提高 50%。到 2020 年,1/4 以上的人口将是 60 岁以上的老人。与此同时,向这些退休者的养老金提供资金的工人的数量将会减少,这是因为就学的年限更长,失业率,尤其是年轻人的失业率高,存在提前退休的趋势,尤其是男职工,而最主要的是人口结构发生变化。由于绝大多数养老体系并没有利用人口结

---

① 当时,通货膨胀对财政赤字和公共债务的扭曲效应使得艾斯纳(Eisner)等经济学家对是否真正存在财政问题产生了怀疑。

构较为有利的时期来为"困难"时期建立储备,这种人口结构的转型将会对未来养老金债务的支付能力产生巨大影响。① 在现行政策下,未来养老金债务的现值和未来工人缴费的现值之间将会出现巨大缺口。

一些研究在对预期寿命、利率和生产率增长做出某些假设的条件下,测算出了现行养老政策所形成的政府净债务。这些研究涉及的时间跨度很长,因此潜在假设稍有不同,所得出的结果就会出现巨大差异。然而,这些测算的基本出发点并不是为了确定未来年份养老金债务的精确值,而是为了在理论上说明,政府面临着巨额的、尚没清偿的债务。按照现行政策,这些债务的数额是巨大的。

表 3.6 若干工业化国家净养老金债务估计值(占 GDP 的百分比)

	钱德和耶格 (Chand and Jaeger)	马森和穆萨 (Masson and Mussa)	范登努德和赫德 (Van den Noord and Herd)
加拿大	68	99	250
法国[a]	114	98	216
德国[b]	111	139	160
意大利	76	113	233
日本	107	110	200
英国	5	19	186

---

① 在 OECD 国家,65 岁及 65 岁以上人口与 25 岁至 64 岁人口的比例将从 1990 年的 22.8% 提高到 2010 年的 26.9%,2030 年的 39.6%,2050 年的 52.4%。见《十国集团》(1998 年 4 月,第 3 页)。

(续表)

美国	26	31	43
瑞典	20	...	...
平均	**66**	**87**	**184**

资料来源：钱德和耶格(1996)；马森和穆萨(1995)；范登努德和赫德(1993)。
a 不包括"假"缴费。
b 不包括联邦政府的法定转移支付。

主要工业化国家平均净养老金债务估计在 GDP 的 66%(Chand and Jaeger, 1996)和 184%(Van Den and Herd, 1993)之间(见表 3.6)。即使按表 3.6 中较低的两个估计数，也可以看出，一些国家存在巨额的隐性债务，它远远超过了政府的显性债务。这些研究认为，加拿大、法国、德国、意大利和日本尚没清偿的债务最高。比较乐观的研究也认为隐性债务的数量在 GDP 的 68%与 139%之间。只有英国、美国和瑞典未来隐性债务的净现值较低，不到 GDP 的 30%。这些国家用以应付未来债务的养老基金储备也较高：英国以及荷兰、瑞士报告的养老基金资产 1996 年达 GDP 的 75%到 117%。美国报告为 58%，日本为 42%。另一方面，德国、意大利、法国和其他一些隐性养老金债务高的国家，没有或只有很少养老基金资产。

钱德和耶格(1996)估计，工业化国家必须把养老金缴费占 GDP 的比例平均提高 1.8 个百分点才能偿付未来债务。在日本、德国和法国，这种所谓的缴费缺口超过了 GDP 的 3%；加拿大和意大利为 2%。如果现行政策再持续 5 年，养老体制改革相应推迟 5 年，那么，缴费缺口将会提高 0.3 个百分点。推迟 15 年，养老金缴费就几乎必须翻番。这就使得养老体制改革极为紧迫，我们还将在下一章就此进行讨论。

四、结论

1960年代以后,政府收入没有与公共支出保持同步增长。在这个过程中,绝大多数工业化国家过去25年长期存在财政赤字,从而导致巨额政府债务的累积。其中一些国家,政府债务与GDP比例的提高幅度一直很大。[①] 另外,政府已经做出的养老金承诺构成了巨额的隐性财政债务。在绝大多数工业化国家税收负担已经很重因而很难再增加的情况下,这些后果必须引起重视。事实上,在一些国家,包括德国、意大利和美国,现在已经面临着减轻税收负担的巨大压力。因此,不可避免地要做出一些调整,主要是必须想方设法削减公共支出。无论较高的公共支出会带来什么样的利益(这个问题将在本书第二部分讨论),这里的研究结果都强烈地赞成财政改革。

---

① 前面已经指出,1997年和1998年,一些工业化国家的公共债务与GDP的比例不但没有上升,甚至有所下降。这是否代表一种新的趋势,仍有待观察。

第二部分　公共支出增长的收益

本书的第一部分分析了过去一个世纪公共支出的增长及其原因。它表明,大约在1960年以后,公共支出的增长尤其明显。这一时期,许多国家对它们以前有限的社会保障制度进行了拓展,一些国家把自己变成了当今的福利国家。尤其是在1960—1980年这段时期,人们对政府极端信任,认为它能够解决许许多多的社会和经济问题。

本书的第二部分包括三章,将考察这样一个重要问题:公共支出的增长给工业化国家的人民带来了什么样的利益。依据推理,政府向公民征税,使自己能够实施公共计划,而这些公共计划应该能够增进本国公民的福利。除非这样,否则,似乎就没有理由为了增加公共支出而提高税收水平,从而减少个人的经济自由。我们将讨论可以得到的相关证据,以回答这样一个问题:公共支出的增长事实上是否带来了社会福利水平的提高。

第四章 政府绩效的历史证据

一、分析方法说明

1870—1996年间,在那些可以获得资料的一组工业化国家,公共支出占国内生产总值(GDP)的比例提高了4倍以上。在本书的第一部分我们指出,公共支出的增长是特殊事件(战争、衰退)与人们变化着的观念共同作用促成的,这种观念认为,许多社会和经济问题都可以通过更多的政府干预,尤其是通过增加公共支出来加以解决。据信,较高的公共支出会带来较高的社会福利。

这些事件和观念作用的结果是政府在以下领域的职能得到扩张:(a)教育,结果,在绝大多数国家,在各个教育层次上建立免费的、至少是不太贵的公立学校成为一种惯例;(b)医疗;(c)提供公共养老金,最终形成了这样一种局面:绝大多数老年人都得到了或可以指望得到政府提供的养老金;(d)对失业者和其他各种各样的社会群体提供公共救助;(e)对企业给予补贴,如此等等。公共支出的扩张通过多种方式促进了公共福利的提高。例如,它从总体上提高了识字率和人力资本水平;降低了婴儿死亡率,提高了总体医疗水平,从而提高了预期寿命;为失业者、残疾人和贫困者提供一张重要的安全网。毫无疑问,在过去一个世纪里,公共支出的增长和政府经济职能的增强有助于提高生活质量,这主要是因为它减少了某些影响绝大多数居民日常生活的风险。

我们将要提出的一个重要问题是,较高的公共支出与较高的社会福利之间是否存在持续的、积极的联系。换言之,更多的公共支出是否**总是**或必然意味着更高的社会福利?或者,相对于公共支出,社会福利收益是否在递减?这是一个困难的问题,因为,不存在一个明确的方法对这个问题作出一个确定的和不自相矛盾的回答。原因在于,虽然经济学家对社会福利及类似概念,尤其是较大群体或整个国家的社会福利谈得很多,但是,他们一直没能用任何一个客观的和可以得到广泛接受的方法来实际计量社会福利(见 Slesnick,1998)。正如斯莱斯尼克(Slesnick)所指出的那样:

"福利的计量构成公共政策分析的基础。要想对税收、补贴、转移支付计划、医疗保健改革、规制、环境政策、社会保险制度和教育改革进行通盘考虑,最终必须解决这样一个问题:这些社会政策是如何影响个人福利的。"(第2108页)

本书中,我们将采用一种新的、适中的、可以预料会引起争论的分析方法,这种方法可以使我们得出某些有趣的,我们相信也是有用的结论。

假设社会福利 W 取决于各种社会经济指标,如 X_1、$X_2 \cdots X_n$ 的值。例如,X_1 可以代表预期寿命,X_2 为婴儿死亡率,X_3 为识字率,X_4 为人口接受教育的数量,等等。因此有:

$$W = f(X_1, X_2, \cdots X_n)$$

社会福利的改善取决于相关指标值的改善。因此有:

第四章 政府绩效的历史证据

$$\Delta W = \sum_{i=1}^{n} \frac{\partial f}{\partial x_i} \Delta X_i$$

假定,政府试图通过公共支出,或许还有其他政策,如税收、规制等等,使这些指标发生所希望的变化,以影响社会福利。我们还假定,当某一指标被认为发生了所希望的变化时,人们对此不会存在异议。例如,较长预期寿命、较低婴儿死亡率、较低通货膨胀率、较高识字率等等,无疑都是我们所希望的变化。由此可以得出,公共支出对这些指标产生了人们所希望的影响或积极影响越大,社会福利的改善也假定为越大。因此,社会经济指标的变化可以用来表示社会福利的变化。

这种方法存在明显的局限性。例如,**公共**支出的增加通常意味着眼前或未来**私人**支出的减少。为了给更高的公共支出提供资金,必须增税(现在或未来),这会使私人放弃支出,从而给私人支出带来机会成本。这种机会成本可能是很高的。但它被这里所采用的方法忽略了,这种方法只记录了公共支出对社会经济指标的积极影响,而忽视了它所产生的成本。

另一个问题是,很难甚至不可能考虑到政府试图通过公共支出施加影响的所有社会、经济目标(因此,所有社会经济指标)。受客观条件的限制,这种分析方法所涵盖的指标要少于人们所希望涵盖的指标。还有一个问题,不同的社会经济指标对社会福利的影响是不一样的。一些可能会产生重要的影响,另一些的影响可能会小许多。因此,对这些指标给定权数是有意义的。我们没有这样做,是因为我们不能确定这样的权数。当然,读者可以根据自己的社会偏好函数来评价所给的社会经济指标对社会福利的影响。

总之,就我们所知,我们所采用的方法以前还没有人采用过。这种方法虽然有缺点,但它能够对这样一个重要问题提供某些答案:在过去几十年间,工业化国家的居民从公共支出的增加中获得了什么样的利益。这种方法还能够使我们思考这样一个问题:较高的公共支出是否必然意味着较高的公共福利。

为了对以上提出的主要问题作出某些说明,我们将广泛地考察那些易于受政府支出影响的社会经济指标。我们尤其要考察这些经济社会指标是如何随着时间而发生变化的。在此预先给出一个重要的结论,我们将指出,本世纪(指20世纪。——译者),在政府支出的帮助下,社会经济福利得到了巨大的改善。然而,最近几十年,公共支出快速、大幅度的增长似乎并没有带来经济社会目标明显**进一步**改善。换言之,最近几十年,所增加的公共部门支出在改善社会、经济目标方面效率一直很低。

在随后的几章中,我们将指出,从许多经济社会指标看,政府规模较小的国家与政府规模较大的国家做得同样好,甚至更好。我们还将指出,今天的新兴工业化国家用水平低得多的公共支出达到了几乎可以媲美的社会经济福利水平。这些分析使我们得出这样一个结论:在不降低那些常常被用来证明高水平政府支出合理性的福利的前提下,政府有可能比目前小得多,也有效得多。

政府可以通过实施契约和阻止强制性行为来影响市场的运转。相应地,经济增长和人均收入在某种程度上会随时反映政府政策的质量。政府影响的其他经济变量包括通货膨胀、储蓄和投资、失业。一个社会未来的经济潜力也受政府财政债务、实际利率和诸如医疗和教育等许多社会指标的影响。绝大多数人还会同意,一定程度的收入平等和社会稳定是社会福利的象征,政府政策也会对这些指标产生影响。把行政管理和规制的效率、环境保护和"经济自由"视为政府政策质量的指标也是有用的。

不能认为,政府应该对这些指标所显示的国家绩效的所有差距负责。事实上,国家之间的差距以及随时间而发生的变化常常与技术进步、国家间的文化差异有很大关系。因此,仅仅依据某一个特定指标或某一组指标进行国家比较是没有用的,而应该观察综合画面。依据大量指标,我们将得出这样的结论:直到1960年前后,我们取得了很大的改善。然而,自从那时起,绝大多数工业化国家在实现社会经济目标上所取得的进展是比较有限的。正如前面已经指出的那样,这或许意味着,政府职能,尤其是通过提高公共支出而发挥的政府职能,并没有像早年那样给我们带来高额回报。[①]

二、经济指标

增长与人均收入

在我们所考察的这一段时期的前期,实际经济增长率是很高的。1870—1913年间,工业革命以及自由放任政策仍如火如荼,年

[①] 对公共支出和其他决定社会经济指标的变量,本书不打算作计量经济学分析。不过,在坦齐和舒克内希特(1998b)中,我们提供了这方面的一些初步证据,它们支持本章和后面几章的结论。

实际经济增长平均为3%(表4.1)。澳大利亚和美国报告的实际增长率甚至达到5%左右。在可以得到这一时期数据的其他绝大多数国家,增长率都在2%到3%之间(Maddison, 1995)。第一次世界大战以后,在1920年代这段比较短暂的所谓黄金时期,增长加速,几乎达到4%。"大衰退"给世界经济造成了巨大的伤害,随着损人利己政策和保护主义的蔓延,1930年代初期到中期,许多国家的经济出现了负增长。正如前面所指出的,"大衰退"期间,对放任自由的怀疑获得了巨大的力量,当时失业和贫困已经达到了从前所不能想象的水平。

表4.1 历史上的经济指标:实际经济增长(GDP的百分比)

	1870—1913	1920—1929	1930—1937	1960—1968	1986—1994
澳大利亚	5.3	3.4	1.6	2.6	2.9
奥地利	…	5.2	-1.8	3.9	2.5
比利时	…	…	2.2	3.2	2.2
加拿大	3.8	10.0	-0.3	2.8	2.3
法国	1.7	4.9	-0.4	4.0	2.2
德国	3.3	2.5	4.4[a]	3.2	2.9
爱尔兰	…	1.5	-0.4	4.5	4.3
意大利	1.5	3.4	0.6	4.3	2.0
日本	2.6	2.1	6.7[a]	5.4	3.1
荷兰	…	4.3	-0.0	5.0	2.5
新西兰	…	…	…	2.8	1.0
挪威	2.2	3.1	2.6	4.2	2.4
西班牙	…	2.9	1.1	6.5	2.9
瑞典	2.8	4.8	2.2	4.2	1.0

(续表)

瑞士	…	5.2	0.5	4.5	1.6
英国	1.7	1.7	1.7	3.6	2.3
美国	4.7	4.2	-0.0	2.5	2.5
平均	**3.0**	**3.9**	**1.3**	**3.9**	**2.4**

资料来源:坦齐和舒克内希特根据以下资料整理而得:米切尔(相应年份);OECD:《历史统计》(1992、1996)。

a 备战末期,经济快速扩张。

第二次世界大战以后,经济增长又加速了,当时,工业化国家政府和新成立的国际组织为战后重建提供了比较稳定和有利于市场的环境。1960年代,经济增长平均几乎达到4%。日本、荷兰和西班牙的经济增长率超过了5%,在这一时期,没有任何一个国家报告年实际增长率低于2%。

然而,自1970年代初以来,平均增长率持续下降。最初,两次石油危机导致经济动荡。然而,在过去10年,没有任何大的外部冲击,增长仍继续放慢。1986—1994年间,实际增长年均仅为2.4%,只有爱尔兰年实际增长超过4%。而且,GDP增长率的标准离差已提高到了与1960年代相当的水平,尽管凯恩斯式的干预措施被认为能够达到逆向效果。许多经济学家现在认为,凯恩斯主义的稳定政策一直是失败的,庞大而无效的政府、管制以及高税收给经济增长造成了巨大代价。

表4.2显示了在过去125年间人均实际收入是如何变动的。[①]

[①] 该表按1990年的价格估计人均GDP。不过,对如此长时期的实际收入进行比较是有问题的,原因在于消费组合发生了巨大变化。因此,这些数字只能用来说明问题。

以 1990 年的价格计算,1870 年人均 GDP 平均约为 2000 美元。澳大利亚、新西兰和英国是最富裕的国家,人均 GDP 超过了 3000 美元。日本是最穷的国家,人均收入不到 1000 美元,大约是我们搜集到资料的 16 个国家平均水平的一半。依据现行标准和世界银行《世界发展报告》的分类,这些当时的新兴工业化国家可以视为中低收入国家。

表 4.2 历史上的经济指标:人均 GDP(以 1990 年美元价格计算)

	1870	1913	1960	1990
澳大利亚	3801	5505	8793	17260
奥地利	1875	3488	8022	20527
比利时	2640	4130	7817	19264
加拿大	1620	4213	9244	20441
法国	1858	3452	8857	21070
德国	1913	3833	9008	20665
爱尔兰	…	…	4699	12837
意大利	1467	2507	6948	19302
日本	741	1135	5005	23734
荷兰	2640	3950	9108	18973
新西兰	3115	5178	8720	12943
挪威	1303	2275	10580	27199
西班牙	1376	2255	4141	12662
瑞典	1664	3096	13180	26822
瑞士	2172	4207	19100	33674
英国	3263	5032	8928	16977

(续表)

美国	2457	5307	12259	21966
平均	2119	3723	9083	20372

资料来源：麦迪逊（Maddison,1995）；OECD：《国民账户》(1995)。

在第一次世界大战之前的40年间，人均GDP几乎翻了一番，达到近4000美元。与巴西、马来西亚、匈牙利、墨西哥这些当今的中上收入国家大体相当。美国已经加入到最富裕国家行列，人均GDP超过了5000美元。

接下来的50年，人均收入又翻了一番。到1960年，人均GDP平均达到9000美元，相当于1990年代初韩国和葡萄牙的人均GDP水平。瑞士是最富裕的国家，人均GDP为19000美元，紧接着是瑞典和美国。爱尔兰、日本和西班牙报告的收入水平略高于平均水平的一半。

在1960—1990年间，人均收入又翻了一番。不过，其中一半实际上是在1970年以前实现的，这一时期，没有战争和严重危机来降低经济活动水平。过去25年间人均收入增长率又回到了19世纪末的水平。这表明，自1970年代初实际经济增长就开始放慢了，并一直持续到1990年代。

失业

失业是反映居民福利的最重要指标之一，无论是从经济的角度还是从社会的角度看，都是如此。失业者不仅物质生活恶化，而且许多研究还表明，随着时间的推移，失业者的自尊心会受到伤害，会出现其他心理问题，失业者会觉得，他们越来越难以完全融入到他们周围的社会。尽管劳动力市场和就业政策可以降低或提高失业率,但相对而言,政府支出政策在解决结构性失业上是没有效果的。

表 4.3　历史上的经济指标:失业率(百分比)

	1870 年前后[a]	1937 年前后	1960	1980	1996
澳大利亚	3.9	8.8	2.4	6.0	8.5
奥地利	…	…	3.5	1.0	6.2
比利时	…	13.8	5.4	8.0	12.9
加拿大	…	9.1	7.0	7.5	9.7
法国	7.0	…	…	6.2	12.4
德国	0.2	4.6	1.3	3.2	10.3
爱尔兰	…	…	6.7	7.3	11.3
意大利	…	4.6	4.2	5.6	12.1
日本	…	3.7	1.1	2.0	3.3
荷兰	2.5	26.9	1.2	4.0	6.7
新西兰	…	5.4	…	2.5	6.1
挪威	3.9	20.0	2.5	1.7	4.9
西班牙	…	…	…	11.5	22.7
瑞典	…	10.8	1.4	2.0	8.0
瑞士	…	10.0	…	0.2	4.7
英国	3.7	7.8	1.7	5.3	7.4
美国	4.0	14.3	5.5	7.2	5.4
平均	**3.6**	**10.8**	**3.4**	**4.8**	**9.0**

资料来源:坦齐和舒克内希特根据以下资料整理而得:米切尔:《国际历史统计》(相应年份);OECD:《经济展望》(1997);OECD:《历史统计,1960—1990》(1992)。

a 或者是 1913 年以前可以获得资料的最早年份。

1870年到第一次世界大战期间,绝大多数国家都接近充分就业。古典经济学的假设似乎是真实的,因为通过变动工资和价格,在几乎没有政府干预的情况下,可以结清市场。平均失业率为3.6%,除法国之外,其他所有国家的失业率不到4%(表4.3)。

表4.3中的第二栏显示了从1930年代初"大衰退"最严重时期到第二次世界大战的失业情况。在绝大多数国家,"大衰退"仍没有被完全克服。平均失业率超过了10%。挪威、荷兰达到甚至超过了20%。德国、意大利和日本的失业率低得多,因为它实施了大量的公共工程计划,尤其是军费开支巨大。

第二次世界大战后的经济繁荣又一次带来了充分就业。到1960年,德国、日本、荷兰、瑞典和英国报告的失业率不到2%。这一时期,只有加拿大和爱尔兰的失业率居高不下,接近7%。然而,在随后的几十年间,情况发生了巨大变化。1990年代初期,许多工业化国家都很高兴地报告说,它们的失业率"仅"为7%,而30年前这个数字在绝大多数国家被认为是难以接受的。1996年,在表中所列国家中,只有1/3报告的失业率低于这一水平。这一年,工业化国家的平均失业率已经达到了9%,几乎是1960年平均水平的3倍。在几个欧洲工业国,失业率现在已经达到12%左右。

高失业可能被视为是目前绝大多数工业化国家所面临的严峻经济挑战。它肯定是许多政府严重关切的事情。社会救助可以对失业所造成的一些生活困难提供帮助,但犯罪、酗酒和家庭矛盾也常常促使失业增加。尽管对失业增加的原因没有达成完全一致,但许多专家认为,过去30年工业化国家失业的快速增长,在一定程度上是因为,在许多国家,日益加重的税收和社会保险缴费负担降低了对劳动力的需求,以及由政府出资的慷慨福利抑制了人们工作的积极性(参见 OECD,1997)。虽然诸如工作时间管制和工作保障等劳动力市场刚性是在充分就业时出于良好的愿望引进的,但也促进了失业。在一些国家,失业已变成了一个内部人—外部人问题,那些有工作的人希望得到高工资和其他诸如养老金等利益,而不惜牺牲那些没有工作的人,特别是低收入群体中没有工作的人的利益。失业也日益成为代际之间的问题,因为失业主要集中在年轻人。高失业困境,再加上所谓的工作穷人这一新兴阶级的出现,在高失业国家已经形成了对劳动力市场自由化尝试的抵制(如想了解这方面的情况,可参见 Lindbeck,1996;Siebert,1998)。

通货膨胀

传统上,通货膨胀是另一个受政府影响的重要经济变量。低通货膨胀率和物价小幅波动被视为重要的经济目标。从分配的角度看,低通货膨胀也是人们所希望的,因为通货膨胀对穷人产生的影响更严重。穷人常常以现金持有自己大部分资产,因而不能保护自己免遭通货膨胀之害。

19世纪末期,由于广泛采用金本位,通货膨胀很低(表4.4)。只有法国和英国出现过略高于2%的通货膨胀。其他绝大多数国家报告的通货膨胀率在0%—2%之间,今天,这被绝大多数人视为是价格稳定的最佳水平。① 相反,第一次世界大战后的一段时期,由于致力于战争,几乎所有国家的价格变动都是反复无常的。

---

① 例如,可参见新西兰的通货膨胀政策目标和欧洲中央银行对价格稳定的定义。

第四章 政府绩效的历史证据

表 4.4 历史上的经济指标：通货膨胀（百分比）

	1870[a]	1920[b]	1937	1960—1968	1986—1994	1997
澳大利亚	1.4	1.7	2.0	2.2	5.3	0.3
奥地利	…	104.7	1.1	3.5	2.8	1.3
比利时	2.0	2.3	3.6	2.8	2.4	1.6
加拿大	…	-1.6	1.6	2.4	3.5	1.6
法国	2.2	5.0	8.3	3.6	2.8	1.2
德国	1.4	231.1	1.2	2.7	2.3	1.8
爱尔兰	…	0.6	1.0	4.0	2.9	1.4
意大利	1.2	15.7	6.6	4.0	5.4	1.8
日本	…	…	8.7	5.7	1.5	1.7
荷兰	…	-2.1	3.8	3.6	1.7	2.2
新西兰	…	2.8	3.1	3.3	6.0	1.2
挪威	…	-1.4	3.0	3.9	4.5	2.6
西班牙	…	1.4	…	6.6	5.9	2.0
瑞典	0.8	-3.6	2.1	3.8	5.5	0.9
瑞士	1.2	-3.1	1.2	3.4	3.0	0.5
英国	2.6	-2.4	1.1	3.6	4.8	3.1
美国	-2.7	0.3	1.0	2.0	3.6	2.3
平均	**1.0**	**22.0**	**3.1**	**3.6**	**3.8**	**1.6**

资料来源：坦齐和舒克内希特根据以下资料整理而得：米切尔：《国际历史统计》（相应年份）；OECD：《经济展望》（1997）；OECD：《历史统计，1960—1990》（1992）。

a 或者是 1913 年以前能够获得资料的最早年份。

b 约为 1920 年前后 3 年的平均数，价格变动通常是反复无常的。1920 年代初，奥地利和德国出现了恶性通货膨胀。

奥地利、德国,在较低程度上也包括意大利,通货膨胀消化掉了它们的战争性债务。其他一些国家奉行反通货膨胀政策,所报告的价格水平在下降。随后几年,价格又稳定下来,1930年代初出现了一段时间的通货紧缩,此后1%到3%的年价格上涨幅度便成为常规。1937年,只有法国、意大利和日本的通货膨胀率超过6%。

第二次世界大战后的最初几年又回到了以价格相对稳定为特征的时期。固定汇率制度和货币的可兑换性,以及工业化国家按固定价格把币值与黄金挂钩,可能对物价趋于稳定起到了极大的促进作用。1960年代价格水平的上升虽然稍高于上个世纪的绝大多数年份,但平均上升幅度为3.6%。不过,价格总水平的变动开始出现巨大差异,1960—1968年间,日本和西班牙报告的平均通货膨胀率超过了5%。

1970年代初布雷顿森林(Bretton Woods)固定汇率制度崩溃和第一次石油危机以后,工业化国家经历了一段通货膨胀迅速上升的时期。这一时期恰好是公共支出增长最快的时期。为了应对这一局面,1980年代初期一些国家开始收紧货币政策。人们已经认识到,需要捆住政府之手,以避免机会主义的短期通货膨胀政策。基于这样一种认识,在许多国家,中央银行和货币政策摆脱了政治干预,独立性得到了强化。结果,通货膨胀率又降了下来。1986—1994年已经接近1960年代初的一般水平,1994年以后甚至更低。目前,许多国家的通货膨胀率每年不到3%。从总体上看,与经济增长和失业情况不同,在过去15年间,政府比较成功地改善了货币政策方面的政策记录。这种成功主要归功于这样一种政治决策,它使货币政策的决策权摆脱了政治家的干预(如想了解这方面的情况,可参见 Eijfinger and de Haan, 1996)。

公债利息

公债利率,如果不是通过金融抑制或对公债持有者减免税收来人为地降低它,它就是评估政府财政状况和政府必须支付的债务风险补偿金的一个非常重要的指标。高实际利率,尤其是长期债务的高实际利率,反映出人们担心政府可能会欠账或用通货膨胀来消除债务。发行国际债券的实际利率很高,则说明在预期到通货膨胀之外,人们还意识到欠账风险。政府借款和政府债务可能还会影响到整个经济的实际利率水平,从而影响到经济增长。1980年代以来,指标显示,由于政府长期出现巨额财政赤字,并累积了沉重的公共债务负担,实际利率大幅度上升了。

实际利率的历史数据很少,但是通过比较名义利率和通货膨胀率,以及公共债务及其利率账单,我们可以看出,在第一次世界大战和第二次世界大战之前,名义利率和实际利率一般都远远低于1990年代的水平(见 Homer and Sylla, 1991)。我们只能容易地得到1960年以后实际利率的可比数据。1960年代,工业化国家公共债务的实际利率平均为2%,只有新西兰报告的利率超过3%(表4.5)。在经历长期的价格稳定之后,1970年代出现了通货膨胀环境,从而导致在相当长一段时期内实际利率很低,甚至为负数。一半以上的样本国家报告至少在1970年代的某些年份利率为负值。只有奥地利和德国在整个1970年代实际利率超过2%。

由于通货膨胀预期最终要赶上价格变动,1970年代的经历导致了1980年代极高的实际利率,因为,一旦1970年代的通货膨胀

表 4.5 1960—1990 年公共债务实际利率

	1960—1967	1968—1973	1974—1979	1980—1990
澳大利亚	…	…	-1.9	5.5
奥地利	…	2.3	2.6	4.2
比利时	2.9	2.1	0.8	6.0
加拿大	2.8	2.2	…	5.9
法国	1.9	1.6	-0.4	5.0
德国	2.9	2.1	3.0	4.5
爱尔兰	…	…	0.1	4.9
意大利	0.9	0.2	-4.2	2.8
日本	…	0.4	…	4.6
荷兰	…	0.3	1.3	5.4
新西兰	3.6	-2.5	-3.9	3.1
挪威	…	-1.0	-0.4	5.0
西班牙	…	…	…	4.3
瑞典	1.2	1.7	-1.1	3.7
瑞士	-1.0	-1.0	1.1	0.8
英国	2.7	2.0	-2.0	3.5
美国	2.2	0.6	-0.6	5.4
平均	**2.0**	**0.8**	**-0.4**	**4.4**

资料来源:OECD:《历史统计(1960—1990)》(1992)。

经历在债权人心目中形成了高通货膨胀预期,紧缩货币政策就会颁布实施。1970 年代利率为负的一些国家,如澳大利亚、法国、挪威和美国,1980年代政府债务的实际利率都达到了5%以上。然而,奥地利和德国的利率风险金上升幅度较小,这可能是对德国比较稳健的货币政策和德意志中央银行独立性的奖赏,奥地利的货币政策是紧随德国的。

1980年代公共债务的实际利率平均为4.4%,比1960年代高2.4个百分点。这一上升幅度与一些文献有关公共债务增加将对利率造成什么影响的估计是一致的(例如,Tanzi and Fanizza, 1995; Ford and Laxton, 1995;或者,Helbling and Wescott, 1995)。这些文献估计,1970年代到1980年代增加的公共债务无论如何会把实际利率提高1.5到4.0个百分点。

表4.6 1991—1995年若干OECD国家公共债务的风险补偿金

	若干欧洲债券(以美元、日元、德国马克、英镑计价)[a]		1995年公共债务总额占GDP的百分比	1995年财政赤字占GDP的百分比
到期期限	5—7年	10年		
公共债务低于GDP60%的国家				
挪威	12—28	…	43.5	-0.7
德国	0	0	51.5	-2.6
新西兰	60	…	55.2	3.0
英国	0—10	0—22	54.5	-6.9
平均	**21**	…	**51.2**	**-1.8**
公共债务低于GDP100%的国家				
芬兰	25—82	55—60	62.7	-5.8
美国	0	0	64.3	-2.0
奥地利	9	18—25	65.7	-4.5
西班牙	25—55	13—31	68.2	-6.6

(续表)

丹麦	10—28	…	68.7	-3.8
葡萄牙	20—75	28—45	70.4	-5.8
日本	0	0	75.6	-3.5
瑞典	35—65	42	79.5	-10.4
加拿大	25	36	95.6	-5.3
平均	**33**	**27**	**72.3**	**-5.3**
公共债务超过GDP100%的国家				
希腊	100—140	175	119.8	-11.4
意大利	47—65	29—75	123.9	-9.0
比利时	13—27	16—56	135.0	-5.3
平均	**65**	**88**	**126.2**	**-8.6**

资料来源:坦齐和舒克内希特根据以下资料整理而得:《欧洲货币债券》;OECD:《经济展望》(1996)。
　　a 发行利率超出基准利率的基点数(基点是用来表示利率和债券收益率的计量单位,一个基点等于0.01%。——译者)。

尽管这些研究成果说明了实际利率上升的趋势,但它们没有根据通货膨胀预期、差别税收待遇和金融抑制状况对利率进行调整,而这些因素使得借款的实际成本在国与国之间很难比较。避开诸如此类的数据干扰而对各国公共借款实际利率进行比较的另一种方法,是观察欧洲债券发行利率。比较不同国家采用同一种货币(非国内货币)发行期限相同的债券的情况,人们就可以估算出一个国家的政府所必须支付的欠债风险补偿金。表4.6显示了若干国家以美元、日元、德国马克、英镑计价的5—10年期欧洲债券发行利率超出基准利率的幅度。

1991—1995年期间,那些政府债务高且仍在增长的国家,如希腊和意大利,风险补偿金也特别高。例如,与以其货币来发行债券的国家相比,希腊对5—10年期的公共债务所支付的利息要高出100—175个基点。对公共债务与发行欧洲债券的利息风险补偿金作简单的回归分析表明,公共债务提高10个百分点,利息风险补偿金就会提高6个基点。① 这一回归分析的含义在于,比如,一个公共债务占GDP 100%的国家与那些没有公共债务的国家相比,要多支付0.6个百分点的实际利率。仅利息风险补偿金一项就使得在支付利息时要多支出GDP的0.6%,这不是一个可以忽视的数字。

表4.6没有显示出在国内或国际危机时期以及在国际金融市场动荡时期风险补偿金的大幅度上升。例如,1992年旧欧洲汇率机制(ERM)崩溃以后,风险补偿金在那些不从属于欧洲汇率机制的国家也大幅度上升了。1994年底比索危机前夕,墨西哥发行欧洲债券的风险补偿金大幅度上升了。比索危机反过来促使其他拉美国家发行欧洲债券的风险补偿金也呈上升势头。这说明,欧洲债券利率风险补偿金具有"提前预警"效应。同时也表明,在"通常"情况下似乎完全可以控制的赤字和债务水平,在危机期间就有可能出现危险变动。

储蓄

依据李嘉图恒等式理论可以推知,由于预计到公共债务会导致未来税收负担的上升,人们会增加个人储蓄。如果公共赤字由

---

① 这个简单的回归分析只能视为说明性的。采用更多观测数据并考虑到发行货种和年份差异的更为全面的分析可能会得出更加可靠的估计数。

增加的个人储蓄来弥补,个人投资就应该保持大体不变。坦齐和法尼扎(Tanzi and Fanizza,1995)指出,在 G7(七国集团。——译者)国家中,公共赤字和公共债务在 1970 年到 1990 年代初大幅度增加了,但个人储蓄停滞,甚至下降了(表 4.7)。[①] 1990 年代初,填补赤字已经吸收掉个人储蓄的 15% 以上,而不是 1970 年前后的不到 5%。这种情况以及这一时期储蓄总水平的下降表明,公共借款已经挤掉了一部分私人部门的投资,这反过来对经济增长减弱的原因给出了某些解释。顺便提一下,前面已经谈到,在过去 20 年,公共投资也大幅度下降了。

表 4.7 1970—1994 年 G7 国家的财政赤字、公共债务和储蓄

	政府赤字总额占 G7 国家 GDP 总和百分比[a]	私人储蓄总额占 G7 国家 GDP 总和的百分比	政府赤字总额占 G7 国家私人储蓄总额的百分比[b]	公共债务占 G7 国家 GDP 总和的百分比
平均数				
1970—1974	-0.7	20.4	3.4	40.5
1975—1979	-2.7	21.5	12.5	40.1
1980—1984	-3.4	21.0	16.4	46.6
1985—1989	-2.5	19.5	12.7	57.2
1990—1994	-3.3	19.5	16.9	63.8

资料来源:OECD:《国民账户》(相应年份);OECD:《世界经济展望》(相应年份);坦齐和法尼扎(1995)。

a 占 GDP 的比例数是把各个国家的数字按照购买力平价(PPP)加权平均计算出来的。

b 1970—1979 年不包括意大利。

---

① 在最近的一篇论文中,坦齐和齐(1998)指出,OECD 国家税收水平的上升已经导致了储蓄率的下降。

三、社会指标

社会指标的历史数据是非常有限的。仅有一些医疗和教育方面的指标数据可以追溯到 19 世纪,收入分配方面的数据甚至更少。然而,从可以得到的有限数据我们仍可以得出结论:在实现社会目标方面取得了巨大的进步,尤其是在 1960 年前后以前。1960 年以后,社会进步的步伐似乎大大放慢了,在某种意义上,这里同样得出了依据经济指标所得出的结论。

健康指标

19 世纪末,在当时的许多新兴工业化国家,1/4 或 1/5 的婴儿未满周岁就夭折了。奥地利、法国、德国、意大利、荷兰、西班牙和瑞士的婴儿死亡率都在 200‰ 以上(表 4.8)。即使是目前最穷的国家也没有这么高的婴儿死亡率。同样,出生时的预期寿命仅为 40 至 50 岁,也低于今天许多最贫穷的国家。

表 4.8 历史上的社会指标:婴儿死亡率和预期寿命

	婴儿死亡率(出生婴儿的千分比)				预期寿命			
	1870 年前后	1937 年前后	1960	1995	大约在 1870—1900 年期间	1937 年前后	1960 年前后	1995
澳大利亚	111	38	20	6	49	66	71	77
奥地利	253	92	38	6	…	…	69	77
比利时	145	83	31	8	…	59	71	77
加拿大	187	77	27	6	…	65	71	79
法国	201	70	27	6	47	…	71	78

(续表)

德国	298	64	34	6	47	…	70	76
爱尔兰	95	73	29	6	…	60	70	77
意大利	230	109	44	7	…	…	70	78
日本	…	106	31	4	44	49	69	80
荷兰	211	38	18	6	52	65	73	78
新西兰	93	39	23	7	…	67	71	76
挪威	101	42	19	5	50	…	73	78
西班牙	203	130	36	7	35	50	70	77
瑞典	132	45	17	6	56	67	74	79
瑞士	222	47	21	6	…	65	72	78
英国	160	58	22	6	51	62	71	77
美国	…	50	23	8	47	64	70	77
总体平均	**176**	**68**	**27**	**6**	**48**	**62**	**71**	**78**

资料来源:坦齐和舒克内希特根据以下资料整理而得:伊斯特林(Easterlin, 1980);兰开斯特(Lancaster, 1990);麦迪逊(1995);米切尔:《国际历史统计》(相应年份);世界银行:《社会发展指标》(1995);世界银行:《世界发展报告》(1997)。

19世纪,基本医疗保健在许多国家开始建立,诸如天花疫苗等一些社会计划已经变成由政府提供资金支持的强制性计划。病原的重大发现、疫苗和诸如 X 光等技术的发展,以及人们对卫生重要性的认识,开始慢慢影响到人们的行为和改善医疗保健的质量与效率。尽管绝大部分医疗保健仍然由私人或教堂提供,我们也没有得到政府支出在医疗保健总支出中所占比例的精确数据,但是,自从进入20世纪以来,政府在提供医疗服务上的职能大大拓展了。① 健康指标也大大改善了。到第二次世界大战,工业化

---

① 尤其是在公共部门开始介入医疗领域的初期,公共支出的增加可能会导致私人支出的减少。

国家的婴儿死亡率下降了60%，平均为68‰。澳大利亚、荷兰和新西兰甚至把婴儿死亡率降到了40‰以下，与墨西哥、泰国和哥伦比亚目前的水平相当。预期寿命在1870年到1937年间也大幅度提高了。在西班牙，预期寿命从35岁提高到50岁，澳大利亚、荷兰和瑞典从50岁提高到65岁以上。

第二次世界大战以后，公共医疗支出大幅度增加了（见第一部分第二章）。另外，技术进步，尤其是治疗技术的进步异常迅速。抗生素和其他新的治疗方法使从前许多致命疾病和传染病可以医治。结果，到了1960年，婴儿死亡率降至平均27‰。这一时期，国家之间的差异也缩小了。1937年，意大利130‰的婴儿死亡率几乎是澳大利亚38‰的4倍。到了1960年，意大利44‰的婴儿死亡率仅为瑞典17‰的2.5倍。平均而言，1960年预期寿命超过了70岁。国家之间的差异已经变得较小了，平均最低为69岁，最高为74岁。

1960年以来，婴儿死亡率和预期寿命进一步改善。然而，在那些公共医疗保健服务和公共医疗保健资金占很大份额的国家，如英国，其健康指标似乎并不好于那些份额较小的国家，如瑞士。因此，说公共支出的增长对健康指标仍有多大的改善是值得怀疑的。健康指标的改善似乎更多地与技术进步有关，人们获得医疗保健的状况各国之间似乎不再有多大的差别。①

---

① 美国或许是一个例外，因为，公共与私人医疗支出的快速增长几乎没有使那些最贫困的人受益，这些人常常不能获得医疗保险和高质量的医疗设施。

教育

前面我们已经讨论了政府在提供教育上所发挥的重要职能。政府促进了人力资本存量的增加,而在当今的世界上,人们大都认为,人力资本对于一个国家的经济福利比自然资源或有利的地理位置更重要。表4.9表明,在过去125年间,所有工业化国家的教育都得到了显著的改善。夏洛特·勃朗特(Charlotte Brontë)的小说《简·爱》(Jane Eyre)提到,19世纪中叶的英格兰,学校教育远没有普及,它在很大程度上取决于当地牧师的积极性。然而,到了19世纪末,大部分儿童已经可以得到小学教育了。据维斯特(1970,第113页)估计,英格兰成年人的识字率已经达到90%。然而,教育在当时仍主要靠个人,尤其是父母提供资金。这种情况在1880年代才发生变化,1883年,英格兰政府开始为教育提供资金。① 在本书的样本国家中,小学教育的平均就学年限达到了5.4年。加拿大、法国、瑞士和美国在提供教育方面尤其走在了前面,平均教育年限超过了7年。另一方面,爱尔兰、意大利和英国的平均教育年限不到3年。在随后的几十年间,平均入学年限迅速增加,1937年达到了7.4年。到1937年,没有一个国家报告小学教育不到5年,澳大利亚、加拿大和新西兰报告超过了9年。此时,文盲率已经很低了。

1930年代以来,教育年限进一步延长,所有样本国家报告的

---

① 我们前面已经提到,到1900年,普及公立小学教育在当今的绝大多数工业化国家已很普遍。

表4.9 历史上的社会指标:教育

	受教育年限(平均)			中学入学率	
	1870年前后	1937年前后	1992[a]	1960年前后	1994
澳大利亚	6.2	9.2	…	51	96
奥地利	3.6	7.3	…	50	92
比利时	5.0	8.0	15.2	69	100
加拿大	7.5	10.0	…	46	94
法国	7.2	7.9	16.0	46	96
德国	…	7.4	12.2	87	96
爱尔兰	2.9	7.3	…	35	93
意大利	2.9	5.7	11.2	34	81
日本	4.3	7.1	14.7	74	96
荷兰	4.7	7.1	13.3	58	98
新西兰	6.4	9.3	…	73	94
挪威	5.9	6.3	…	57	94
西班牙	5.5	5.0	11.5	23	82
瑞典	6.3	5.7	14.2	55	96
瑞士	8.0	7.0	…	26	87
英国	2.6	6.8	14.1	66	87
美国	7.9	8.4	18.0	86	95
平均	**5.4**	**7.4**	**14.0**	**55**	**93**

资料来源:坦齐和舒克内希特根据以下资料整理而得:麦迪逊(1995);米切尔:《国际历史统计》(相应年份);联合国:《人类发展报告》(相应年份)。
a 包括所有类型的正规教育。

平均正规教育年限都超过了 10 年。中学入学率或许是第二次世界大战以来在实现教育目标上取得进步的一个更好指标。到 1960 年,中学教育的平均入学率已经超过 50%。德国、日本、新西兰和美国报告的中学入学率达到 75%左右,甚至更高。只有爱尔兰、意大利、西班牙、瑞士的中学入学率明显低于 50%。

到 1994 年,中学入学率在绝大多数国家达到 100%。教育因此成为由公共提供服务和资金并一直非常成功的一个领域,甚至在 1960 年以后也是如此。[①] 然而,据报告,在一些国家,公立中学的教育质量,尤其是那些为穷人开办的中学的教育质量,是很低的。1960 年代以来,公立大学注册学生的数量也大幅度增加了。公立大学对人力资本基础的拓展起了很大的促进作用。然而,如同中学教育一样,公立大学教育的质量和成本越来越频繁地受到人们的检讨。大学教育含有大量的技能投资成分,它直接提高了毕业生的未来收入。因此,有理由提出这样一个问题:是否有必要比如像小学教育和中学教育那样对高等教育进行大量的公共干预,而小学和中学教育的外在性为公共部门的干预提供了有力得多的理由。

收入分配

收入分配的历史数据也很少,且很难作国际比较。然而,弗洛拉、克劳斯和普芬宁(1983)指出,许多欧洲国家在 20 世纪初到

---

① 在欧盟 15 个国家,1975—1976 年到 1991—1992 年间,中学生数量增加了 27.6%。葡萄牙、西班牙和爱尔兰的增长幅度尤其大。

1975年间,收入分配得到巨大的改善。1960年(少数国家1930年)以后就可以得到比较完整的数据(见表4.10)。有关资料显示,在许多盎格鲁撒克逊国家,如法国、德国、意大利、日本、荷兰、挪威、西班牙和瑞典,占总数40%的最穷家庭的收入份额在1960—1980年间明显提高了。相反,在澳大利亚、加拿大、新西兰、英国和美国,40%最穷家庭所获得的收入份额下降了。把两组国家作为一个整体,40%最穷家庭所获得的收入份额从1960年的16.7%提高到1980年的18.6%。这两组国家间的差异说明,文化或社会的因素可能在决定收入分配上起作用。这些因素在决定收入分配上可能比公共支出更重要。参见布兰多利尼和罗西(Brandolini and Rossi,1998)以及坦齐(1998d)。[①]

表4.10 历史上的社会指标:收入分配

	40%最低收入家庭所占收入份额		
	1930年代	1960年代	1980年代
澳大利亚	…	20.1	15.5
奥地利	19.2	19.7	…
比利时	…	…	21.6
加拿大	…	19.7	17.5
法国	…	10.0	18.4
德国	…	14.8	19.5
爱尔兰	…	…	…

[①] 坦齐(1998d)详细分析了社会规范和"地位租金"(positional rents)是如何在决定一些国家的基尼系数上发挥重要作用的。

(续表)

意大利	…	15.6	18.8
日本	…	15.3	21.7
荷兰	…	14.5	20.1
新西兰	…	20.9	15.9
挪威	10.3	17.1	19.0
西班牙	…	16.5	19.4
瑞典	10.8ª	15.1	21.2
瑞士	…	…	16.9
英国	19.2	18.1	17.3
美国	…	15.9	15.7
平均	**14.9**	**16.7**	**18.6**

资料来源：弗洛拉等(1983)；联合国：《人类发展报告》(相应年份)。
　　a 1920 年数据。

　　收入分配的改善主要借助于两种类型的公共政策。首先是那些能够提高贫困群体生产潜力的支出政策。基本医疗和小学教育支出以及农村公路等基础设施典型属于这一类支出。在这些领域的有效政府政策能够带来积极影响，这一点已获得了广泛认同。第二种类型的政策是试图通过直接的收入再分配来改善收入分配状况。从理论上讲，税收和转移支付能够实现这一目标，但税收政策对于收入再分配的适用性通常是非常有限的(Tanzi, 1996a)。[①]

　　[①] 坦齐(1996a)的一篇论文详细讨论了有关人力资本导向型公共支出政策存在的若干问题，尤其是在拉美国家存在的问题。不过，这些问题在工业化国家可能不太严重。还可见哈伯格(Harberger, 1998)。有关 OECD 国家的讨论，参见 OECD:《经济展望》, 第 62 卷(1997 年 12 月), 第 49—59 页。

表 4.11 选准转移支付的受益者抑或普遍受益（1980 年代中期）

	按 1/5 等份划分，各组受益者所占的份额		
	最穷的 20%	"中产阶级"[a]	最富的 20%
澳大利亚	40.1	50.7	9.2
瑞士	38.5	48.2	13.3
挪威	34.0	50.9	15.1
爱尔兰	32.0	58.4	9.6
加拿大	29.5	58.4	12.1
美国	29.2	55.7	15.1
英国	26.7	61.4	11.9
荷兰	24.9	55.9	19.2
德国	21.8	59.9	18.3
比利时	21.5	59.8	18.7
法国	17.5	57.8	24.7
意大利	15.6	56.8	27.6
瑞典	15.2	67.4	17.4
平均	**26.2**	**57.0**	**16.3**

资料来源：OECD：《OECD 国家的收入分配（1995）》。

[a] 第二、第三、第四个 1/5 等份人口所得到的转移支付份额。

税收和转移支付计划实际上对收入分配没有多少改善，尽管转移支付占到公共总支出的约 50% 而税收占了 GDP 的较大份额。主要原因是，当税收总负担占到一个国家 GDP 的较大份额时，它就不再具有很强的累进性质；同样，当公共转移支付份额很大时，常常就不能很好地选准目标。根据了解到的情况，在 13 个可以获得资料的国家中,仅有 4 个国家,即澳大利亚、瑞士、挪威和爱尔兰,把它们转移支付预算的 30% 以上花在了占人口 20% 的最穷的人身上(见表 4.11)。在这 4 个国家中,有 3 个国家的公共支出水平在工业化国家中是最低的。另一方面,在一些国家,转移支付甚至是累退的。例如,在法国、意大利和瑞典,最穷 1/5 人口所得到的转移支付不足总额的 20%。在一些国家,"中产阶级"(第二个到第四个 1/5)得到了约 60% 的转移支付。这意味着,他们得到的与他们付出的基本一样多。如果存在再分配上的效率损失——这种可能性是很高的[①],那么,在中产阶级这个群体中就不可能有太多的净赢家。帕尔达(Palda,1997)把这种现象称之为"财政搅拌"(Fiscal churning),并且指出,许多公共支出是可以取消的,税收可以得到相应降低。这样变化可以使每一个人生活得更好,但需要进行重大改革,本书第三部分将对此进行探讨。

表 4.12 1980 年代中期通过税收和转移支付而实现的收入分配均等化(占 GDP 的百分比)

	40% 最低收入家庭的收入份额		由于税收和转移支付而改善的收入分配
	总收入	可支配收入	
澳大利亚	15.1	17.7	2.6
加拿大	16.1	17.8	1.7
法国[a]	14.8	16.8	2.0

---

① 引自 OECD(1997 年 12 月,第 59 页):"绝大多数 OECD 国家在过去 1/4 世纪中,用于再分配政策上的支出大幅度提高了,这些支出及为了支付这些支出而必须征收的税收扭曲了经济决策,从而降低了经济的总体繁荣。"

续表

德国[a]	18.7	21.7	3.0
荷兰	19.7	22.6	2.9
瑞典	19.9	22.4	2.5
瑞士	17.4	18.9	1.5
英国	15.8	17.5	1.7
美国[a]	13.9	16.3	2.4
平均	**16.8**	**19.1**	**2.3**

资料来源：赞德维克利（Zandvakili，1994）。

a 只选取有收入的家庭。不平等的一些测量方法对零收入没有做出规定。德国数据不包括大约占家庭总数8%的户主为外国人的家庭。美国数据库把50000美元作为收入最高限。数据上存在的这些明显问题略微改变了不平等的真实状况。

既然工业化国家不能选准转移支付的受益者，而且高收入纳税人有许多漏洞可钻，那么，通过税收和公共转移支付拉平收入的幅度就是比较小的。根据近期的一项研究，1980年代中期，向40%社会最底层居民家庭调剂的收入平均仅占GDP的2.3%（见表4.12）。在改善收入分配方面，那些公共支出水平较低但能够很好选准受益目标的国家，有时比那些转移支付计划宏大但不能很好选准受益目标的国家取得的成果更好。例如，1990年代初，澳大利亚和美国用于补贴和转移支付的公共支出不到GDP的20%。然而，上述研究表明，在这两个国家，通过税收和转移支付而改善的收入分配要比补贴和转移支付占GDP 35%的瑞典幅度大。尽管该研究的结论并不适用于所有样本国家，但应该提出这样一个问题：公共支出超出20%（税收就会相应提高，从而对投资和工作产生负刺激)之后,它对收入分配所产生的影响是如此之小,我们能否证明这么高的公共支出仍具有合理性。

四、结论

在1870年代到第一次世界大战期间,经济和社会指标反映出自由放任居于支配地位,政府只是有限地参与公共教育、医疗、养老和其他社会计划。或许是对政府职能日益增强的反映,到了1937年,社会指标得到了极大改善,失业则是一个例外,这是因为绝大多数国家仍在遭受"大衰退"的影响。到1960年,经济和社会指标又得到了极大改善,至此,一些基本社会问题似乎被成功地大幅度缓解了。1960年以前的一段时期,人们有理由说,增加公共部门的支出(在教育、医疗、培训、基本社会保险等方面的支出)带来了经济、社会指标的巨大改善。然而,1960年以后,促进经济、社会目标进步的步伐明显放慢了,甚至倒退了,尽管公共支出在许多国家持续大幅度增加。增加的公共支出所带来的社会收益将是下一章要探讨的问题。

第五章 政府规模及其绩效

一、导言

1960年代是人们对政府能力抱乐观主义的年代,人们相信政府能够解决经济、社会问题,尤其是能够通过增加公共支出办到这一点。结果,政府不断地被要求承担新的职责。在前一章中,我们看到,1960年代以来,政府在实现各种社会、经济目标上所取得的进展是比较有限的,尽管公共支出在所有工业化国家都大幅度增加了。1960年以前所取得的进展要大得多。从一定意义上讲,我们可以认为,与1960年以前相比,1960年代以后公共支出的增长所带来的社会和经济效益较少。从事后效果看,现在许多人可能会说,1960年代人们对增加公共支出所能带来的利益持乐观主义态度有点幼稚。一些人甚至诋毁税收水平和公共支出的增加,认为近几十年的大量公共支出都是浪费。

本章将指出,在政府采取行动试图加以影响的绝大多数领域,那些限制公共支出增长的国家与那些政府规模较大的国家相比,做得同样好,甚至更好。沿着这一分析思路,我们依据1990年的

100公共支出水平把本书中的样本国家分为三组。① 比利时、意大利、荷兰、挪威和瑞典公共支出超过 GDP 的 50%，构成"大政府"或大挥霍者国家组。奥地利、加拿大、法国、德国、爱尔兰、新西兰和西班牙公共支出占 GDP 的 40% 到 50%，构成"中政府"国家组。澳大利亚、日本、瑞士、英国和美国 1990 年的公共支出占 GDP 的比例不到 40%，构成"小政府"国家组。

在下面的篇幅中，我们首先考察这三组国家支出模式的差异。然后比较它们在经济和劳动力市场业绩、医疗、教育、环境、收入分配、社会稳定方面的诸多经济社会指标，最后对政府治理进行比较。

二、公共支出模式

1960 年至 1990 年代初，当今大政府的公共支出增长要比小政府和中政府快得多。1990 年，大政府国家公共支出占 GDP 的比例平均从 1960 年的 31% 增长到 55%（表 5.1）。中政府国家从 29% 增长到 45%。小政府国家组公共支出的增长速度只有大政府国家组的一半，平均支出从 GDP 的 23% 增至 35%。大政府的支出平均比小政府高 60%，占 GDP 的比例高出约 20 个百分点。1960 年，两组国家的差别只有 35% 或 GDP 的 8%。

公共支出水平的差异几乎完全是由转移支付、补贴和公共债

---

① 此后，除了新西兰以外，各国的公共支出水平、支出结构和支出模式没有发生太大的变化。

务利息支出的差异造成的。各组国家在公共消费水平和投资水平上的差异并不大。

表 5.1 1960 年前后和 1990 年的政府规模与公共支出结构(占 GDP 的百分比)

	工业化国家						新兴工业化国家[d]
	大政府[a]		中政府[b]		小政府[c]		
	1960	1990	1960	1990	1960	1990	1990
总支出[e]	31.0	55.1	29.3	44.9	23.0	34.6	18.6
消费	13.2	18.9	12.2	17.4	12.2	15.5	9.1
转移支付和补贴[f]	11.9	30.6	10.4	21.5	6.9	14.0	5.7
利息[f]	1.5	6.4	1.3	4.2	1.3	2.9	1.5
投资[f]	3.1	2.4	3.2	2.0	2.2	2.2	2.7
按功能划分支出[e]							
医疗	2.6	6.6	3.0	5.9	2.3	5.2	1.8
教育	4.5	6.4	2.9	5.6	3.4	5.0	3.3
社会保险	13.5	19.5	9.6	13.9	6.2	7.9	1.0
研究与开发	…	2.0	…	1.6	…	2.0	…
环境	…	0.6	…	0.8	…	0.7	…

资料来源:坦齐和舒克内希特根据前面表格的数据整理而得。
a 比利时、意大利、荷兰、挪威、瑞典(1990 年公共支出超过 GDP 50%的国家)。
b 奥地利、加拿大、法国、德国、爱尔兰、新西兰、西班牙(1990 年公共支出占 GDP 40%到 50%的国家)。
c 澳大利亚、日本、瑞士、英国、美国(1990 年公共支出占 GDP 40%以下的国家)。
d 1990 年代初的智利、中国香港、韩国、新加坡。
e 请注意,把总量的组成部分相加并不等于总量,这是因为有些支出没有从分支项目中分离出来。
f 中央政府,利息和投资数据用 1972 年代替 1960 年。1960 年的转移支付和补贴数据大多为各级政府的总量。

1960年,转移支付和补贴方面的支出差异较小。当时,大政府的该类支出约为 GDP 的 12%,比中政府高 1.5 个百分点,比小政府高 5 个百分点。到了 1990 年,在大政府国家,补贴和转移支出几乎增至 GDP 的 31%。小政府国家翻了一番,达 GDP 的 14%,中政府则增至 21.5%。小政府一直都能够较好地限制住支出的增长。不过,公共支出在所有国家仍然大幅度增长了。

1960 年代,各组国家的平均利息支出大体相同。然而,1960 年以后大政府和中政府的公共债务大量累积,从而增加了它们的利息支出。1960 年以后,大政府国家利息支付占 GDP 的比例翻了两番,1995 年平均达到 GDP 的 6.4%,占总支出的 10% 以上;中政府利息支出增长幅度小一些,但占 GDP 的比例仍提高了 2 倍以上;小政府没有完全摆脱债务和利息账单上升的困扰,1990 年代,平均利息支出最终升至约占 GDP 的 3%。

从功能的角度来考察公共支出的变动情况,我们可以看到,在几大类支出上,各组国家之间的支出模式差别不大。1990 年,大政府的教育支出吸收掉 GDP 的 6.6%,比小政府高出约 25%。各组国家在医疗部门的支出模式相似。无论是医疗支出还是教育支出,各组国家的差异都小于支出总水平的差异。中政府在研究与开发上的支出比例最低,而在环境上的支出比例最高。不过,在研究与开发以及环境方面的支出各组国家是相似的。

功能支出模式上的最大差异在于广义的社会保险支出。大政府的此类支出从 1972 年(这是我们能够获得完整资料的最早年份)占 GDP 的 13.5% 提高到 1990 年的几乎 20%。小政府的社会保险支出从不到 GDP 的 2% 提高到 1990 年的约 8%。1990 年代,大政府国家与社会保险相关的支出是小政府国家的2.5倍。

下面我们将考察公共支出水平变动和支出模式如此巨大的差异是否会对所讨论的国家在实现经济和社会目标方面带来不同的后果。

三、经济绩效、公共债务和劳动力市场指标

我们将表明,经济绩效、公共债务和劳动力市场的运作在一定程度上与政府规模负相关。出人意料的一个结果是,在我们所比较的许多领域,小政府比大政府做得更好。

经济增长与人均GDP

经济增长在各组国家都放慢了,从1960年代的约4%降至1986—1994年的约2.5%(表5.2)。然而,经济增长下滑在大政府国家一直最为明显,这些国家的增长率从4.1%降至仅2%。小政府和中政府报告的增长率都平均达到了2.5%左右,但在小政府国家增长下降幅度最小。① 然而,1960年代,大政府和中政府国家的增长率较高。

---

① 有关支出总水平与经济增长之间关系的文献并非总是得出确切性结论。科芒德尔、达沃蒂和李(Commander, Davoodi and Lee, 1997)认为,政府**消费**支出与经济增长之间存在明显的负相关。请注意,我们的工作主要涉及总支出而不是公共消费。如想了解有关财政变量与长期增长之间关系的一般分析,可见坦齐和齐(1997)。

表 5.2 1960 年前后和 1990 年各组国家的政府规模、经济绩效、财政和劳动力市场指标

	工业化国家						新兴工业化国家或地区[d]
	大政府[a]		中政府[b]		小政府[c]		
	1960	1990	1960	1990	1960	1990	1990
经济绩效指标							
实际 GDP 增长(百分数,1960—1968,1986—1994)	4.1	2.0	4.0	2.6	3.7	2.5	6.2
GDP 增长的标准离差(1961—1968,1986—1994)	1.5	1.6	1.7	2.1	1.9	1.9	…
以购买力平价计算的人均 GNP(美元)[e]	3291	18280	2977	17297	3928	20448	16673
固定资产形成总额(占 GDP 的百分比)	23.4	20.5	21.1	21.3	19.6	20.7	31.2
通货膨胀(百分数,1960—1968,1986—1994)	3.6	3.9	3.7	3.7	3.4	3.7	15.3
政府财政债务和利息指标							
公共债务[f]	47.5	79.0	37.4	59.9	46.4	53.3	13.5
隐性养老金债务(占 GDP 百分比)	…	113.0[g]	…	112.0	…	53.3	…
实际利率[h]	1.7	3.9	2.8	4.6	1.3	4.0	…
政府债务的风险补偿金[i]		37.0		27.0		2.0	
劳动力市场指标							
失业率(百分比,1996)	2.9	8.5	4.6	11.9	2.7	6.6	2.9
15—24 岁年轻人的失业率(百分比)	…	16.0	…	19.0	…	13.0	
在行政管理和经营管理岗位上的妇女人数[j]	…	38.0	…	33.0	…	49.0	17.0

资料来源:坦齐和舒克内希特根据以下资料整理而得:OECD:《经济展望》(1994、1995、1996);OECD:《历史统计(1960—1990)》(1991);OECD:《国民账户》(1995);联合国:《人类发展报告》(相应年份),以及前面的表格。

第五章 政府规模及其绩效 129

a 比利时、意大利、荷兰、挪威、瑞典(1990 年的公共支出超过 GDP 的 50%)。
b 奥地利、加拿大、法国、德国、爱尔兰、新西兰、西班牙(1990 年的公共支出占 GDP 的 40% 到 50%)。
c 澳大利亚、日本、瑞士、英国、美国(1990 年的公共支出占 GDP 的 40% 以下)。
d 智利、中国香港、韩国、新加坡。
e 1960 年一栏为 1970 年的数据,1990 年一栏为 1990 年代初的数据。
f 1960 年一栏为 1970 年的数据。
g 只能得到意大利的数据。
h 1960 年一栏为 1960 年到 1967 年的平均数,1990 年一栏为 1980 年到 1990 年平均数。
i 1991 年到 1995 年以非本国货币发行、期限为 5—7 年的欧洲债券超出基准利率的基点数。
j 与在这些职位上工作的男子人数相比的百分比。

产出的波动性

从绝对量上看,中政府与大政府国家 1960 年至 1990 年代初经济增长率的标准离差略有提高,尽管这些国家试图运用凯恩斯主义的稳定政策来缓解产出的波动和商业周期的强度。1960 年代,大政府国家经济增长率的标准离差最小。不过,1990 年前后略有上升,达到 1.6%。中政府国家经济增长率的标准离差从 1960 年代的 1.7% 上升到 1990 年代的 2.1% 以后,就处于最高水平。GDP 增长的标准离差在小政府国家一直稳定在 1.9%,1980 年居于其他两组国家之间。

投资

1960 年,大政府国家固定资本形成总额平均占 GDP 的 21%,水平最高,小政府国家组水平最低。到 1990 年,所有国家平均投资率与从前相比没有太大变化。不过,1990年所有三组国家固定资产形成的总体水平大体相近。大政府国家投资下降中的一小部分可以用公共投资的下降来解释(表5.1)。然而,投资水平的下降主要是因为私人投资的下降。这表明,在大政府国家,公共部门的巨额赤字挤掉了私人投资。

通货膨胀

无论是1960年代还是1990年前后,三组国家之间的通货膨胀是大体相同的。

公共债务和隐性金融债务

公共债务和隐性养老金债务指标非常清晰地显示出在公共部门较大的国家政府挥霍和高额赤字所带来的后果。在过去30年间,大政府公共债务占GDP的比例提高了近30个百分点,而小政府不到10个百分点。1960年代,三组国家的公共债务水平非常接近,为GDP的40%左右。到了1990年,大政府的公共债务几乎增至GDP的80%,相比之下,小政府为53%。

然而,显性债务还不是政府未来所必须面临的惟一财政债务。按照目前的政策承诺,未来养老金缴费将不够偿付预期债务,许多政府最终将面对巨额的隐性债务。[①] 与显性债务一样,我们发现,

---

[①] 正如已经指出的,这笔隐性债务大体等于养老体系中未来赤字的净现值。当然,对隐性债务进行计量是很困难的,因为对增长和贴现率所作的一些潜在假设在某种程度上是人为的。政府也能够改变自己的政策承诺。然而,重要的是要承认有这样的承诺及其引发的潜在巨额债务。这笔巨额债务要么给未来带来严峻的问题,否则就必须进行困难的政策变革。

大政府和中政府养老体系所形成的净债务要比小政府大得多。在这三组国家中,许多国家的隐性债务已经超过了显性债务,甚至超过了 GDP。事实上,把显性债务和隐性养老金债务加起来,所形成的债务总量相当令人焦虑。

实际利率

在过去几十年间,公共债务实际利率的变化反映了政府财政债务的增加。与 1960 年代和 1970 年代相比,1980 年代和 1990 年代初所有国家的政府都不得不支付高得多的实际利率。实际利率在各国间也变得比较接近,这可能是因为资本流动性的提高和国内资本市场上干预的减少。换言之,出现了国际资本市场。然而,各国之间实际利率的差异是不容易解释的,因为不同的税收待遇和通货膨胀预期在发挥作用。前一章指出,通过观察各国在国际债券市场上支付的风险补偿金水平就能够对各国财政状况的差异进行更好的评估。我们的研究所得出的一个有趣结论是,大政府国家作为一组,它所支付的公共债务的利息风险补偿金最高。这种利息风险补偿金 1990 年平均达 37 个基点。中政府面对着 0.25% 的风险补偿金。这似乎不多,但正如前面指出的那样,由于它的公共债务水平很高,这样的风险补偿金水平也会在一个国家的利息账单上增加一大笔。如果公共债务持续增加同时发生一场危机,这些风险补偿金很快就会达到高得多的水平。

失业

失业已经成为工业化国家面临的主要政策挑战。1960 年代,失业不是太大的问题,与政府规模也没有关系,各组国家所报告的失业率仅在2.7%和4.6%之间。然而,到了1990年代,大政府与中政府几乎把自己的失业率提高了2倍。失业不仅在1970年代中期石油危机后增加了,而且在1990年代的上半叶进一步增加了,那些公共部门较大的国家尤其如此。这是在没有任何严重衰退或外部冲击加剧失业的情况下发生的。有趣的是,小政府国家的失业率要比其他两组国家的任何一组都低得多。中政府国家10%以上的平均失业率尤其表明,劳动力市场运作和公共支出政策所形成的刺激存在问题。

谈到失业,年轻人的高失业率尤其值得关注。在各组国家中,年轻人失业率平均几乎是总失业率的2倍。这反映出劳动力市场存在刚性,也反映出绝大多数国家职业教育体制运转不好,这种职业教育体制可能会继续培养技能过时的毕业生。然而,如果年轻人不能获得有用的职业教育,不能获得工作经验,那么,一个国家的人力资本基础就会遭到削弱。另外,遭受挫折和没有工作的年轻人所带来的社会问题肯定会增加。数据再一次显示,较高的公共支出是与较高而不是较低的年轻人失业联系在一起的。顺便提一下,表5.2显示,妇女在劳动力市场上的状况受政府规模的影响不大。妇女在诸如经营管理和行政管理等较高技能岗位上的就业比例在小政府国家最高。不过,文化因素在这里可能起重要作用。

四、社会指标

社会指标在各组国家之间一直都非常接近,现在仍很接近,这

表 5.3　1960 年前后和 1990 年不同国家组的政府规模、医疗、教育和环境指标

	工业化国家[a]						新兴工业化国家[a]
	大政府		中政府		小政府		
	1960	1990	1960	1990	1960	1990	1990
联合国人类发展排名	…	11	…	13	…	6	31
医疗							
政府支出	2.6	6.6	3.0	5.9	2.3	5.2	3.3
预期寿命	72.0	77.0	70.0	77.0	71.0	77.0	75.0
每 1000 名新生婴儿死亡率	23.0	6.7	29.0	7.1	22.4	6.4	8.6
教育							
政府支出	4.5	6.4	2.9	5.6	3.4	5.0	3.4
15 岁以上人口文盲百分比	9.3	1.2	13.3	1.2	2.2	1.0	5.9
中学入学率(%)	55.0	96.0	51.0	100.0	61.0	92.0	85.0
中学生数学能力[b]	…	515.0	…	523.0	…	533.0[c]	607.0[c]
18—23 岁女性大学入学率(男性 = 100)	63.0	101.0	63.0	79.0	58.0	100.0	76.0
环境指标							
单位能源的 GDP(美元)[d]	0.7	4.8	0.7	4.7	0.6	5.9	4.5
人均温室气体排放量(世界中位数为 1)	…	4.7	…	4.6	…	5.9	…
废物循环利用(占消费量的百分比)[e]	…	42.2	…	33.2	…	36.8	…

资料来源：坦齐和舒克内希特根据以下资料整理而得：博塔尼(Bottani, 1996)；坎伯尔(Kanbur, 1991)；联合国：《人类发展报告》(相应年份)；世界银行：《世界发展报告》(相应年份)；世界银行：《社会发展指标》(1996)。

a 国家分组与表 5.1 相同。
b 国际中位数是 500。
c "小"政府中，只有美国和瑞士的数据，新兴工业化国家只有韩国的数据。
d 1 个能源单位等于 1 千克石油。
e 玻璃、纸张和纸板。

表明较高公共支出对这些指标并没有产生太大的影响。依据联合国人类发展指数——它是由预期寿命、教育和人均收入构成的综合指数——来判断,小政府国家的境况甚至更好一些。我们样本中的所有国家都排在了世界前20名以内。然而,小政府国家平均处在第6位,其他两组国家则排在第11位和第13位(见表5.3)。

健康和死亡指标

正如前面指出,大政府国家的公共医疗支出占GDP的6%,比小政府国家的5.2%高约20%。然而,各组国家之间的预期寿命是一样的,婴儿死亡率也差别不大。事实上,后者在小政府国家更低一些。这表明,大政府国家较高的公共支出并没有明显改善医疗水平。在获得高质量医疗和延长预期寿命方面,公共计划的质量、人均收入和技术进步可能比更高的公共支出更重要。

教育

大政府国家的公共教育支出也比小政府国家高一些。这种差异似乎也没有对一个国家的教育指标产生太大的影响。所有国家的识字率都接近100%。中学入学率在中政府国家组最高,但在其他两组国家,中学教育几乎也是普及的。比较教育质量的国际指标很少,我们只能找到一个。由OECD举办的一次中学生数学能力国际测试显示,本书样本国家的分数平均高于国际中位数,但小政府国家超出了其他两组国家。女性高等教育入学率是不同社会妇女接受教育和获得解放的一个指标,该指标表明,在绝大多数国家,妇女能够经常像男人一样平等地进入大学。不过,大政府国家与小政府国家落后于中政府国家。

五、环境指标

环境保护日益成为工业化国家的一个重要问题。国内和跨国污染已经引起了人们的极大关注,在很多国家掀起了"绿色"运动。政府对此作出了回应,越来越把环境保护置于自己的政策日程。环境清洁计划、废物排放标准、污染权交易以及税收激励措施在政府的应对政策中发挥着突出的作用,以促使环境更加清洁。一些自然资源具有不可再生的特征,资源的使用会导致污染,这些都赋予降低能源消耗和提高循环利用这一目标以准道德的含义。根据上述情况,表5.3中的环境指标或许会提供一幅粗略的画面,表明环境保护与政府规模具有怎样的关系。

各组国家的环境支出差异不大,而且公共支出仅仅是影响环境指标的一个政策变量。在公共部门较大的国家,环境指标略微好一些。与其他两组国家相比,小政府国家人均排放温室气体较多(大约为世界平均水平的6倍,相比之下,其他两组国家几乎达到世界平均水平的5倍)。然而,在公共部门小的国家,单位能源所带来的收入(美元/GDP)较多,这说明它们的能源利用效率较高。在小政府国家,一单位能源几乎可以生产6美元GDP,相比之下,其他两组国家约为5美元。

循环利用是环境保护的另一个有意思的指标。在一些欧洲国家,家庭为各种类型的垃圾准备了相应的垃圾桶,循环利用已成为一个尖端行业。在许多国家,政府制定了循环利用的规则和目标,但循环利用本身是由私人组织的。因此,公共支出较少,但环境保护仍很有效。在我们的样本国家中,平均几乎40%的废气、废纸、废卡片得到了循环利用,而在一些欧洲国家,这个比例超过了60%。大政府国家作为一个整体显示出最好的记录。

在小政府国家之间,环境指标存在巨大差异,这组国家绩效稍差主要是由于美国和澳大利亚等人口稀少国家表现不佳。与公共支出政策相比,环境资源的相对稀缺性以及由税收和政府规制所导致的能源价格差异可能是出现这种结果的更为重要的原因。[①]例如,瑞士和日本在温室气体排放、能源有效利用和资源循环利用方面表现出较好的记录;澳大利亚和美国是记录最差的两个国家。

六、分配与社会稳定指标

收入分配

我们可能会推测,高水平的公共支出,尤其是当其中的大部分支出与福利国家相关时,应该对收入分配产生最为强烈的影响。在大政府国家,收入分配确实更平等,而且在1960—1990年间,这些国家的收入分配改善最多(表5.4)。1960年,小政府国家组的收入分配最平等,处于底层的40%家庭得到了17%以上的GDP。在大政府国家,同组家庭所得到的GDP份额要低2个百分点。到

---

① 然而,在某些情况下,环境方面的巨额公共支出可能是不可避免的,例如,清洁位于前东德工业区的严重污染以及切尔诺贝利引起的污染花费了巨额成本。

表 5.4　1960 年前后和 1990 年不同国家组的政府规模、
收入分配和社会稳定指标

	工业化国家[a]						新兴工业化国家[a]
	大政府国家		中政府国家		小政府国家		
	1960	1990	1960	1990	1960	1990	1990
收入分配与均等化							
最穷 40% 家庭的收入份额	15.6	20.1	16.9	18.7	17.1	17.3	15.3
基尼系数[b]	33.7	32.1	34.4	33.4	32.4	37.6	42.1
最穷 20% 家庭得到的转移支付份额(占总量的百分比)	…	22.2	…	25.2	…	33.6	…
通过税收和转移支付而实现的收入均等化[c]	…	2.7	…	2.2	…	2.1	…
社会稳定指标							
每 10 万的罪犯数[d]	…	23.0	…	58.0	…	123.0	…
少年犯(占总罪犯的百分比)	…	6.0	…	5.0	…	2.0	…
离婚(占已订婚夫妇的百分比,1987—1991)	…	33.0	…	29.0	…	36.0	…
男性自杀率(每 10 万人)	…	21.0	…	23.0	…	22.0	…
移居国外人数(占总人口的百分比)	0.6	0.2	0.3	0.8	0.2	0.1	0.1

资料来源:坦齐和舒克内希特根据以下资料整理而得:布鲁诺、拉瓦利翁和斯夸尔(Bruno, Ravallion, and Squire, 1996);瓦特尼、劳森和布洛克(Gwartney, Lawson and Block, 1996);OECD:《国际移民趋势》(1994);联合国:《人类发展报告》(相应年份),以及前面的表格。

a 国家分组与表 5.1 完全一样。大多数大政府国家 1960 年的平均数可能包含 1962—1975 年间某些年份的数据,1990 年的平均数可能包含 1988—1992 年的数据。

b 底层 40% 家庭的收入份额。可以得到 1979—1981 年的数据,用它代替 1960 年的数据。

c 底层 40% 家庭收入份额的增加数。1990 年一栏为 1980—1986 年的平均数。

d 不包括美国,平均数为 64。

了1990年，情况发生了逆转。用以上指标测度的收入分配状况在各组国家中都变得更加平等。然而，在公共支出高的国家，最穷40%家庭的收入占总收入的20.1%，比小政府国家高约3个百分点。基尼系数显示出相似的画面。这三组国家的基尼系数都在0.30左右，按国际标准，这是收入分配相对平等的象征。然而，大政府国家的基尼系数处在0.30附近的较低水平上，这表明该组国家的收入分配更为公平。

尽管在收入分配领域大政府比小政府取得了稍好一点的结果，但值得注意的是，各组国家收入分配指标的这一点点差异却造成了公共转移计划规模上的巨大差异。对此的解释是，从总体上看，在公共部门规模巨大的国家，没能选准转移支付的目标。在大政府国家组，最穷20%家庭所得到的转移支付份额几乎不到20%。在中政府国家组，最穷20%家庭所得到的转移支付大约占总量的25%。小政府国家选定的转移支付目标最准：在所有公共转移支付中，大约有1/3到了最穷的20%家庭手中。一些大政府国家的转移支付甚至是逆向的，在许多国家，中产阶级受益最多。

在大政府国家，税收和转移支付把最穷40%家庭的可支配收入平均提高了2.7个百分点。回想一下，在这一组国家，转移支付和补贴超过了GDP的30%。然而，其可支配收入改善幅度占GDP的百分比仅比小政府国家高0.6个百分点，而后者"只"把GDP的14%花在补贴和转移支付上。既然转移支出计划的质量比较差（从脆弱群体得到的比例过低来看），而小政府也能实现比较平等的收入分配，那么，是否值得在公共支出上多花20%的GDP，从而相应地多征税，来达到稍微平等一点的收入分配，就是令人怀疑的。而且这样的政策随后还会造成扭曲。

以上研究成果表明,公共转移支付主要不是为了改善大多数穷人的状况,而可能是为了获得中产阶级或某些重要社会群体的政治支持。因此,在许多国家,转移支付计划似乎是一个大规模的循环性再分配计划,它并没有给那些原本打算帮助的人带来多大的益处。这些国家也没有提出一幅有关转移支付计划成本和可能受益人的清晰画面。

社会稳定指标

下面的指标可能只是在非常有限的程度上受政府政策的影响,尽管如此,考察一下各组国家在这些指标上是否存在系统差异仍然是很有意思的。在许多工业化国家,犯罪已成为公民关心的主要问题之一。尤其是美国,它一直报告有很高的暴力犯罪水平,尽管在最近的绝大多数年份犯罪浪潮已开始明显下降。因此,人口中罪犯比例高就在一定程度上反映出人们受到了犯罪威胁,并间接反映出社会的稳定和福利状况。大政府在这一类指标上显示出最好的记录,而小政府国家组表现最差。不过,这样的结果受到了美国的强烈影响,从相对量上看,美国的罪犯人数比其他绝大多数工业化国家多10到20倍。然而,美国的大部分囚犯是由于吸毒犯罪。撇开美国,小政府和中政府的罪犯比例大体相似。

在通常情况下,离婚率更多地是与文化发展和离婚法而不是公共支出的差异相关。尽管如此,它仍是社会稳定的一个信号。一些人认为,福利国家由于减轻了家庭所面临的压力而促进了社会的稳定,这些人可能会相信,小政府国家离婚率较高。然而,另一些人则认为,过高的社会福利使离婚变得更能够承受。这些人预计大政府国家的离婚率较高。我们观察到,大政府和小政府国家报告的离婚率较高,而中政府国家显示的平均离婚率最低。不过,西班牙极低的离婚率和美国极高的离婚率都极大地影响到它们所在国家组的平均离婚率。同样,低自杀率也是社会稳定的一个信号。然而,各组国家所报告的自杀率大体相同。

移民是人们希望到另一个国家过更好生活的指标,也间接反映出人们希望有更好的政府政策。除了中政府国家以外,移民数量减少了。这表明,从总体上看,人民并没有把他们的经济状况视为不好,或者把他们的统治者视为难以忍受,足以使移民变得合算。移民数量的下降可能与这样一个事实也有关系,在过去几十年间,各工业化国家以及各组国家之间人均GDP已经变得大体相等。尽管如此,我们仍然发现,小政府国家的移民曾经且仍是最低的。

七、治理指标

最后一组指标比较各组国家间与治理有关的问题。只是在最近几年,人们才试图将国家的治理业绩"定量化"。这种"定量化"实际上反映的是那些回答相关问题的人的一些感觉。因此,它可能会出很大的差错。依照国际标准,平均而言,三组国家在绝大多数指标上似乎都相当好。然而,国家之间存在巨大差异,小政府国家通常在绝大多数指标上表现更好。大政府国家非正式部门的份额较大且仍在提高,这尤其应该成为一个关注点。

经济和政治自由指标

政治权力、公民自由和经济自由被许多观察家认为是现代多元化社会和多元化经济的最重要品质之一。新近的研究得出这样的结论,当政府对人民不负责时,或者当经济自由受到限制时,经济活动就会遭受损害。虽然在发展中国家经济增长与政治体制之间不存在确定的关系(Borner, Brunetti and Weder, 1995),但所有现代工业化国家都表现出诸如民主、法治、市场导向型经济等某些共同特征。因此,在本书的几乎所有样本国家中,政治权力和公民自由都得了满分。经济自由方面也得了高分,但尽管如此,各组国家之间仍表现出一定的差异。小政府在满分10分中平均得7.6分,稍好于中政府的7.2分,明显好于大政府的6.6分(表5.5)。

行政管理效率

法治和市场自由需要一个发挥作用的政府,政府机构有助于维持现代市场经济所必需的基本原则。高效率的司法系统是最为根本的,因为它能够通过执法和释法来维护法治,必要时,它甚至可以用来对抗决策者。因此,法治是一个国家监督和制衡机制中至关重要的部分,它能够确保任何个人都不能把自己置于法律之上。如果没有腐败,则表明法律和官僚实施法律是不能被"收买"的。因此也就保证了在经济生活中有一个公平竞争的舞台。官僚主义的繁文缛节会提高守法的成本,从而破坏市场经济。它还会诱发腐败和促使人们进入地下经济。

在所有这些领域,各组国家同样得到了较高分数。然而,小政

表 5.5 1990 年前后政府规模与治理指标（占 GDP 的百分比）

	工业化国家[a]			新兴工业化国家[a]
	大政府	中政府	小政府	
经济与政治自由指标[b]				
政治权力	10.0	10.0	10.0	7.5
公民自由	10.0	9.9	10.0	7.5
经济自由	6.6	7.2	7.6	7.5
行政效率指标[b]				
司法体系的效率(1994)	9.3	8.6	10.0	8.3
繁文缛节(1994)	8.1	7.8	9.0	8.9
腐败	8.2	8.2	8.1	7.2
规制效率指标				
影子经济规模	17.7	12.0	9.4	…
每 10000 人专利量（创新系数,1990）	2.0	2.3	8.6	…

资料来源：坦齐和舒克内希特根据以下资料整理而得：瓦特尼等（1996）；莫罗（Mauro, 1995）；OECD：《主要科技指标》（1995、1996）；透明国际（Transparency International）（1996）；施奈德（1997）；联合国：《人类发展报告》（相应年份）；韦克－汉内曼、波梅雷内和弗雷（Weck-Hannemann, Pommerehne, and Frey, 1984）。
a 国家分组与表 5.1 相同。
b 在 0 与 10 之间排序。0 表示最坏，10 表示最好。

府比大政府得到的分数更高。中政府得分最低，尽管差距很小。在所有小政府国家，司法效率得分最高。小政府国家受到繁文缛节的影响似乎也最小，而腐败方面的得分在所有各组国家几乎完全一样。①

规制效率

最后一套指标试图通过观察影子经济的规模和经济的创新能力来间接评估政府政策和规制的质量。前面已经指出,坏政策和管制会把经济主体诱导到非正式经济中去。如果这些政策和管制营造的环境不能保护创新所带来的知识产权,不能提供获得合理回报的前景,它们还会挫伤人民的创造性。

影子经济的规模越来越大,应该引起关注。根据一些研究,1960年代到1990年代,影子经济的份额翻了一番以上。在那些公共部门较大的国家,影子经济的扩张尤其强劲。在这一组国家中,影子经济估计已经占到经济总量的17%以上,几乎是小政府国家的2倍。每10万人的专利申请量代表一个国家的创新能力,这一指标在小政府国家也高得多(尽管相差的幅度由于日本的数据而被夸大了)。这些结果表明,政府规模过大可能会刺激人们离开正式经济,还会削弱一个国家的创新潜力。

八、结论

对于以上所讨论的许多指标,我们的观点是,虽然可以得到的

---

① 如想了解有关治理问题的更详细的讨论,可参见瓦特尼、劳森和布洛克(1996)有关经济和政治自由的讨论,莫罗(1995)有关行政效率的讨论,透明国际有关腐败的讨论。布鲁内蒂、基苏尼科和韦德(1997a)证实,与许多发展中国家相比,绝大多数工业化国家的商业环境比较有利。

证据是尝试性的和有限的，但它表明了，从总体上看，与大政府相比，小政府并没有"生产"出不太令人满意的社会经济指标。在经济绩效、劳动力市场、政府财政债务、治理和规制环境等方面，小政府国家似乎比其他国家组生产出了更好的结果。而且，一些指标表明，稳定化政策并没有达到缓解产出波动的目标，而日益增加的赤字却挤掉了私人部门和压抑了经济增长。因此，通过增加公共支出来促进经济和社会指标的改善似乎是不可能的。研究结果还表明，通过制定**明智的政策**，政府可以用低得多的公共支出水平来实现同样的社会经济目标。当然，这一结论没有考虑到从高水平公共支出到低水平公共支出所带来的转型成本。

以上结论并不必然支持自由放任政策，也不支持政府无所作为或只在经济中发挥非常有限作用的政策。毕竟，在所考察的所有国家中，包括小政府国家，政府是重要的，公共支出也达到了比20世纪初高得多的水平。相反，我们的结论是，公共支出不一定是许多社会经济问题的解决办法，通过制定明智的公共政策，公共支出是可以减少的。

第六章　新兴工业化国家的经验

本章我们考察当今一些新兴工业化国家的支出模式和政府绩效指标。直到遇上1997—1998年的金融和经济危机,这些国家的经济增长一直很快。我们发现,这些国家用低得多的公共支出水平实现了与工业化国家水平几乎相同的社会经济指标。本章讨论危机之前的情况。这场危机将给这些国家的社会经济指标造成怎样的长期影响有待观察。最乐观的猜想是,这种影响很小。

迄今为止,新兴工业化国家没有建立广泛的福利计划,因此,也就没有遭受当今政策给增长、劳动力市场和其他领域所造成的影响。① 尽管这些国家在许多方面与工业化国家有所不同(人口结构不同,依赖救济计划的强有力的利益集团或许还没有形成),但从它们那里仍可学到一些经验。我们的分析仅限于三个新兴工业化国家——智利、韩国和新加坡,以及中国的香港。

---

① 由于没有这方面的计划,1997—1998年的金融危机对这些国家某些群体所造成的短期影响可能是比较严重的。例如,韩国不得不马上建立有限的失业补偿制度。

一、新兴工业化国家的公共支出模式

新兴工业化国家的公共支出水平远低于工业化国家。1990年,这些国家公共总支出的平均水平仅为 GDP 的 18.2%(见前一章的表 5.1),不到工业化国家的一半。不过,它们 1990 年的支出水平与"小"政府工业化国家 1960 年的一般水平大体相当。当时,瑞士和日本的公共支出不到 GDP 的 20%,澳大利亚略高于 GDP 的 20%。

我们应该这样来看待这些数字:在新兴工业化国家,人们对国家职能持有不同态度。这种态度并没有受到 1960 年代和 1970 年代初期西方国家盛行的赞成公共支出的思想的影响。虽然许多工业化国家都在试验凯恩斯主义和建立福利国家,但新兴工业化国家则在推进经济增长和奉行依靠市场和经济激励以及使政府支出保持少而精的政策(亚洲金融危机期间是明显的例外)。在智利,这样的政策是在 1970 年代初期支持大规模公共部门的经济实验失败之后才颁布实施的。

在这一组国家中,韩国的发展思路带有最浓厚的干预主义色彩,但它仍把公共支出置于严格的控制之下。① 中国香港是代表没有政府干预的一个极端例子。② 1970 年代香港的财政秘书夏鼎

---

① 在韩国,政府对信贷分配进行了大量干预,目的是为了实施通过快速工业化来促进经济增长的工业政策。
② 在亚洲金融危机期间,香港政府放弃了这种极端的不干预主义政策,通过购买股票对股市实施了干预。

基(Haddon-Cave)提出了"积极的不干预主义"这个词来界定政府在经济中的职能。正如他所指出的:"在绝大多数情况下,试图对私人部门所利用的资源进行计划分配和抑制市场力量的运作,对经济增长率都是无效的和有害的。在开放经济中,市场力量是很难预料的,更不用说控制了。"(Haddon-Cave,1984,转引自 Chau,1993)。不干预主义所带来的结果是,企业能够享有成功活动的全部奖赏,但必须承担错误和管理不善的代价。

在新加坡,李光耀,这位后殖民道路的成功设计师相信,政府政策应专注于良治中的少数几个关键性原则,这些关键性原则为亚当·斯密和大卫·休谟等许多政治哲学家所推崇,诸如"维持法治和产权的神圣不可侵犯,保护正当的商业行为,为所有行为主体,无论是有良好关系的内部人,还是没有关系的外部人,搭建公平的竞争舞台,保证决策的透明性和责任性"。① 这些原理的运用使新加坡成为当今世界上最自由的经济区之一。

在香港,政府原则上并不反对公共干预,但它相信,"政府的基本职能是提供公共服务和经济基础设施,只有政府才能有意识地提供这些东西。"(Haddon-Cave,1984)。这里,夏鼎基基本上是重申了亚当·斯密有关政府合适职能的观点。服务的提供通常被转交给了私人部门,消费者必须支付服务的全部成本。

新兴工业化国家一直都很强调人力资本形成,政府在大多数小学和中学教育,以及一部分高等教育的提供和融资中起着主导

---

① 《金融时报》1997 年 2 月 12 日。应该明白,从哲学角度看,新加坡、中国香港与韩国很不相同,在韩国,政府崇拜积极干预。

作用。穷人的医疗和教育由政府通过目标明确的援助措施来加以促进,但对使用者收费仍很重要。"对穷人负起社会责任得到认同,但工作伦理不应该被社会政策和再分配性的财政政策所削弱"(Haddon–Cave,1984)。韩国在建立社会保障制度的时候,同样注意把福利待遇保持在有限的水平上(《金融时报》1995年6月26日)。例如,在新兴工业化国家中,有些国家直到亚洲金融危机还没有任何维持失业者收入的计划。[1]

从新兴工业化国家公共支出的构成完全可以看出政府职能是有限的。约1/3的支出花在了政府消费上,1/3花在补贴和转移支付上,剩下的1/3花在了利息支付和公共投资上。当然,这些比例是在公共支出总额占GDP的比例低得多的情况下谈的。与工业化国家相比可以发现,主要差别在于补贴和转移支付的水平低得多。在新兴工业化国家*,这类支出仅为GDP的5.7%,或平均支出的约1/4。事实上,这样的支出构成与小政府工业化国家1960年的一般情况类似。占GDP 3.4%的公共投资水平比工业化国家的平均水平高,这是因为基础设施发展被置于优先地位。[2]

直到亚洲金融危机,这组国家报告几乎多年没有预算赤字。例如,香港自1946年以来只有7年出现过预算赤字。因此,香港政府积累了巨额的金融资产。新加坡也是如此。自1980年代中期以来,智利也出现了预算盈余。这样一来,这些国家都没有大量

---

* 原文为工业化国家,疑为新兴工业化国家。——译者
[1] 面对亚洲危机,人们对是否要放弃旧原则,有过许多良心上的反省。
[2] 基础设施脆弱被认为是一些快速发展的亚洲国家的主要缺陷之一(Brunetti, Kisunko, and weder, 1997)。

需要偿还的公共债务。在韩国,银行危机和 1998 年的严重衰退造成了大量的财政赤字和因政府担保而形成的巨额潜在公共债务。

  从功能的角度看,与 1960 年代工业化国家的同类支出相比,新兴工业化国家的医疗和教育支出一直较高。这表明,普及高质量教育和人力资本在这些新兴工业化国家被置于优先地位。例如,韩国在 1990 年将 GDP 的 6% 花在了教育上,与工业化国家的平均水平完全一样,从而迅速成为世界上接受正规教育人口最多的国家之一。事实上,从某种意义上讲,韩国在教育方面的投资过度了,这正在导致教育,尤其是高等教育收益率的迅速下降。尽管香港不时被称为自由放任的最后堡垒,并因此而受到米尔顿·弗里德曼(Milton Friedman)等保守派经济学家的推崇,但在 1970 年代,它也开始对 15 岁以下儿童实行免费义务中学教育。这反映出香港行政当局抱有这样一种观点:让人民得到高水平教育是政府的一个合理目标。

  新兴工业化国家社会保险支出占 GDP 的 1%,仅相当于工业化国家社会保险支出的一小部分。这些数字表明,传统家庭网络在社会安全网中发挥着强有力的作用,以及人们对依赖福利的反感。不过,它也反映出,在这些国家,私人部门广泛参与到了医疗、教育和社会保险之中。新加坡的中央公积金(Central Provident Fund)以及智利退休保险的私有化已经成为其他对政府改革感兴趣,以减少长期公共支出的国家的重要样板(有关新加坡的经验,可参见 Bercuson, 1995;有关智利经验,可参见 Bosworth, Dornbush and Laban, 1994;还可参见本书后面几章)。

二、经济和劳动力市场指标

新兴工业化国家的长期经济绩效一直给人留下了深刻的印象。它并没有因为亚洲金融危机而受到怀疑。在过去10年间,实际经济增长平均达6.2%(表5.2)。几乎是工业化国家平均增长率的3倍。1980年代中国香港政治上的不稳定性使其经济增长率降为6%,此前的30年,香港的平均增长率达9%—10%(Chau,1993)。多少年来,韩国的增长记录给人留下了极其深刻的印象,1990年代的前半期,年均增长几乎达到10%(表6.1)。我们应该回想一下,1950年代初朝鲜战争之后,韩国并没有被认为是一个具有良好增长和发展前景的国家。有这样一个常被讲述的故事,1960年代初派往韩国的世界银行代表团曾下过这样的结论:这个国家没有任何发展的可能性。当前经济方面所出现的问题并没有改变过去异同寻常的成就。一旦危机过去,韩国可能就会恢复其强劲的经济增长。

表6.1 1990年代初若干"小"政府国家和新兴工业化国家的政府绩效指标(占GDP百分比)

	工业化国家			新兴工业化国家		
	美国	日本	瑞士	智利	韩国	新加坡
经济指标						
经济增长(%,1991—1995)	2.3	1.3	1.6	7.4	9.5	8.8
按购买力平价计算的人均GNP(美元,1995)	26980	22110	25860	9520	11450	22770
通货膨胀(1991—1995)	3.2	1.4	3.2	13.9	6.2	2.5

(续表)

公共债务总额(1994—1995)	64.3	81.3	48.2	17.4[a]	8.0	15.2
劳动力市场指标						
失业(1990年代中期)	5.4	3.3	4.7	4.6	2.4	2.7
社会与分配指标						
预期寿命(1995)	77	80	78	76	72	77
婴儿死亡率(每1000新生儿)	9	4	6	12	10	4
中学入学率	97	96	91	70	93	84
教育成就(八年级学生的数学分数,1994)	500	605	545	…	607	…
40%最低收入家庭收入份额(1990年前后)	15.4	17.7	18.1	10.5	19.7	17.3
经济和政治自由指标[b]						
政治权力	10.0	10.0	10.0	7.0	9.0	7.0
公民自由	10.0	10.0	10.0	8.0	8.0	7.0
经济自由	8.0	7.3	7.9	6.2	6.7	8.2
行政效率指标[b]						
司法体系效率	10.0	10.0	10.0	7.3	6.0	10.0
繁文缛节	9.3	8.5	10.0	9.3	6.5	10.0
腐败	7.8	6.7	8.8	7.9	4.3	9.3

资料来源:表2.10—2.12。

a 只包括外债。

b 从0到10排序,0表示最坏,10表示最好。

由于快速经济增长,以购买力平价(PPP)计算的人均GDP在智利、中国香港、韩国和新加坡这四个新兴经济体最近已达到14000美元以上。从平均水平看,这大约为工业化国家目前人均收入的70%,相当于这些国家1960年代末的水平。在中国香港和新加坡,以购买力平价计算的人均GDP已经赶上了日本,甚至超过了其他许多工业化国家的人均收入。在智利和韩国,以购买力平价计算的人均收入超过了9000美元,虽然较低,但已经达到了西班牙、爱尔兰和新西兰的2/3。如果可以得到中国台湾的数据并把它加进来,结果同样会给人留下深刻的印象。

新兴工业化经济体令人难忘的增长率可归功于以下几个因素,其中一个重要因素是固定资产总额增长速度很快。投资占GDP的比例达到30%以上,远远超过工业化国家的投资水平。高储蓄率始终是高投资的关键,例如,韩国报告的储蓄率达到了GDP的35%左右。公共投资约为GDP的3%,仅占总投资的10%,很显然,私人投资一直驱动着这些国家经济的增长。事实上,快速增长已经形成了许多瓶颈,这表明基础设施建设应该加速。

其他一些宏观经济变量看上去也很好。通货膨胀一直很低且在下降,1990年代的前半期,新加坡平均通货膨胀率仅为2.5%。智利是一个通货膨胀历史记录最不好的国家,1998年通货膨胀率也下降到了4%,且仍在逐渐降低。新兴工业化国家政府的债务利息是很低的,因为这一组国家的公共债务水平很低,只有GDP的约13%。① 另外,这些国家(韩国可能除外)不像工业化国家那样有巨额的隐性养老金债务。例如,新加坡和智利建立了完全基金式计划,而韩国的公共基本养老计划已经积累了一些储备,可以用来偿付未来养老金债务。

新兴工业化经济体还报告它们有良好的就业业绩。直到

---

① 正如已经指出的,韩国未来几年的利息支付额可能会上升,这是因为在亚洲金融和经济危机期间韩国积累了一些债务。

1997—1998年的金融危机,失业率平均约为3%,智利最高,为4.6%。这样的失业率即使与工业化国家的最低水平相比也是好的,这可能是新兴工业化国家极为有限的社会救济计划和对劳动力市场较少干预带来的结果。然而,在韩国,最近的危机导致了较高的失业率,而由于缺乏保护失业者的计划,结果带来了社会难题,从而导致韩国开始建立有限的失业保险。①

妇女作用也成了社会经济进步的一个重要指标。经济增长和妇女解放使得女性劳动力的参与率提高。针对女性的机会平等计划使得女性在专业技术和管理领域所占的比例不断提高。在新兴工业化国家,诸如此类的女性在经济上的解放在过去几十年获得了巨大的进步,尽管在一定程度上仍落后于工业化国家(表5.2)。女性在行政和管理岗位上所占的比例仍只有17%,约为工业化国家的一半(联合国发展计划署,1995)。

三、社会和分配指标

在社会指标方面,新兴工业化经济体也基本赶上了工业化国家。它们在联合国人类发展指标上的排名都非常靠前。虽然指标排名中的前20名都被工业化国家所占据,但中国香港排名24位,其他三个经济体排名在30名左右,这也是不错的(表5.3)。②

在医疗和婴儿死亡率方面,两组国家(地区)之间的差异已变

---

① 直到危机来临,韩国大型企业集团的工人一直有终生就业保障。
② 《人类发展报告》(1998)提出了1995年人类发展指标,新兴工业化经济体的排名分别是,中国香港25、新加坡28、韩国30、智利31。

得非常小。预期寿命平均为74岁（比工业化国家仅仅短3—4岁），所有四个经济体都超过了70岁。中国香港和新加坡的预期寿命甚至超过了许多工业化国家。新兴工业化国家（地区）与工业化国家的婴儿死亡率也大体相近。中国香港的婴儿死亡率最近几十年下降了80%，现在与所有工业化国家一样低。只有智利报告的婴儿死亡率稍高。但它仍处于非工业化国家最低行列，与匈牙利和波兰相近，而后两个国家所花费的公共支出占GDP的比例是智利的2倍以上。

新兴工业化经济体的教育水平在过去几十年间有了巨大提高，接近工业化国家。这反映出教育被置于优先地位和免费基础教育的普及。成年人识字率为94%，中学入学人数占适龄人口的比例平均达88%。智利中学的入学率最低，为74%，韩国报告超过了90%，而在中国香港，中学入学是义务性的。

有关女性在社会经济中的作用，女性相对于男性的大学入学率是另一个关键性指标。自1970年以来，女性的受教育机会大大增加了，当时，女生所占的比例远低于今天。智利和新加坡报告女性与男性大学生所占的比例几乎相等，与此同时，中国香港和韩国正在迎头赶上（联合国发展计划署，1995）。

40%最穷家庭的收入份额平均略低于工业化国家。从智利的略高于GDP的10%到韩国的几乎占20%不等。平均水平为GDP的15.3%，与美国的平均水平相当（表6.1）。韩国的收入分配状况尤其与许多工业化国家相似。近几十年，新兴工业化国家的收入分配状况得到了极大改善。在韩国，高速经济增长和某些基本社会保险的建立迅速减少了穷人的数量。① 1970年以后的一段时期,香港报告收入分配同样呈现出好转的趋势(Kwon,1993;and Chau,1993)。这些结果可能也表明,高水平的公共支出并不是改善收入分配所必不可少的。

尽管有关新兴工业化国家确定社会支出目标方面的信息不多,但得到的有限证据表明,社会支出是比较有效的,目标的选定是比较准确的,虽然各国在救助体系的制度设计上存在巨大的差异。例如,在智利,政府救助只用于填补养老金低于最低收入线的不足部分。1993年,智利几乎把1/3的教育支出和1/4的医疗支出花在了最穷的20%的人身上,这一比例要远远高于其他绝大多数拉丁美洲国家。在韩国,缴费基准制公共养老金计划为老年人提供了基本安全网(第一层次),公司退休保险起补充作用。医疗服务由私人提供,但公共医疗保险得到普及,虽然保险额很有限。向用户收费仍是防止浪费的最重要因素。穷人可以得到额外的公共救助(Kwon,1993)。

四、治理指标

在经济自由和行政效率(它们通常被认为是经济增长、繁荣和机会均等的最为重要的先决条件)方面,新兴工业化国家完全可以与工业化国家相提并论。新兴工业化国家(地区)的经济自由度完全可以与工业化国家中得分最高的小政府国家的平均得分相媲

---

① 不过,这一进步很可能在亚洲金融危机期间被中断了,甚至被(暂时)逆转了。

美。中国香港和新加坡的此类得分最高，新兴工业化国家平均得分为7.5（总分为10分），高于本书样本中所有工业化国家的平均水平。

新兴工业化国家（地区）的行政效率与工业化国家相比也是好的。香港、新加坡和智利报告的腐败指数低，繁文缛节少，司法系统比较有效。不过，韩国在治理的这几个方面落后了。新加坡在这三类指标上得分最高，中国香港紧随其后。值得注意的是，日本、瑞士和美国这些政府较小的国家在此类指标上报告的分数相近，这一点很有意思。前面已经提到，大政府国家的繁文缛节最多。尽管有这些好的记录，但它们在政治自由和公民权力方面没有得到"高"分，这是不应该忘记的。存在这种情况，以及殖民资本主义在一些新兴工业化国家发挥着作用，说明它们的"模范"作用不应该被高估。虽然它们在把公共支出保持在低水平上并使之得到有效利用方面提供了一些经验，但它们在改革它们的政治体制方面要向工业化国家学习。但这是一个不同的问题，超出了本书的研究范围（表5.5）。

五、结论

从简单的考察中我们可以得出这样的结论：新兴工业化国家的社会经济指标已经达到了几乎与工业化国家相近的水平，在那些仍然落后的领域，它们正在迅速追赶。这些成绩是在比工业化国家一般公共支出水平低得多，甚至比小政府工业化国家公共支出水平低的情况下取得的。这一美好的景象不仅在很大程度上可以用这些国家的政府抱有不同的目标来加以解释,而且还必须用赋予国家的职能不同来解释。政府干预是为了提供最基本的服务和用有利于市场的方法来设计激励。未来国家的"适度"职能问题将是本书下面三章所要讨论的主题。

第三部分 国家职能与政府改革

在前面几章中,我们指出,过去一个世纪公共支出的增长是由于政府涉足的新型活动大幅度地扩张了。这一时期,公民要求政府在经济中发挥更大的作用,而对公共支出的制度约束和理论抵制却逐步弱化了。曾几何时,当公共支出从很低的水平开始增加时,它带来了社会、经济福利的巨大改善。然而,1960年以来,公共支出的快速增长就基本成为再分配性的了,原来存在的政府支出增长与社会经济目标改善之间的联系似乎被打断了。我们在研究中发现,小政府工业化国家,在某种程度上还包括公共支出水平较低的新兴工业化国家,能够达到与公共支出水平高得多的国家大体相当的经济、社会指标水平。我们由此得出这样的结论:在工业化国家,肯定存在着重新界定国家职能的巨大空间,以至于可以**在削减公共支出的同时不会太多地牺牲经济、社会目标**。换言之,我们相信,可以在不必改变政府根本目标的前提下削减政府公共支出。

在下面的几章中,我们将指出,政府改革存在巨大的空间,通过借鉴一些国家的经验,我们将勾画出政府改革的粗略蓝图。为了变得更小和更有效,政府需要把自己的职能重新集中在制定"游戏规则"上,为市场力提供适宜的框架,从而既促进经济增长又提高社会福利。改善规则和强化制度都将是必要的,以促进好的财政政策的制定。尽管人们日益意识到需要改革,尽管日益全球化带来了压力,但实施改革并不是容易的,因为,在短期内,那些将会或认为自己会遭受损失的人会抵制改革。因此,改革是一个长期的、在政治上非常困难的任务,但它最终会大幅度地降低公共支出水平,而经济和社会福利不会遭受太大损失,甚至会得到提高。

  本书的第三部分包括第七—九章,我们将勾画出世界上一些国家进行的许多改革,这些改革的具体动机是削减公共支出,同时提高提供各种具体服务的效率。我们描述这些改革是为了说明采取行动的可能性空间,而不一定赞成所有这些改革。

第七章 重新思考国家的职能

一、改革的范围

在前面的章节中我们已经表明,到1960年前后,公共支出平均低于GDP的30%,此时,许多工业化国家已经达到了相当高的社会福利水平。花在医疗、教育、基础设施和基本社会保险体系这些基本服务上的公共支出提供了绝大多数的基本公共服务。公共支出在实现高水平社会经济指标上所作的贡献是巨大的。[①] 然而,我们不能找到太多的证据来证明,1960年以后公共支出的大幅度增长对同样一些社会经济目标的进一步实现有太大作用。事实上,其中有些目标似乎在向坏的方向变化。与此同时,当今新兴工业化国家在人们所希望达到的经济社会指标上表现出较高水平,尽管它们的公共支出水平只有GDP的20%左右。这些国家的政府没有做工业化国家的政府所做的每一件事情,但它们却在非常有效地履行最基本的任务,而让私人部门去填补所存在的缺口。

[①] 这一时期,高额国防支出所占用的资源如果投在其他领域,可能会更有效率。情况确实如此。

换言之，它们把自己的注意力更多地集中在政府的"核心活动"上，而较少地放在新近的再分配活动上。它们认为，它们没有做的事情在很大程度上要么不是必需的，要么是能够由私人部门来做的。

如果我们接受前几章所得出的结论，即适度的社会保险水平和社会繁荣在较低的公共支出水平上就可以达到，那么，就存在着削减公共支出规模的巨大空间，大政府国家尤其如此。削减公共支出，从而降低税收水平，就可以把更多的资源留在公民手中，从而使他们能够以直接改善自身福利的方式来使用这些资源。运用这些资源，他们应该能够购买到，或许能够便宜地购买到现在由政府提供的某些商品和服务。如果私人部门能够更廉价地提供同样的服务——实际情况常常如此，那么，社会将会从这种变革中获得好处。显然，在这一过程中，国家的规制职能必将变得更为重要、更有指导性和更有效率。①

当前政府规模能够压缩多大幅度，一个简单的评价标准是工业化国家 1960 年所达到的公共支出水平。一个更加雄心勃勃但不太切合实际的目标是达到新兴工业化国家目前的公共支出水平或工业化国家 1960 年前一些年份的水平。例如，日本和瑞士 1960 年的公共支出水平不到 GDP 的 20%，几乎完全与新兴工业化国家目前的水平一样。其他绝大多数政府的支出没有超过 GDP 的 30%。因此，从长期看，公共支出总水平或许可以削减到 GDP 的 30%以下，而不会牺牲公共部门的基本或核心活动，不会对相关社会经济指标产生负面影响。

---

① 政府常常会以有害的方式来管制有害的活动，从而加剧了经济中的扭曲。

第七章 重新思考国家的职能

考虑应该如何改变政府支出的构成,从而使得总支出得以下降是很重要的。因为,20世纪公共支出增长的大部分源于补贴和转移支付,因此,必须对这一类支出进行大幅度的削减。1960年,日本的补贴和转移支付总共不到GDP的4%,到了1995年,日本、新西兰以及美国已经略超过了10%。① 这仅为所有工业化国家平均水平的一半。因此,削减补贴和转移支付能够节省巨额预算和大幅度降低税收。

公共消费也必须受到严密的监督。1960年,日本和瑞士的公共消费吸收不到10%的GDP,而当今的一些新兴工业化国家则花费更少。这远低于1995年工业化国家几乎占到GDP18%的平均公共消费支出,而一些工业化国家公共消费的百分比更高。但是,即使是在1995年,日本的公共消费仍低于GDP的10%,尽管这个国家在公共投资上的支出比其他任何工业化国家都高。通过把公共提供的商品和服务,包括军事支出压缩到最基本的水平,同时把其他活动私有化,许多国家或许可以把公共支出削减到接近这一水平。

在许多国家,削减公共消费支出可能需要对企业和服务进行大规模的私有化。如果私有化包括那些依靠公共支持来维系其生存的公共企业,那么,大规模的私有化就有可能带来诸如生产者补贴等其他类型支出的大幅度节约。航空业就是一个有趣而富有启发性的例子。当今世界,很难想出国有航空公司应该继续存在的

---

① 应该指出,美国的许多保守派思想家,包括共和党中的政治家,都认为美国当前的支出水平过高了。他们不同意我们把美国划为"小政府"国家。如想了解保守派思想家有关"最小"和"超小"国家的哲学思辨,可参见诺兹克(Nozick,1974)。

正当理由。提供航空运输这一目标完全可以通过私人公司来满足。当一些亏损的航空公司需要通过大量补贴来维系其生存时,私有化就能极大地改善原公共航空公司的业绩,英国航空公司就是这方面的一个例子。一些国家的经验还表明,传统公共投资项目由私人提供和融资能够大幅度削减公共投资预算,同时还能改善服务质量。然而,必须留心不要造成过度的或然性公共债务。①

因此,对公共支出政策和国家职能进行彻底反思是值得的。用美国副总统戈尔(指克林顿执政时的副总统。——译者)的话说,政府是可以再造的,这一思想不应该仅仅是一句政治口号(见Osborne and Gaebler,1992)。为了达到大幅度削减公共支出,同时使公共支出得到更有效利用这一目标,必须进行根本性和彻底的改革(Tanzi and Schuknecht,1998;Bismut and Jacquet,1997)。这个目标应该被视为是可以达到的,而不仅仅是一个梦。

二、变革政策体制

政府改革和削减公共支出如果能够带来较高的经济增长,它就能产生长期巨额收益。改革将刺激经济增长,这主要是因为它能够降低边际税率,改变私人部门对物质资本、人力资本和新型经济活动未来投资环境的预期。当个人抱有良好的预期时,他们才愿意对自己的行为做出某些必要的改变。② 然而,诸如此类的预

---

① 当基础设施项目(如道路)的私人投资者要求得到该项目回报率的公共担保时,就会发生这种情况。见欧文等编(Irwin,et al.,1997)

② 例如,教育投资的现值必然会受到对人力资本收益征税的税收水平的影响。

期变化只有当一个国家的政策体制或基本游戏规则发生改变时才更有可能发生。改革被认为越重要、越有希望、越能持久,预期的变化就越强烈。

财政政策通常暗含着决策者的这样一个意图,即把租金再分配给政治上有影响的利益集团和社会群体,而不是用来提供基本服务以及对基于市场的经济增长有利的制度框架和社会福利。①那些允许扩张性的无效财政政策存在,从而允许赤字和公共债务不断累积的财政政策规则,就便于进行这样的再分配。那种支持大规模公共部门存在的政治和理论氛围也有利于这样的再分配。②不过,如果现存规则在过去几年间已经导致了政府的过度膨胀,那么,即使政治和理论氛围发生了变化,这种趋势也不会自动发生逆转(参见 Forte and Peacock,1986)。必须对允许此类政策得以制定的政策体制进行变革。换言之,游戏规则必须改变,从而使得财政政策的决策者所面对的刺激也发生变化(参见 Brennan and Buchanan, 1985; Solimano, Sunkel and Blejer, 1994; Kopits and Craig,1997)。

有必要简单讨论一下社会游戏规则与体育竞赛规则之间的相似之处。在绝大多数体育比赛中,比赛规则是不允许在赛场上横冲直闯和耍不公平花招的。这一行为规则被变为详细的规定:什么算犯规,应受到什么样的处罚。规则减少了运动员所面临的不确定性,搭建起了公平竞技的舞台。它激励运动员认真比赛,这反

---

① 例如,教育改革常常更多地是与教师的补贴和聘任有关,而不是力图使课程更加接近经济的需要。

② 财政政策规则和过程缺乏透明度也阻碍了奉行更为有效的政策。

过来又使得比赛对运动员和观众更有意思。但是,规则不决定比赛结果,而且,譬如说如果足球赛的比分取决于场地而不是场上优势,每一位球员就会感到受到了凌辱。在目前许多有关国家职能的争论中,影响过程和影响结果之间的区别被混淆了。变革财政政策规则的目的应该是改善决策过程而不是决定由这些政策所带来的结果。①

过去几年中,财政决策过程中存在的不恰当游戏规则在许多国家导致了无效支出的增长和巨额财政赤字。因此,有必要对财政政策体制进行根本性变革。② 改革没有精确的路线图,但是建立适宜的预算制度以及能够硬化政府预算约束和改善预算计划质量的财政规则是最为根本的。预算制度能够限制在预算的制定、通过和执行过程中的扩张性干预,从而强化对审慎预算政策的激励,因此,预算制度一直被视为是制定有效支出计划和控制财政赤字的重要前提(尤其参见 Milesi – Ferretti,1996;and Alesina and Perotti,1995a)。另外,财政过程、财政制度和结果报告上的透明性现在也被认为具有极端重要性,相比之下,过去常常把财政幻觉视作

---

① 紧接着的一个重要问题是,即使其他的规则能够增进社会的总体福利,决策者为什么要同意这一有可能削弱自己自由裁量权的规则变革呢?布坎南(1985)指出,如果个人在未来社会中的相对位置存在足够的不确定性,那么,决策者就是在"不确定性迷雾"中选择规则的,他就会选择能够最大限度地实现总体福利、由最好规则构成的政策体制。另外,政治和理论氛围的变化也有利于规则朝这些方向改变。例如,如果不是氛围发生变化,目前流行的中央银行应该具有政治独立性的观点就不可能出现。还可参见布雷顿(1984)有关宪法在经济中的作用、宪政变革所面临的困难的观点,以及他对加拿大宪政变革的案例研究。

② 目前人们已经把注意力投向了财政政策的透明性和国际货币基金组织《财政透明度法典》的完善上,这表明,财政政策体制的转型可能正在进行。

一种优点(参见 Kopits and Craig,1998)。①

如果适宜的预算制度得以实施,财政规则可能会有助于约束扩张性的财政政策。在许多国家,财政规则可能会采用宪法规则、法律条文、行政管理条例或其他控制赤字和公共债务的形式。一些作者认为,宪法规则尤其可以起到突出的作用。与简单的立法相比,宪法规则更能够把政府的手牢牢地捆起来,因为,在绝大多数国家,宪法规则是很难逆转的。在一些国家,宪法规则现在已经能够确保中央银行的独立性,从而使得财政赤字的货币化比较困难。有人还认为,直接民主作为一种宪法原则在瑞士已经减缓了公共支出的扩张(Pommerehne and Schneider,1982)。然而,宪法规则并不是解决财政问题的灵丹妙药,因为它需要有很强的实施和执行机制。一些国家有这些规则,但遭到漠视或被巧妙地避开。②当财政缺乏透明度,以至人们无论在精神实质上还是在法律形式上都很难确定宪法规则是否会得到遵守时,情况尤其如此。例如,当允许预算外账户存在时,情况就是如此。

需要有一个强有力的财政政策监督机构,这也得到了人们的广泛认同。鉴于许多独立的中央银行在控制货币扩张上取得成功,而许多国家部委在监督支出和总体财政状况上遭到失败,最近人们提出了监督财政政策的机构应该具有独立性,以摆脱政治家随意干预的思路。独立监督机构可以设在国内,也可以设在超越

---

① 在1998年4月华盛顿召开的一次会议上,由财政部长组成、代表国际货币基金组织所有182个成员国的临时委员会通过了一项《财政透明行为法典》。

② 例如,意大利宪法第81款的精神似乎是要求平衡预算,但人们通过对这一条款进行重新解释而漠视它本身的存在。

国家的层次上(隶属于欧洲货币联盟的欧盟稳定与增长条约就是一个例子)。(还可参见 Alesina, Housemann, Hommes, and Stein, 1995。)国际货币基金组织已经向许多发展中国家提供了这种制度的样板,它通常能够约束住那些正在实施 IMF 援助计划国家的财政扩张。

还有其他一些能够强化财政决策制度框架的因素,包括便于监督财政业绩的适宜的会计惯例。这便是新西兰、澳大利亚和英国所率先发起的迈向透明财政新运动的一部分。支出管理制度重新转向与公司内部管理相似的管理结构,再加上机构以任务为导向,补偿以业绩为导向,以及分散决策和强化责任,这些改革在许多情况下都能改善提供公共服务的成本效率关系,同时有助于中央部委,如财政部,把精力集中在战略性决策上。高素质和有良好动机的公务员队伍是改善支出管理和政府政策质量的根本。这样一支公务员队伍能够把官僚系统内存在的、能使政策发生扭曲的委托—代理问题降低到最低程度。下一章我们将更详细地讨论财政规则和财政制度改革是怎样促进支出效率和财政纪律的。我们将指出,这对私人部门有效接替政府职能是至关重要的。

三、削减国家职能

当我们思考譬如由马斯格雷夫(1959)提出的国家的传统规范职能时,必须对诸如资源配置、收入再分配和经济稳定这些基本职能进行彻底反思。政府提供通常似乎过于昂贵,尤其是当政府可以把这些活动留在私人手中而通过对私人部门实施明智规制就能解决市场失灵问题时,情况就更是如此。同样,当把所有成本与其收益相比时,绝大多数工业化国家试图对收入进行再分配的做法也是过于昂贵的。① 过去几年,在资源浪费和福利损失方面犯下重大错误的经济政策都是借收入再分配之名而获得通过和证明其合理性的。许多所谓的再分配政策并没有使那些真正需要的人受益,而是使那些在政治上有影响的重要社会群体受益,或者是对同一家庭进行征税而后又给予补贴(税收搅拌)。再分配政策对收入分配的净影响通常是一个未知数,因而是不确定的。然而,经济为此付出的代价却是实实在在的。

例如,帕尔达(1997)指出,加拿大公共支出占 GDP 的比例可以降低几个百分点,**而不会使任何人的境况变糟**,事实上,对于同一个家庭,如果政府支出的削减伴随着税收的相应减少,从而避免了"财政搅拌"和相关浪费,**许多家庭的日子会因此而过得更好**。OECD 已经对 11 个工业化国家 1993—1995 年前后"税收搅拌"的程度进行了估算。"税收搅拌"在税收和转移支付之前的收入中所占的比例从澳大利亚的 6.5% 和美国的 9.0% 到丹麦的 28% 和瑞典的 34.2% 不等。而且"搅拌"所占的百分比与公共支出的规模直接相关(参见表 7.1)。这表明存在巨大的支出和税收削减空间。② 如果消除所有"搅拌",公共支出可能不必超过 GDP 的 30% 左右。这还没考虑到私有化可能带来的支出的减少。

---

① 支出计划的成本不仅应该与市场失灵的潜在成本相比,而且还应该与税收扭曲、寻租、财政融资和潜在的宏观经济不稳定所造成的成本相比。

② 当政府对同一个家庭所征收的税款和给予的补贴相等时,就不会改变这个家庭的可支配收入,但却既给收入方又给支出方带来了无效率。

表 7.1　若干工业化国家财政搅拌水平ᵃ(百分比)

国家/年份	搅拌占所得税和转移支付的百分比	政府支出占GDP的百分比	扣除搅拌后的公共支出
美国(1995)	9.0	32.9	23.9
日本(1994)	11.6	34.4	22.8
德国(1994)	15.7	48.9	33.2
意大利(1993)	22.7	57.4	34.7
加拿大(1994)	11.7	47.5	35.8
澳大利亚(1993—1994)	6.5	36.8	30.3
比利时(1995)	23.7	53.8	30.1
丹麦(1994)	28.0	59.3	31.3
芬兰(1995)	15.5	57.8	42.4
荷兰(1994)	21.1	52.8	31.7
瑞典(1994)	34.2	68.3	34.1
平均	**18.2**	**50.0**	**31.8**

资料来源:根据 OECD:《经济展望》(1998 年 6 月)第 163 页整理而得。

a 财政搅拌测算的是同一个家庭既得到政府支付又缴纳税款的数量。

政府通过凯恩斯主义总需求管理来稳定经济的职能近年来一直被许多了解情况的观察家视为是始终失败的。[①] 一个基本原因是,周期性波动常常被作为增加持久公共支出的借口。

政治的、法律的和行政的约束使得许多政府难以按照凯恩斯

---

① 1970 年代的理性预期文献对传统的凯恩斯主义思想发起了猛烈的攻击。主要参见卢卡斯(Lucas,1973、1976)和普雷斯科特(Prescott,1986)。然而,在政策界,凯恩斯主义思想似乎仍很有影响。

主义处方打开和关掉税收和公共支出的龙头。只要涉及税收,议会就会拒绝赋予政府出于短期目的而改变税率的权力,事实证明,在许多国家,变更税收的立法过程是冗长的,结果也不能预期。而一旦涉及公共支出,经验表明,增加总比削减容易得多。[①] 因此,凯恩斯主义经济学所要求的财政行为的对称性常常是不存在的。

同样不存在改革的精确路线图,但压缩构建福利国家的社会计划具有重要意义。从长期看,养老和医疗体制改革在绝大多数国家能够带来预算的巨额节省。人们可能会同意,除了对穷困者和失业者给予基本补贴、对诸如重大疾病和事故等不可防范的灾难性事件给予保险等基本社会救助以外,不存在令人信服的经济理由表明国家在这些领域进行广泛干预的合理性。只要进行适当的改革和实施明智的政府规制,绝大多数养老、医疗和社会保险需要都可以通过私人部门来满足,从而降低对公共支出的需求。公共部门可以对私人部门的活动进行规制,可以对穷人购买基本保险给予补贴。这些根本性的变革可能要求彻底摆脱目前的办事方式。我们将在下面讨论其中的某些变革。

我们还将表明,许多政府活动都有巨大的私有化空间。不需要政府去从事银行、航空、电信和重工业。私有部门在建设和经营道路、监狱、机场、铁路和市政服务上的职能是可以大大拓展的。对免费公立小学和中学教育的需求几乎没有人提出异议,因为这些活动具有外在性。然而,越来越多的观察家正在达成以下结论:

---

① 在肯尼迪执政期间,曾试图赋予政府在有限时期内拥有特定限度内的变更税率的权力,但这种努力没有成功。然而,在一些国家,如阿根廷,政府拥有在特定限度内变更特定税率的特权。通常的情况是,临时性的变更会演变成永久性的。

这种需求可以通过提供教育券来更有效和更廉价地加以满足，而不必通过建立公立学校来满足。在第三级教育或大学教育层次，全部或部分由私人出资和经营的大学通常能够替代无效率的公立大学体系。①

开辟获得信贷的渠道可以帮助那些遭受现金约束的个人。在许多情况下，这可能需要政府发挥它有效规制的职能，而减少它作为服务提供者的职能。

然而，对于政府部门与私人部门活动的界线划在哪里这一问题，不可能有千篇一律的答案。这一界线应该划在哪里将随时而变，不同国家也可能不同。市场经济运转得越好，公共部门间接提供服务的职能就可以越小。同样道理，公共管理越有效率、越诚实，寻租活动越少，在其他条件相同的情况下，赋予公共部门的职能就可以越大。在决定谁在经济中应该履行什么职能的政治过程中，通常还要辅之以技术考虑和能力分析。因此，设立一个能够以有效的、中立的和非政治的方式进行这种分析的机构（如美国的议会预算司和政府会计局）是重要的。②

削减公共支出将会释放出可供私人部门使用的资源，并降低对税收体系的要求。许多工业化国家对直接税和社会保险缴费的过分依赖可能会得到缓解。因此，边际税率和边际缴费率可能会

---

① 因为人们认为，高等教育即使存在也不会有多少外在性，完全不存在必须由公共来提供的理由。

② 国会预算司的工作人员比较少，约400人，它可以为美国政府节约几倍于自身成本的财政资源。

降低。① 这可能会降低税收所产生的抑制效应,从而刺激经济增长。税收诱使人们离开正式经济而走向地下经济以及寻求税收减免的刺激减弱了,因此,税基被拓宽了。由此带来的预算盈余可以用来偿还部分累积的公共债务,从而减轻预算的利息负担。简言之,可以在不必损害社会经济福利的条件下降低公共支出占GDP的比例。

四、改革的实施

如果赞成削减国家在经济中的职能,就会提出一个重要的相关问题:如何在政治上实施这些改革? 应该有什么样的时间安排? 这同样没有精确的路线图。改革旨在变革国家的经济政策体制和削减公共支出计划,它不能漠视大家普遍提出的一个论点:大幅度削减公共支出可能会对增长产生负效应。从短期看,改革对收入分配所造成的影响也是非常重要的,因为一些社会群体不可避免地要受到改革的损害。这将产生政治上的反对,需要辩论,再加上政府面临的行政约束以及需要经历一个政治过程,所有这些都表明,彻底实施改革可能需要几十年而不是几年时间。

削减公共支出与增长

许多经济学家和决策者担心,削减公共支出可能会使增长、就

---

① 1986年以后,个人所得税的边际税率平均下降了约12个百分点,公司所得税基本税率平均下降了约10个百分点。不过,由此带来的税收损失通常通过税基的拓展得到了弥补。

业和政治支持付出代价,因为它会降低总需求,在一定条件下这可能会降低产出和增加失业。经济活动放慢可能还会使降低公共债务存量更加困难。近几年,涌现出了越来越多的对传统凯恩斯主义观点,即财政稳健必然导致衰退,提出挑战的文献(Giavazzi and Pagano,1990;Alesina and Perotti,1995b;McDermott and Wescott,1996;Perotti,1998a、b)。这些文献指出,由财政稳健所带来的凯恩斯主义式的衰退效应有可能被需求方面的正效应部分,甚至全部抵消。需求方面的正效应是指,政府支出和税收的下降将提高个人未来的预期可支配收入,从而提高预期消费和投资水平。较高的公众储蓄会带来较低的实际利率,低税收负担会降低单位劳动力成本,从而对供给产生积极效应,这些也有可能抵消由于公共支出减少而带来的衰退效应。

贾瓦齐和帕加诺(Giavazzi and Pagano)发现,由于存在消费和投资的预期效应,爱尔兰和丹麦成功进行了财政调整,但没有导致衰退。阿列辛纳和佩罗蒂、麦克德莫特和韦斯科特(McDermott and Wescott)以及佩罗蒂对更广泛的样本国家和若干OECD国家较长时期的调整进行了考察,区分出了两种类型的财政调整:

- 依赖于削减公共支出的财政调整,尤其是通过削减政府工作人员工资支出以及补贴和转移支付而实现的财政调整。
- 主要依赖于提高收入而不是大幅度削减支出而进行的财政调整。

这些研究发现,第一种类型的调整比第二种类型的调整更有利于经济增长和债务削减。麦克德莫特和韦斯科特强调需求方因素的重要性,而阿列辛纳和佩罗蒂则强调财政调整对单位劳动成本和竞争力所产生的有利影响。

所有这些研究都是依据债务和赤字的持久下降来衡量这些调整取得的成功。然而,它们却武断地假定,人们对新公共政策过程持久性的信心是可以瞬间确立的,因此,预期也能够迅速得到调整。① 如果所进行的改革能够迅速而令人信服地改变政府的政策立场,情况可能会如此。然而,更有可能的是,财政调整和政府改革的设计和实施要花很长时间,建立起必要的信任也要花很长的时间。虽然改革很快会对经济增长产生边际效应,但只有在经过许多年的持续改革之后,才能指望迈向高速经济增长之路。新西兰、智利或许还有爱尔兰的例子表明,财政改革最初不可能不付出经济增长的代价,后面将对此进行讨论。② 失业在相当长时期内可能不会大幅度下降,这会使改革异常艰难。③ 不过,在短期内缓解衰退趋势肯定是受欢迎的,这可能有助于强化对改革的支持。

改革的受益者和受损者

成功进行财政改革的主要障碍在于改革会产生分配上的影响。对于那些从公共支出中受益的社会群体而言,改革必然是痛苦的,短期内尤其如此。这些群体会反对改革,从而使改革的启动和实施更加困难。这种态度被阿列辛纳和德拉赞(Alesina and Drazen,1994)称为消耗战。尽管减少国家干预能够带来长期利益,

---

① 博尔纳、布鲁内蒂和韦德(Borner, Brunetti and Weder, 1995)和布鲁内蒂等人(1997b)讨论了人们相信政策承诺的重要性。
② 芬兰和加拿大的经验也有意思,它们急剧削减了财政赤字。
③ 在加拿大,财政赤字削减8个百分点事实上带来失业率下降约1.5个百分点。

但潜在(短期)的受损者可能会很容易地把改革努力变为一场政治噩梦。当政治上有良好组织、能够发出声音的社会群体反对改革时,情况尤其如此。这些社会群体可能是政府部门的雇员、公共企业的雇员、农场主、学校教师和社会保险金领取者。妥善解决办法及其结果的不确定性会进一步降低对改革的支持。当改革的目标及改革的原因没有得到很好的宣传,从而没能与公众进行明确的沟通的时候,情况就更是如此。

决策者需要解决改革对某些社会群体所造成的短期不利影响。尽管没有什么有力的证据能够证明哪些因素能够使改革获得成功,但有许多条件和配套政策可以提高成功的可能性。作为一项基本原则,为了获得对改革的政治支持,应该考虑对重大损失给予补偿和建立防范灾难性事件的保险。对私有化企业,补偿可以采取私有化证券的形式。为某些津贴设立晚年条款可以阻止对改革的反对。制定公务员或公共企业职工再培训计划和一揽子精简方案可以补偿因私有化和政府规模缩小而造成的就业损失。社会安全网能够在一定程度上补偿个人由于改革而遭受的困难(见 Chu and Gupta 编,1998)。因此,社会保险计划的改革不应破坏基本的社会安全网。补偿能够减少对改革的抵制,但它不是没有成本的。最初的预算节省可能会因此而减少,某些改革,如公务员精简,最初甚至会导致净支出的增加。

如果改革是在它公布之后等一段时间再具体实施,可能会有利于改革,虽然这样做也有可能导致某些社会群体组织起来逆转改革决定。然而,慢慢或渐进实施改革可以降低适应新经济环境的调整成本,减少受损者人数。① 与此同时,在宣布改革和实际实施改革之间留出一段时间,可以为持续改革创造新的利益相关者。例如,如果私有企业想在企业、公共服务和养老金的私有化这些新的机会上进行投资,它们就需要时间做准备。如果反对力量危及到改革,使其偏离正常轨道,这些企业就会进行游说来抵制对私有化政策的破坏。改革的利益相关者也能够在政府内部创造出来。为从事某些改革而专门建立起来的部委或机构会成为实施改革的压力集团。

关于达到一致意见对于政府改革成功的重要性,存在某些相反的论点。智利在独裁统治下所进行的改革和几个前社会主义国家休克疗法所取得的明显成功使得一些经济学家得出这样的结论:在改革获得成功从而使人们对改革的意义达成一致意见之前,需要让他们面对既成事实。然而,独裁统治下许多失败的改革以及新西兰和一些欧洲国家在达成一致意见后进行改革所取得的成功表明,经济学家应该对投票者的理性抱有更大的信心。不管怎样,改革者需要比通常情况下做更多的工作,向公众解释改革的原因和目标。也要强调不改革的后果。

智利和东欧的"休克疗法"与这里所提到的工业化国家的改革之间存在着根本区别。尽管在工业化国家政府大量干预经济,但从根本上讲它们仍然是市场经济,我们所提到的所有改革都是在现有的市场经济环境下进行的。因此,改革的结果没有多少革命

---

① 这种策略对欧盟共同市场的实施起到了很好的作用。计划在1992年底实施的改革在《单一欧洲条约》达成后的1986年就开始公布和宣传了,这就极大地方便了有关各方,包括自由贸易反对者的调整(Schuknecht,1992)。

性和不确定性。另外,工业化国家的选民一般受过很好的教育,如果政府能够清楚地解释目前的政策是不可持续的,他们会更倾向于接受改革不可持续的政府政策是必要的。① 当政府对改革三心二意时,当决策者不能清楚地解释改革的必要性和理由时,就会出问题。

如果没有基础广泛的政治支持,改革通常就不可能通过一个国家政治体制的监督和制衡。如果没有强有力的政治支持,一个国家的政治制度常常就会被用来阻止广泛的政治改革。② 英国可能是个例外,那里的行政力量非常强。这些观点表明,在工业化国家,达成政治上的一致具有极大的重要性;必须向公众解释改革。③

许多情况可以促成改革。危机或面临危机形势可能会刺激人们采取行动。危机减少了维持现状所带来的利益,突现出维持现状的后果,增加了改革所带来的利益。④ 另外,在危机情况下,改革的受益者和受损者的差别变得模糊不清,越来越多的人越来越不敢肯定维持现状对他们是最佳选择。

---

① 例如,见《法兰克福汇报》(Frankfurter Allgemeine Zeitung,1996 年 9 月)对德国在公共支出改革时获得广泛支持的报道。
② 美国正是这种情况,克林顿 1993—1994 年的医疗计划和 1995—1996 年的共和党革命,都由于没有达成政治上的一致意见而失败了。
③ 尽管在绝大多数国家对改革达成广泛一致是至关重要的,但如果自己的选民不是强烈地阻止和激烈地反对改革,政府就更有可能推进改革。(世界银行:《官办企业》,1995)例如,与以工人和工会为基础的政府相比,私有化更有可能由保守派政府或右翼政府来进行。
④ 金融危机和其他困难已经促使韩国、日本、泰国和其他东亚国家迈向结构改革。

五、改革与经济全球化

直到目前,我们一直没提经济全球化,在未来几年里,经济全球化将给财政改革带来新的压力,小国尤其如此。这种压力来自几个方面。首先,可以非常迅速得到有关国际成功经验的信息,因此能够激发和鼓励其他国家模仿。下一章将描述新西兰和智利这两个备受推崇的示范典型的经验对其他许多国家的影响。这两个国家已经进行了重大的激进改革,激发了其他国家的模仿。

第二,资本和劳动力的国际流动给政府施加了改革的压力。在许多欧洲国家,资本、工作岗位和高素质劳动力的流出已经给政府施加了减税和削减开支的压力。参见坦齐(1995,1998a)。资本市场上的高利率和严重的金融危机被视为是对错误政策的无情惩罚。电子商务和电子货币的应用将会侵蚀掉一部分国内间接税的税基,因为跨境贸易很难追踪和征税。(参见 Owens, 1997; and King, 1997)。这些发展变化都将对税率产生压力,从而削弱政府为其高水平公共支出进行筹资的能力。全球化和资本流动还拓宽了政府活动私有化的范围,提高它的收益。例如,在国际市场上出售企业,服务合同的国际竞争,以及养老金基金在海外投资的可能性,都会对政府摆脱许多传统公共活动提供强有力的刺激。

第三,政府不太容易通过重新引入国内管制来应对全球化及其对财政政策的约束效应。控制资本流动已变得非常困难,各国都要签署开放贸易和资本流动的国际承诺(在 WTO 或 IMF 框架下),或者签署财政目标的国际承诺(作为欧洲货币联盟的组成部分)。因此,各国就不能像过去那样轻易地求助于限制措施而不是改革来应对不平衡。

最后,部分由于我们前面提到的理论思潮发生了变化,同时也由于近几十年的实践经验,再加上许多研究对这些问题进行了探讨,与过去相比,现在人们对许多政府计划的局限性和它们的实际成本有了更多的了解,也持更加现实主义的态度。所有这些因素都将对削减公共支出产生越来越大的压力。

六、改革的时间安排

改革会有争论和政治上的讨价还价、要建立对改革的信任、需要制定不溯既往条款(grandfathering clause)、改革的实施需要一段时滞,再加上存在其他行政约束,所有这些都表明,彻底实施对主要支出计划的改革将会花很长时间,可能需要几十年。在工业化国家,公共支出占 GDP 的比例提高 20 个百分点要 35 年时间,彻底或部分扭转可能需要同样长的时间。当前的政府政策在不同程度上都是过去政府政策的奴隶(Tanzi,1997)。许多政策有长期持续效果。因此,在某一个时点上的国家职能总是会受到**过去**政策的强烈影响(此外还要受到凯恩斯所指出的已故经济学家的影响)。上一届政府所制定的政策在很大程度上会继续决定着国家的经济职能和公共支出水平,从而约束着本届政府的行动。过去的政策经常会创造出国家的某项职能,而这项职能可能不符合现政府的偏好。然而,法律的、政治的和行政的约束极大地限制着现政府改变经济政策的权力。这就是总理们常常认同需要进行某些改革,但认为实施困难甚至不可能实施的重要原因。

那些典型具有长期效应的决策与下列因素有关:公务员规模、企业是公有还是私有、公共部门工资水平、养老金权益、公共岗位任职年限、对特定社会群体或部门的税收激励和补贴措施,等等。目前许多工业化国家和诸如巴西等一些发展中国家在改革养老金法或者压缩某些社会计划过程中所面临困难就是诸如此类的决策具有长期效应的很好例证。这些过去的决策形成了合法的或隐性的权利或其他利益要求,现政府常常发现改变这些权利是很难的,甚至是不可能的,短期内尤其如此。在一些国家,公共债务的利息和其他难以削减的支出,如权利,占去了总支出的 3/4。① 现实情况是,任何政府都没有白手起家或白板写字的自由,因此说,任何政府都没有不受过去承诺影响的自由。

新西兰和智利就是实施新的政策体制需要花费很长时间的两个例子,那里,实施重大改革花掉了 10 多年时间。一些国家可能需要更长时间。英国的私有化计划历经 15 年还没有全部完成。德国电信公司的私有化从讨论到落实持续了 10 多年时间,这还仅仅是一个公司(尽管是一个很大和很重要的公司)。精简公务员在绝大多数国家注定是一个漫长过程,因为对于这样一个享有终生权利、有发言权并且高度组织起来的劳动者的代表,需要一个非常缓慢的解决办法。除劳动者以外,还必须争取其他反对改革的重要政治力量。必须协商制订出一揽子补偿方案。转型期是很重要

---

① 尤其要参见施托伊尔勒和河合(Steuerle and Kawai)主编的《以前承诺的枷锁》(1996),第二部分第五章至第七章。

的,社会保险改革尤其如此。例如,在养老体制改革的情况下,养老体制的转型期可能要花去35—40年,这是整整一代人的职业生涯。

七、结论

在工业化国家,以公共支出测度的国家规模有巨大的压缩空间。国内和国际上发生的许多变化已经提高了实施重大改革的可行性。过去不可能进行的改革现在则可以进行。政府应该利用这种新环境改革它们的财政政策体制,收回自己在提供商品、服务和防范某些风险方面的许多职能。政府的新职能应该是既为经济主体又为自己的政策设计适当的游戏规则。对于政府做什么是合理的,人们持有更加现实的态度,国际上也存在着建立小而有效政府的压力,这些都将有助于朝以上方向迈进。不过,政治上的可操作性是一个重要约束,需要面对并加以提高。在下面两章中我们将对政府改革提出更具体的指导原则。

第八章 财政规则和财政制度

一、财政规则与财政制度的重要性

一个国家的制度框架对财政政策尤其重要。财政规则和财政制度形成决策者和官僚赖以活动的环境,以及他们所面对的激励和约束。这些规则和制度可以促成小而有效的政府,也有可能导致高而无效的公共支出水平、巨额赤字以及随时间而不断累积的公共债务。例如,那些能够建立起有效预算约束的财政规则和财政制度,就很有可能促成一个更精干和更有效的政府;而导致预算约束软化,同时又不能激励人们按轻重缓急安排支出的制度框架则有可能促成一个庞大而无效的政府。一些研究已经得出结论,小而有效的政府拥有高质量的制度,能够促进经济增长和经济发展(参见最近的两项出色研究:世界银行:《1997 年世界发展报告》;Commander,Davoodi,and Lee,1997)。

我们首先讨论若干关键性的制度特征,它们一般能够对稳健财政政策起促进作用,因此应该在一些国家致力于改革的过程中居于突出位置。这些特征是预算过程、财政规则和从公司部门借鉴过来的支出管理新趋势。透明的预算过程有助于限制支出的增长和财政赤字,它设定了清晰的和可执行的支出上限,这些上限是不能够轻易地被议会或支出机构破坏的。财政规则,尤其是宪法上的限制,对于执行预算过程所通过的赤字目标是很重要的。任务导向型机构、分散化决策、与业绩挂钩的奖励、公共服务合同的竞争性招标以及强化财政部和其他审计机构的责任,所有这些都有助于政府按轻重缓急来安排各种支出要求,从而提高向公众提供基本服务的效率。增强透明度和强化责任,促进按轻重缓急来安排公共资金并提高其使用效率,诸如此类的制度改革也都有助于目前所谓的"良治"。①

经济学家、政治科学家和决策者最近对规则和制度的强调得到了新制度经济学和公共选择文献的强有力支持。新制度经济学的主要贡献者之一、诺贝尔奖获得者道格拉斯·诺思(Douglas North)指出,制度,只有在它得到那些能够从它的持续存在中获得利益的组织的支持时,才能稳定(见 North,1994)。换言之,我们所需要的是那些能够实施和执行清晰游戏规则的机构。② 因此,一些关键政府机构的职能及其工作人员所需要的素质也将在下面进行讨论。

必须把"游戏规则"视为一个相互联系的整体,或者一个体系,如果在这个体系中有漏洞可钻,那么,其中的某一个要素沿着正确的方向变化可能并不会使结果得到改善。我们将指出,准财政政策尤其可能成为受到限制的政府征税权与支出权的一个重要(而

---

① 在工业化国家预算改革领域,设在 OECD 之内的公共管理服务署(PUMA)从事的工作非常有用。(见 PUMA,1997a)。
② 许多体育比赛中的裁判和巡边员就是监督规则执行的法庭的一个很好例子。

危险)的替代物。事实上,财政政策缺乏透明度常常是由准财政活动导致的。① 最后,我们将讨论,蹩脚的规则和管制,再加上对实施机构没有进行充分的控制,是如何孳生腐败的。财政缺乏透明度以及腐败会毁掉规则所要达到的每一个目的,因为它们会把那些花钱寻求偏袒的人置于法律之上,会破坏公平竞争的舞台,会毁掉良治。

二、预算过程

在绝大多数国家,预算过程是基本法或宪法的一个内在组成部分。② 这一过程通过一套监督和制衡机制把行政和立法机构联系起来(Premchand,1983)。预算通常由财政部提交和执行,但其他机构或部门也会对预算过程施加影响。例如,征税权一般赋予议会,议会在税收决策方面有很大的决定权。在支出政策方面,议会也能发挥重要作用。从原则上讲,预算必须获得议会的批准,但议会在支出决策的细节上可能也有或多或少的斟酌决策权。这便确立了行政机关对立法机关的政治责任,从而使得立法机关可以事前在支出政策上对行政机关施加一定压力。另外,对实施过程进行监督和制衡,尤其是对税收进行监督和制衡,也能保护个人免遭随意征税的侵害。在特殊场合下,也会发生相反情况:旨在为某个

---

① 当政府试图运用管制或预算外制度来达到通过预算以更加透明的方式也能够达到的结果时,就会出现准财政活动。

② 有趣的是,准财政活动盛行的中央计划经济没有预算法。制定预算法和成立预算办公室已成为转型经济所进行的一项重要改革。

人或少数人服务的税收立法在一些国家获得了议会的通过。之所以发生这种情况,要么是因为议会对它们所认为的琐碎决策没有多少兴趣,要么是因为在政府提交给议会的税收方案中优惠待遇不明显。当政府事实上控制着议会时,也会发生这种情况。

预算办公室和预算的制定与执行过程是影响财政政策最重要的制度之一。假如预算是综合性预算,它就设定了公共部门支出总水平的框架,而且确定了支出的结构。预算还决定了如何为支出筹集资金。因此,预算文件得以"生产"的过程对于促成审慎财政是根本性的。与预算决策执行有关的过程对于确保预算决策按原有意图执行同样是根本性的。在这种情况下,国库作为监督支出的机构便具有根本意义。

预算过程包括三个不同的阶段。第一阶段是制定预算并把它提交给议会。第二阶段是议会对最初方案和修正案进行讨论并最终表决通过,使之成为法律。① 第三阶段是政府执行预算。这是公共支出实际发生的阶段。在每一个阶段,透明是最根本的。没有透明,最终结果在规模和结构上都会与立法通过的大相径庭。

财政政策的透明度是目前引起广泛关注的一个方面。下面援引国际货币基金组织最近的一项研究成果:

政府运作的透明度包括以下几个方面。第一,从总体上讲,透明要求提供有关政府财政政策意图和预测方面的可靠信息。第二,要有有关政府运作的详细数据和信息,包括出版综合性预算文

---

① 在一些国家,议会只能赞成或反对政府部门提交的预算提案;而在另一些国家,议会能够修改预算和改变它的结构。

件,内容包括对政府总收支进行适当的分类说明以及在政府之外进行的准预算活动的估计数。第三方面主要涉及行为方面,包括为选任官员明确制定利益制衡规则,自由获取信息,透明的规制框架,公开公共采购和公共就业,税收官员行为准则,公开发表业绩审计报告。(Kopits and Craig,1998,第1页)

在预算制定阶段,由一个强有力的财政部或总理领导下的集中程序能够遏制来自其他部委的支出压力和赤字。按照这种"自上而下"的思路,预算的宏观限额在要求各个部委提出它们的要求之前就已经在最高层决定了。这种办法主要在实行两党制的大国,如美国和英国最明显。① 一些较小的欧洲国家,如丹麦,在预算制定的最初阶段就能够成功地提出具有约束力的量化预算目标(Von Hagen and Harden,1996)。在荷兰,除社会保险支出以外,各党已经就多年预算目标达成了一致意见。各组国家之间的制度差异可能取决于经常性的多党联盟,这是一些国家政府的特征。联盟内的各党派可能都不想给予管理预算的人太大的权力,这个人可能来自另一个党派,他可能会追求联盟党不完全赞成的目标。

如果允许议会修改预算,从而造成支出和赤字的增加,那么,审慎的预算制定过程就会很容易遭到议会的破坏。意大利和美国两国一直就是这种情况,直到最近几年,意大利强硬的财政(国库)部和美国在国会中拥有多数席位的保守反对派才抑制住了公共支出的膨胀,在意大利,还提高了税收水平。当不允许议会通过修改

---

① 然而,在美国,虽然财政部(即国库秘书)在行政系统内很强,但议会(即国会)在改变预算构成方面有很多特权。

预算来增加支出时,预算过程就会更加有效。在以下情况下,预算也会更加有效:(a)在讨论实际预算之前,由议会先讨论预算总水平;(b)在所有议员参与讨论之前,由讲求实际和熟悉情况的委员先讨论预算提案;(c)预算文件透明;(d)议会有一支消息灵通的工作人员队伍向其汇报情况。

如果缺乏有力又有效的机构,如国库,国会所通过的审慎预算方案就有可能在预算的执行过程中遭到破坏。国库必须按要求分配资金,并把各部委和其他支出单位的支出限制在预算的数量上。在许多国家,对超额开支不予处罚以及满足随后的追加拨款要求破坏了预算约束的硬度。这种现象只能通过以下途径来加以避免:颁布具有约束力的预算法,这种法律几乎不存在修改预算以增加支出的灵活性;不仅对现金支出而且对支出承诺加以严格控制。在有些情况下,如前几年的意大利,虽然可以看到总预算限制,但支出构成在执行阶段发生了重大变化。

在欧盟,那些在预算过程中注重对支出实施集中控制的国家,一般赤字较低(de Haan, Moessen, and Volkerink, 1997)。法国和德国有最为严格的预算执行程序(Von Hagen and Harden 1994, 1996)。另一方面,至少到目前为止,意大利在支出管理上一直存在着破坏审慎预算政策的问题。该国议会提交预算修正案是很容易的。[①]而且,预算法对医疗和养老金等支出没有严格的限制,政府机构可以通过国库运作来对支出构成进行变更。这便导致预算约束软化,尤其是在某些支出项目上,并由此造成了在预算上几乎无休止

[①] 某些年份,在预算提交通过以后,议会提出了多达3000处的修改。

的讨价还价。然而,自 1997 年以来,遵守马斯特里赫特财政准则的坚强决心带来了很好的结果。① 在拉丁美洲,集中的预算过程依据现实的宏观经济框架制定预算,同时限制议会修改预算增加赤字的能力,结果带来了财政赤字的下降(Alesina et., 1995)。在非洲、亚洲和大洋洲许多业绩较好的国家,类似的约束也一直起着至关重要的作用。然而,在俄罗斯,不切实际的预算常常导致巨额欠账的不断累积,因为现金支出虽然受到了限制,但支出承诺却没有受到限制。

三、财政规则

应该把透明的预算过程视为是对其他阻止财政政策松弛的约束措施的补充。财政规则在许多国家都居于突出位置,前几章中我们已经指出,在凯恩斯革命之前,宪法规则可能限制住了财政的松弛。② 伴随着凯恩斯经济学而来的是人们对财政政策态度的变化,这种态度的变化把和平时期的财政赤字和公共债务累积合法化了。这使得政府失去了判定财政赤字(或盈余)是否处在合意水平的标准。在过去 20 年,即使是那些预算过程完善的政府也出现过长期财政赤字和公共债务的累积。

这些变化已经激起了一场热烈讨论:什么是能够更有效地阻止过度而没有效率的公共支出的财政政策新标准。1990 年代,人

---

① 1997 年,意大利在一年以内把它的财政赤字大幅度地削减了 4 个百分点。
② 费尔德和基希格斯纳(Feld and Kirchgaessner, 1997)指出了瑞士通过公民投票对财政政策进行直接民主控制的积极作用。

们对财政规则的兴趣大增。(参见 Kopits and Symansky,1998)许多决策者及一些经济学家逐渐对老规则持认同态度,这一规则表明,在通常情况下,预算应该是平衡的。这一规则在美国尤其受到青睐,它现在已经获得了两党的广泛政治支持。一些美国经济学家已经指出,在宪法上对赤字进行限制,是捆住政府之手以阻止过度开支的最好方式。然而,迄今为止,美国在宪法中引入此一修正的尝试都失败了,虽然 1998 年和 1999 年美国出现了多年来的第一次预算盈余。除了存在其他各种各样的问题以外,这一规则的一个问题是,它没有对预算平衡时的税收和公共支出水平,即占 GDP 的份额,做出任何说明。显然,收入和支出是占 GDP 的 30% 还是 50%,无论预算是否平衡,都会对经济造成巨大差异。

各种各样的财政规则都能约束政府的行为。绝大多数规则都把目标瞄准财政赤字,在某种程度上也是瞄准公共债务。最普遍,从某种意义上讲也是最简单的财政政策规则是平衡预算规则。这一规则可以阻止(通常时期)在周期波动的任何阶段出现赤字。一个比较宽松、比较好的变通规则是,在整个经济波动周期内保持预算平衡。[①] 同样,这个规则没能具体指明赤字可以达到的某个最高水平,比如欧洲货币联盟成员国赤字不能超过 GDP 的 3% 这一界限,也不能说明债务与 GDP 的最高比例是多少。其他规则包括诸如印度尼西亚禁止国内借款,以及许多国家禁止中央银行为政府赤字融资。

前面所提到的所有规则都是为了解决财政账户的不平衡问

---

① 当然,这里有一个假定,经济周期能够准确界定,波动很有规律。

题,即公共支出与公共收入的差额,而不是公共部门的规模问题。需要另外一些规则来解决公共部门的规模问题。这些规则能够具体指明,比如,公共支出或税收收入占 GDP 的最高比例是多少等问题。当然,这些规则更多的是与公共支出膨胀这一本书感兴趣的问题相关。

建立财政规则必须依据一个国家的制度框架。在那些宪法非常具体并能够令人信服地加以实施的国家,宪法规则就能够对政府决策形成最严格的约束。而在另一些国家,法律条文、行政条例,甚至习惯,都可以用来作为建立和维持财政约束的工具。前面我们已经指出,19 世纪,和平时期的预算通常是平衡的,这主要是习惯和传统作用的结果。当时,只有一些国家制定了具体的法律条款。

监督和执行是财政规则获得成功的另一个关键因素。一个强有力的、独立的监督机构被认为是至关重要的。这个机构可以是财政部,但也可以是超越国家的机构。例如,在欧洲货币联盟内部,欧盟委员会就监督着成员国的财政状况。适当的监督和制衡可以强化规则的执行,这在前面分析预算制度时已经讨论过了。公开责任和处罚也可以作为实施机制。为了使财政能够对诸如战争和大衰退做出反应,合理的免责条款是至关重要的。

典型的财政规则应该把精确定义变量(比如预算赤字)及其涵盖面(即在计算赤字时什么应该包括进来)以及免责条款(以防止把所有年份都当作"例外"的可能性)作为目标。为了获得政治支持,规则在决策者和公众眼中必须既恰当又简单。这一直是马斯特里赫特规则的主要特征,它很容易被每一个人所理解。如果规则过于复杂,它的可信度和持久性就会打折扣。同样的道理,规则的运用要与其他经济目标协调一致。在这一点上,我们必须避免出现时间一致性问题。例如,对税收收入施加限制的平衡预算规则可能与养老金支出额占 GDP 的份额日益提高相冲突。适当的实施条款和运作透明度对于防止做假账和其他绕开规则精神的企图也是至关重要的。

除了关注财政规则的可操作性之外,一些反对者还对这一规则所奉行的原则本身提出了质疑,因为它丢掉了实施稳定政策所需要的财政斟酌决策权。[①] 然而,政府通过反周期政策来有效稳定经济的能力在过去几年已经被证明是有限的,甚至是一种幻觉,因此,丢掉这种斟酌决策权实际上可能是人们所希望的。[②] 然而,财政规则在许多国家并不是轻易行得通的,因为规则获得成功所需要的若干前提条件不具备。例如,预算程序脆弱的国家或许就不能批准平衡预算这一宪法修正案。相反,这些规则的失效甚至进一步破坏了宪法的可信度。不过,在许多国家,财政规则能够对适宜的财政制度有所帮助,并为那些奉行稳健财政政策的决策者提供某些支持。

许多国家都在最高立法层次,甚至宪法层次上对财政赤字、债务水平和赤字融资方式实施约束。业已证明,简单但"硬"的规则,如平衡预算规则,在适当的条件下对于维持财政平衡是有用的。[③]

[①] 财政规则的存在直指传统争论的核心,即是制定规则还是斟酌决策。

[②] 克皮斯和西曼斯基论文(Kopits and Symansky,1998)中的模拟操作表明,丢掉斟酌决策权不会造成经济不稳定。

[③] 这些规则及其结构界定上的缺陷可能是实施简单预算规则不可避免的成本。

例如,在美国,几乎 2/3 的州都在它们的州宪法中规定了平衡预算规则。经验证据表明,这些规则使得这些州把债务保持在很低的水平。德国的宪法要求,预算赤字不能超过预算中的投资部分。当然,这一规则存在这样一个问题,即如何界定投资,这可能会导致支出的胡乱分类。《罗马条约》不允许欧盟积累债务。除了经济与货币联盟的进入规则以外,"稳定和增长条约"规定,在通常时期,预算"要接近平衡甚至有所盈余",但更为重要的是,它可以对那些赤字超过 GDP 3% 的国家实施惩罚。同样,这些规则也没有对公共部门的规模做出任何限制,因为它们直接针对的是收入与支出的差额。① 迄今为止,只有荷兰在它的中期财政计划中设置了具有法律约束力的支出上限。

一些宪法条款较弱的国家在约束公共支出和财政赤字上一直不太成功,因为这些约束很容易被绕过。例如,印度尼西亚制定了平衡预算规则,要求支出不能超过经常收入和国外融资之和。支出可以通过国外借款来提供资金,这一事实极大软化了这一规则的约束力,从而导致过度国外借款。当 1997 年年底印度尼西亚面临货币危机时,巨额外债就是一个因素,也成了一个主要问题。许多国家的宪法约束更为脆弱(包括意大利和一些拉丁美洲国家),这些国家只要求赤字必须全部填补,但并没有指明资金是必须来自经常收入,还是来自包括借款在内的其他来源。当然,这种规则是不适合控制财政赤字和公共支出的。

---

① 许多政府都在它们的政治纲领中设定了支出目标,但这些目标不具有约束性,一般没有多少效果。

尽管有关财政规则对财政业绩影响的实证研究结果尚不明朗,而且主要局限于平衡预算规则和诸如美国一些州的特殊情况,但有几项研究已经得出结论:此类规则是对适宜预算程序的重要补充。德哈恩、莫森和福尔克英克(De Haan, Moessen, and Volkerink,1997)业已发现,有约束力的约束使财政纪律得到了强化。博恩和英曼(Bohn and Inman, 1996)则发现,当平衡预算规则有宪法作基础时,以及当它不仅指预算的制定而且指财政年度结束时的实际结果时,它就能发挥最好的作用。

四、公共支出管理的新趋势

1990年代,人们对预算制度和财政规则表现出浓厚的兴趣,目的是为了把公共支出效率置于优先地位并加以提高,同时促使政府量入为出。很多国家,尤其是工业化国家,已经进行了重大改革,这些改革促使财政政策更加稳健。而且,市场机制的运用以及从公司部门借鉴过来的管理办法已经开始在许多国家影响到公共支出管理的思路和做法。这些改革实践始于新西兰、澳大利亚和英国,并慢慢扩散到其他国家。它们逐渐使政府把公共支出集中在最根本的任务上,并以更加符合成本效率的方式提供公共服务。① 与前一部分所讨论的财政规则不同,这里的思路事实上是直接针对压缩公共支出规模的,并最终有助于实现这一目标。它

---

① 参见普雷姆川德(Premchand, 1996)和OECD公共管理服务署(1997a、b)对这一问题的详细讨论。

们也许会在政府运作方式上带来一场静悄悄的革命。

这种支出管理新思路的关键要素是建立起支配支出关系的购买者——提供者的联系。在获得立法机构(假定它是代表公众利益的委托人)的同意后,政府就可以在总预算的范围内购买各种各样的商品并提供服务。由部门或机构来提供这些服务或产出,而由政府拨付所需要的资金。大的政策目标和总预算是由上级决定的;但是,如何实现这些目标以及如何花钱的具体细节则由提供者决定。这里有一个假设,这个假设是很苛刻的,即绝大部分政府产出是能够加以界定的,而且能够计算出它的成本。因此,就能够把某一个货币成本与某一个既定的产出联系起来,即使这个产出仅仅是公务员召开的某一次会议。① 按照这种新思路,购买者与提供者都要与业绩合同相联系,业绩合同具体指明所要达到的目标、产出的质量、拨付用以购买投入的资金,有时还要规定实现目标所需要的时间。② 可能会出现一个购买者与提供者的链条,这个链条从政府一直延伸到部委的分支机构,或者政府机构转包的私人部门。这种思路把支出决策最终分散到这一链条的最后一个提供者,但并没有牺牲责任,因为,所有的购买者和提供者都被前面所提到的业绩合同联系在一起,而业绩合同使得每一个提供者都要对紧挨着它的上一个购买者负责。按照这种思路,就很难在许多办公室之间混淆责任,以致没有任何人对失败负责。每一个人都必须在合同所规定的条件之内行事。

---

① 在这种情况下,会议的价值就要与与会人员的成本(用工资等来计量)相比较。
② 例如,与护照办公室签订的合同将具体规定所希望达到的预备和换发的护照数量以及得到护照所需的时间。

只有在潜在的提供者彼此之间展开竞争和通过竞标争取合同时,才能完全实现这种效率上的提高。对于公共采购和私人部门采购来讲,这并不是什么新思想。[①] 然而,当公共部门内部的各部门、分支机构及其工作人员必须为得到某项任务而竞争时,这一观念便具有很强的革命性。这种思路的一个极端版本是,报酬(工资)与业绩挂钩,合同是有期限的。公务员内部的人缘好坏对职业生涯不再有多少影响。事实上,公务员是自己岗位上的终身雇员的传统观念已经消失了,雇员的聘用或解聘不受限制。因此,政府部门的工作岗位再也不能够保证不与业绩挂钩就能获得终生收入,而迄今为止,绝大多数公务员就是这种情况。这种思路的另一个极端版本是,在管理人员任职合同存续期间,他们拥有聘用和解聘上的斟酌决策权,或者只要在预算所规定的范围内,他们就有权用资本设备来替换人员。

制定战略决策和按照轻重缓急安排支出的能力需要得到加强。否则,政府在管理现有计划项目上也许比较有效,但在不同计划项目之间做出优先选择就并非如此。改革的一个重要目标就是要从增量预算中找到某种对已有优先秩序几乎不构成挑战的途径。在这种情况下,行业主管部门就需要提高自己的管理能力。财政部需要强化它作为监管者的机构能力;复杂信息处理系统必须能够定期实施监督,并能够对发展变化进行分析。没有监督,"任务导向"型机构就不会负责任,做起事来就会不像政府的样子。

[①] 参见 OECD 公共管理服务署(1997c):《政府服务承包:最优方法指南和案例研究》,载《临时论文》第 20 号。

不过，业绩合同也有可能被滥用，当产出难以界定或监督，或者招投标不透明时，情况尤其如此。因此，公司原则只在一定的范围内适用，这个范围到底有多大，取决于现存制度的质量和现存的法律约束——其中有些法律约束是通过工会和劳动法来施加的——以及公务员的素质。很显然，运用这些原则需要文化革命，而这在许多国家也许是不可能的。[①]

与其他许多领域相比，要想在支出管理领域取得真正的进展，制度的演进和改革就需要充分植根于当地的制度环境之中。在对现有体制的适用性进行考察以后，应该制定出变革刺激结构的战略，同时弄清任务导向型机构的界限。如果有关各方的协商和交流机制是政治性的和行政性的，也应该把它们设计出来。最终目标应该是培育出一种文化，这种文化能够使所有各方实现其重要目标的效率得以提高。

尽管在设置界限时需要保持谨慎，同时还存在实施问题，但支出管理的新趋势可能会极大地改变政府运作的方式。[②] 政府变成了资金的提供者、规划者和规制者，而不必是服务的直接提供者(Premchand, 1996)。[③] 这种变革可能会对公共支出产生强烈影响。

---

① 然而，在考察澳大利亚、法国、新西兰、瑞典和英国的"管理革命"以后，公共管理服务署(1997b)在《现代预算观察》中得出结论："在政府部门内部已经达成了公开一致：集中模式不再适合公共管理的需要和条件"(第7页)。

② 值得注意的是，这些发展变化可能不会被所有文化所接受。参见希克(Schick, 1998)。

③ 财政部作为预算总盘子的监督者通常在这一过程中发挥强有力的作用，尤其是在目标、产出和预算分配的最初确定以及业绩的监管上，尽管其他机构也应该履行这种监管功能，一些监管权被赋予了议会。

在前一章中，我们指出，政府应该制定游戏规则，而不是亲自提供许多政府服务，以缩小公共部门的参与范围。现在我们看到，即使对于很有限的政府职能，也存在有效运用市场原则的巨大空间。运用这些原则既能减少公共支出，又能提高它对一国公民的价值。

五、实施机构

除了要有"好"的总体制度框架以外，政府还需要有许多职能明晰、人员素质高、手段多的核心机构。正如前面所指出的，审慎的财政政策通常需要有一个比较强大的财政部，它能够对其他部委施加和执行财政约束，能够监督后者的业绩。没有一个强有力的财政部，每一个部委或支出单位就都会力图把紧缩公共部门的成本转嫁到其他人头上。财政部应该包括一个高效的财政预算制定机构（预算办公室）和一个高效的预算执行机构（国库办公室）。每一个支出单位的公共支出都必须做出说明，并接受能够充分履行其职能的国库的严密监督。国库跟踪预算的进展情况，使现金的使用更加经济合理，确保实际支出严格反映依据预算法所做出的决策。国库部还必须确保预算资金花得明智而有效。征税需要有一个设备先进和能力很强的税收征管部门。海关管理部门也一样。审计部门，无论是内部审计（每一个支出单位）还是外部审计，既要确保质量控制，又要有责任心。不幸的是，在许多国家，审计机构更关注的是各部委和其他支出机构所得到的钱是否按照依据官僚原则所确定的方针加以使用，而不太关心所花的钱是否达到了可以达到的最大效果。许多审计机构并不关心钱的价值。

第八章 财政规则和财政制度 199

除了这些核心的财政机构以外,其他大量机构也应该对审慎财政政策和有效公共支出起间接支持作用。前面我们已经指出,政府不能把那些需要经过预算授权且需要实际征税和支出的政策转变为准财政活动,此时政府是想在不降低政府参与程度的情况下削减公共支出。因此,必须有一些机构在这一重要领域负起监督的职责。这类机构必须对许许多多的经济规制机构进行跟踪,提出某种规制预算,从而使规制处于监督之下,一旦不再需要规制,就加以取消。反托拉斯机构对于防止垄断和卡特尔化也是很重要的。这样的机构必须确保私有化不会把公共垄断变为私人垄断。

这些规制机构都是政府行政机构的组成部分。运转良好的立法和司法机构对于建立高效的公共部门也是至关重要的。自从伟大的希腊城邦哲学家时代以来,独立司法便被赋予极其重要的地位。法庭监督行政决策,从而使公共官员免于政治干预,私人机构免于武断决策。法庭保护财产权,执行契约。运转良好的司法机构还能够对政府的不适当行为进行曝光和实施惩罚,从而阻止腐败,下一部分我们将回过头来讨论这一问题。[①] 司法体系脆弱和不时发生的腐败,已经给许多政策领域带来了严重的负效应,从而削弱了政府履行某些核心职能的能力。

---

① 腓特烈(Frederick),这位 18 世纪普鲁士大帝认为,法庭的作用是"保护人民的财产,从而使他们尽享天伦之乐"。对他而言,"不公正的判决比小偷更坏"。我们预计,在未来 10 年,司法制度将进行根本性改革。如同在其他一些领域一样,智利走在了前列,它在 1977 年制订了重大改革方案,为"智利带来新的公正"。然而,许多国家目前仍面临改革司法体制的需求。在写作本书时,不下 14 个拉美国家正在认真考虑它们的司法制度改革。

建立高效公务员队伍的条件

没有高素质的职员,就不可能有好的公共机构。透明而清晰的规则,对雇员给予明确的激励,都可以降低政府官员在争取达到所期望的工作业绩时所面临的不确定性。私人部门的管理规则,如对达到目标给予奖励的业绩合同,如果能够如实而有效地加以实施,就能够改善公共部门的产出,减少公共支出,增强工作人员的动力。在日常运作中保持对政治干预一定程度的独立性也能振奋政府工作人员的精神。在许许多多的国家,追求良好工作业绩的责任心很弱,与此同时,官员要不断屈从于来自政治层面的压力和干预。另外,对官员进行良好的培训,提供好的办公条件,对他们所从事的工作给予足够的报酬,从而使他们不必求助于兼职收入或其他有问题收入,这些也都是非常重要的。在许多政府部门,高质量完成一项工作所需要的技能与得到这项工作所需要的技能之间,相关性一直很低。建立高效公共部门也需要在这方面进行改革。

对公务员社会地位的认识存在着巨大差异,这也会,甚至更有可能影响到公共部门的产出质量。例如,在日本,在政府部门就职历来被认为是一种荣耀。因此,政府能够从顶尖大学挑选到最优秀的候选人到公共部门办公室工作。① 法国在很大程度上也是如此,那里一所很有名望的学校(国立行政学院)培养出来的毕业生

---

① 不幸的是,最近由于腐败丑闻和无力应对一些严重的经济问题,日本官僚受到了猛烈抨击。

通常在政府和社会担任要职。然而,在美国,1980年代初,政府雇员逐渐被人看不起,优秀毕业生往往回避到政府部门工作。① 这样一种态度对建立有效的公共管理是没有好处的,但非常奇怪,美国的行政管理一直保持在良好状态。对公务员的消极态度甚至会促成不良业绩的恶性循环,它降低了公众支持率,从而导致对政府机构运作拨款的减少,这又会进一步降低它的效率。当这样一种态度普遍流行时,最聪明的人就不会到政府部门工作。即使去了,他们也会利用工作所赋予他们的权力为自己谋取私利。

六、腐败和法治

直到目前,我们在讨论财政政策和政府职能时一直假定,人际关系在决策以及政府官员与私人机构的相互作用中不起任何作用。保持距离被认为是主流,没有人能够从公务员那里买到偏袒。② 政治哲学家普遍认为,法治是现代社会所取得的伟大成就之一,也是市场经济顺畅运转并对其实施有效控制的重要前提之一,在这样的市场经济中,政策及其实施是"不能出售的"(例如,可参见 Hayek,1960)。

然而,历史上到处是腐败的统治者和政府官员,从《圣经》中的征税人员开始就是这样。但是,我们非常有意思地注意到,在过去几个世纪中,法治已经确立了自己的支配地位。"自从12世纪以

---

① 1980年代初,美国公务员管理局的一位高级官员公开表示,公务员的薪水就应该低,因为聪明人应该到私人部门去工作,那里他们具有生产性。

② 如想了解有关腐败问题的详细讨论,可参见坦齐(1998a)。

来,所有西欧国家,甚至是处于绝对专制统治下的国家,人们也广泛认为……法律超越了政治。专制君主可以制定法律,但直到重新修订它,他就要受它的约束"(Berman, 1983)。一个有关腓特烈这位普鲁士大帝的有趣小逸事表明,普鲁士甚至在工业革命以前就已经建立起了完善的法治。腓特烈大帝想把他"无忧城堡"(Sans Souci)中的花园扩大。他召来在他准备扩大花园的地盘上拥有一座磨坊的磨坊主,要这位磨坊主把磨坊卖给他。这位磨坊主想把这个磨坊留给他的孩子,拒绝了这一要求。国王答复说,他可以从这位磨坊主手里拿走这座磨坊而无需给任何补偿。"好吧,陛下",磨坊主回答说,"如果我们没有法庭"。这个磨坊至今仍然矗立在这个城堡上,象征着统治者对法律的屈从。

尽管如此,据报纸报道,在许多国家腐败都很盛行,甚至看似公正的政府也不时被丑闻所困。法庭的腐败毁掉了法律至高无上的地位,破坏了社会公平竞争的舞台,并因此破坏了市场经济的运转。腐败使决策者和官员去追逐个人收益,攫取用于实现经济或社会福利的资源。

腐败是在两个层面上发生的:政治层面和官僚层面。在政治腐败的情况下,决策者把政策出卖给那些愿意出高价的人。某些生产和贸易垄断权的出售就可以划归这一类型。直接出售政策,至少是明目张胆地出售政策,在工业化国家并不是常见现象。在这些国家,只有政党捐款对决策的间接影响是非常重要的。当然,一些人可能会认为,结果是一样的,即扭曲了政策,并有可能导致公共支出的增加。

腐败的另一种形式即行政腐败,指政府官员与私人机构的关系,在这种情况下,人们花钱购买对现行法律和规制作有利于自己的解释或绕过它们。从某种程度上讲,这种腐败已经植根于许多社会的文化背景之中,那里,文化的、宗教的或家庭的网络起着非常重要的作用,以至于很难抵制来自于相关个人或其他人要求获得优待的压力。在这样一些社会里,腐败尤其难以铲除。行政腐败问题与政府制度和经济刺激问题存在密切关系。当官僚们的游戏规则没有被清晰地加以界定,当他们在颁发具有经济价值的特许权或政府合同以及招聘人员拥有自由处置权时,他们就会受到诱惑去收取贿赂。自由处置权越大,规则越不透明,腐败的潜在可能性就越大。

在腐败蔓延的国家,政府的正当职能可能就会遭受损害,政府干预的成本可能就会上升。由于决策因腐败而扭曲,国家的资源配置职能会受损。再分配职能也会受损,因为福利计划的津贴或补贴并没有到达最需要的人手中,而是到了关系最好的人手中。政府稳定经济的职能会受到政府运转成本提高而收入下降的不利影响,这会增加财政赤字。另外,公务员方面有一条学习曲线,服务的私人"购买者"则学会了如何扭曲规则。这可能会对整个政府机器产生腐蚀效应。腐败对经济所造成的影响可以用苏联的例子来说明。

在一个遭受腐败困扰的国家政府的职能是什么,应该如何改革政府?最重要的是,从事腐败的机会需要通过削减政府在经济中的职能来加以减少。政府的急剧膨胀创造了诱惑官僚和决策者用以优待他们"朋友"的租金。除此以外,精心设计规则和规制能够提供激励去促使人们保持距离,从而降低腐败的吸引力。提高惩罚和审计的力度以及规则、法律和规制的透明度，制定合理的工资，也能削弱接受好处的刺激（参见 Tanzi, 1998a）。

七、结论

为了使政府小而有效，财政规则和财政制度非常重要。预算过程、财政规则和财政制度、管理办法都能够诱导政府把公共支出优先安排在它的主要目标上，用有效的办法使用这些支出，并且做到量力而行。不过，公共支出不应该被（对市场不利的）准财政性的管制所替代，政府机构必须按有利于"良治"的方式运转。

第九章 削减公共支出的蓝图

一、改革支出政策的重要性

在本书的前两部分中,我们指出,最近几十年,政府做了太多的事情,并且常常不是以最有效的方式来做这些事情,以达到所提出的社会和经济目标。因此,政府最终花掉的支出要比实际需要大得多。所以,政府需要对自身进行改革,摆脱目前许多与明确界定的社会目标没有直接联系的活动。这将使政府能够更加有效地专注于它们的主要经济、社会目标,从而使得在不过多地牺牲经济和社会福利的条件下压缩公共支出成为可能。事实上,这本书所发出的关键信息并不是政府应该变得对人民的福利漠不关心,而是应该考虑用其他方式来实现自己的目标。本书认为,其他方式通常是存在的,而且是可行的。

前一章我们已经指出,财政规则和财政制度是实现这些目标的重要前提。好制度能够提高政府效率,并且随着时间的流逝,能够减缓政府支出的增长。然而,有好的制度并不一定会带来能够削减政府职能从而缩小政府规模的支出计划改革。进行所需要的改革要做出困难的政策选择。本章旨在对存在哪些选择、改革应

172 该沿什么方向进行提供某些一般性的指导原则。下面是一张范围广泛的选择菜单，可供那些打算削减自己经济职能以及公共支出占 GDP 份额的政府参考。

近几年，已经涌现出了大量的理论文献和政策经验，表明政府不需要在产品和服务的生产、投资，甚至社会保险上发挥广泛而直接的作用。不存在必须通过这种政府直接参与的方式来实现的根本性社会目标。按照马斯格雷夫的解释，政府的资源配置职能可以而且应该比绝大多数国家小得多。从理论上讲，绝大多数公共企业和许多(传统的公共)服务的提供，甚至许多基础设施，都可以加以私有化。

除了追求诸如消除贫困等基本社会目标之外，人们对政府的再分配职能也颇为怀疑。对缺乏效率、不可持续、不能准确选定目标的福利体系的广泛批评就属于这种情况。如果政府的目标是为了确保公民防范与老年和疾病有关的风险，那么，对于社会中的大部分人而言，私有部门就可以做到这一点。维持老年人收入和医疗服务是工业化国家社会保险的主要目标，其中的许多工作可以通过私人来完成。预算资源只应该用来向那些无力购买私人保险的人提供最低标准的基本服务。人口中的许多人不属于这种情况。因此，如果财政搅拌程度降低了，公民的税收负担因此而减轻了，他们就可以用自己的额外收入来为自己投保。

表 9.1 为主要支出计划的改革方案提供了若干一般思路。这些思路主要是从世界银行报告中借鉴过来的。我们不一定赞成所有这些方案，但我们相信，它们提供了足够多的选择，几乎所有国家都能够从借鉴这些方案中受益。

表 9.1　在各种支出计划上实施政府改革的蓝图

公共支出	可供选择的改革方案
	商品与服务
国有企业补贴	私有化通常好于管理或业绩合同以及政府直接经营 规制/补贴,以避免垄断、质量问题、外在性以及分配/社区冲突
其他商品与服务	广泛私有化是可能的,生产真正"公共品"的领域极少 规制/补贴,以避免垄断、质量问题、外在性以及分配/社区冲突
	社会保险与社会服务
教育	公立与私立学校同时作为中学与大学教育的提供者,消费者通过教育券进行选择 大学教育私有化,同时出于平等目的拓展奖学金体系以及开辟信贷渠道为教育融资 通过承包、私人和公共基金来强化公共教育体系的竞争力,降低公共教育的成本
医疗	强制性(公共或私人)大病保险和一揽子基本医疗保险 不存在明显适用于成本与质量控制的完美方案;强化质量与成本控制刺激
养老	改革现收现付计划,提高退休年龄,精简津贴和享受资格 建立多支柱体制:公平型公共养老金,覆盖面最小;基金式强制职业与私人养老计划,以扩大覆盖面;基金式自愿支柱
失业	强制性公共失业保险,覆盖面最小 把工作搜寻活动承包出去,提供培训支持 劳动力市场自由化,实行更灵活的工资和/或者就业规制

资料来源:坦齐和舒克内希特根据以下资料整理而得:戈麦斯-伊巴涅斯和迈耶(Gómez-Ibáñez and Meyer, 1993);世界银行:《防止老龄危机》(1994a);世界银行:《官办企业:政府所有权的经济学与政治学》(1995)。

需要强调的是,许多诸如此类领域中政府职能的私有化并没有取消政府在这些领域的职能。它只不过是改变了政府职能的性质。有效而充分的规制对于防止私人掌管基金的管理失误、垄断权滥用,以及诸如破坏环境等负外在性的产生,都是必要的。反托拉斯和环境规制、银行和投资基金监管以及对公共服务提供者的监管,都是非常重要的。① 私人提供并不一定会带来更好和更有效的服务,对于某些国家和部门,政府提供服务有时也许会更可取。在进行决策时要仔细权衡以下选择:不同政府的生产能力和规制能力是不一样的,是选择政府生产,还是选择对私人提供者进行规制,这在很大程度上取决于每一个国家的具体情况。尽管如此,政府在改革重要公共支出计划上大胆决策在绝大多数国家仍然是必要的和可能的。这样,政府就有可能用一个小得多的预算来运作,并且同样能够营造出基本产品和服务以及社会保险得以提供、基本社会经济目标得以实现的环境。

二、公共企业、公共服务和公共投资的私有化

所有工业化国家的政府都在一定程度上涉足产品和服务的生产。然而,没有任何令人信服的经济理由表明,政府应该拥有和经

---

① 当然,在对政府的这一职能进行评价时会陷于新的麻烦,正如有关规制俘获和腐败文献所指出的那样。尽管如此,我们在后面仍将指出,未来政府制定和实施游戏规则的职能将会增强,并且会转向许多新的领域。

第九章 削减公共支出的蓝图

营银行、航空公司、钢铁公司、铁路、军事工业、邮政和电话公司。①包括法国、意大利、西班牙和瑞典等许多国家,国有航空公司和银行都需要大量的政府补贴,它们的经验验证了这样一种观点:政府一般不可能或不愿意按照商业原则经营公共企业。例如,在葡萄牙,公共企业亏损一点就会使政府预算陷入严重困难。1982年,公共企业亏损超过了 GDP 的 10%。参见卡多佐(Cardoso,1985)。从垃圾收集到园艺服务,政府提供的无效率也常常令人痛心。②既然工业化国家现在几乎把 GDP 的平均 20% 花在了商品和服务上,那么,把提供这些商品和服务的活动私有化就是削减政府职能和公共支出的主要措施之一。③

同样,从基础设施、公用设施、公立学校、公立医院到游泳池等公共投资项目的建设、融资和经营不一定都是国家的任务。因此,占 GDP 3%—5% 的传统公共投资预算也可以降低,而不会对社会福利造成太大的不利影响。

评估私有化的范围

大量私有化文献和私有化经验表明,几乎没有任何一个领域

---

① 世界银行研究报告《官办企业》对政府涉足生产进行了评价,并详细讨论了改革的范围和前提条件。

② 例如,那不勒斯市(意大利港口城市。——译者)在几年前破产之前,拥有 1600 名园林工人,而公园很少。

③ 随着时间的流逝,扭转公共部门就业的增长趋势会带来巨额节省(见第 2 章的表 2.2)。然而,公共部门的雇员能够发出强有力声音,并且一般是终身雇用的。他们的数量只能慢慢削减,刚开始时有时要支付高额的解雇费或其他一揽子补偿费。前面已经讨论过,这就是为什么改革可能要花很长时间才能对预算产生明显的积极影响的一个重要原因。

是完全不适合私有部门参与的。从预算的角度看,当公共企业经营亏损,或者当向用户收取的费用不能弥补提供政府服务的成本时,私有化尤其有用。私有化还能够减少由于人员臃肿和管理不善而导致的经营无效率。私有化能够使企业的决策(有关雇工、定价等方面的决策)摆脱政治压力。

在某些领域,几乎没有任何适当的理由可以证明,赋予政府作为规制者和监督者以外的职能是合理的。银行、钢铁公司或公共公园的园艺,以及游泳池的经营,从本质上讲都是私人物品或私人活动,应该由私人部门来进行。如果有必要,可以用预算补贴和转移支付来实现社会政策目标。① 例如,我们可以设想,政府不经营游泳池,而是对在游泳池上游泳课给予补贴,或对贫困城区的游泳池给予补贴。同样,不是雇佣公共雇员来清扫和照料公共公园,而是雇佣私人企业来做这项工作。②

在基础设施这一更广阔的领域,公共品与私人品的界线并不是一清二楚的,在许多领域,政府将继续发挥重要作用。尽管如此,仍存在一些领域,在这些领域,私有化能够替代政府的直接参与。有很多标准可以用来评估在基础设施领域成功进行私有化的前景和前提,世界银行 1994 年的《世界发展报告》详细讨论了这些

---

① 事实上,社会目标经常被作为政府参与的主要理由。
② 把政府服务承包出去的例子很多,从国际机场的经营、高速公路的修建与经营到医院和军队的清洁和饮食服务,都可以承包出去,参见 OECD 公共管理服务署(1976c)。在布宜诺斯艾利斯,政府允许私人公司"认养"公共公园(原文为私人公园,疑为公共公园。——译者)。私人公司照料这些公园,以换取公园里的公共招牌,上面写有公司所承担的责任。现在这些公园维持得很好,而政府没花一分钱。

问题。① 首先，当某一个部门存在竞争潜力时，私有化常常更为理想。这时对规制的要求可能不是太强，公众不太可能受到私人部门滥用垄断权力的困扰。例如，在旅客运输方面，当有几家汽车运输公司在争夺客源时，私有汽车运输可能更为理想。不过，从以上观点看，农村地区道路经营的私有化可能是不理想的。

第二，与生产公共产品的企业相比，生产私人产品和服务的企业(由于其自身的性质)更容易私有化。不过，由于技术的变化，以往的许多公共品已经变成了私人品。例如，电话服务曾基本处于公共领域，现在已经由私人企业提供。第三，通过向用户收费来弥补成本的潜力必须很大。通信又是一个很好的例子，对这种服务收取完全价格是很容易的。然而，通过征收通行费来补偿农村道路的成本是不可行的。第四，如果没有社会政策目标，私有化会更方便。与农村道路相比，提供电话服务没有多少"社会政策"方面的功能，因此更容易私有化。最后，环境外在性可能会要求政府对某些商品和服务的提供，如环境卫生，进行干预。

基于这些标准，世界银行对若干服务和行业私有化的潜力进行了排序，对其商品和服务给出了一个从"3"到"1"的可市场化指数，"3"表示市场化的可能性最高，"1"表示最不适合私有化(表9.2)。这些指数表明，不存在公共提供长途电话服务的任何理由。航空、城际巴士、铁路服务和发电同样适合私有化。天然气生产和

---

① 世界银行研究报告《官办企业》详细讨论了发展中国家和新兴工业化国家私有化的范围及实施问题，但其中的许多内容也适用于工业化国家。如想了解基础设施私有化的有关问题，还可参见希尔德(Heald, 1997)、欧文等人(1998)、恩格尔、费希尔和加莱托维奇(Engel, Fischer and Galetovic, 1998)。

分配、废物收集也有很高的可市场化指数。在许多情况下，收费融资是一种适合为道路的建设和维护提供资金的方法。农村道路和市内道路可能例外。①

表9.2 评估基础设施领域商品和服务私人与公共提供的好处

	竞争潜力	商品与服务特征	通过向用户收费弥补成本的潜力	公共服务义务(平等问题)	环境外在性	可市场化指数[a]
电信						
本地业务	中	私人	高	中	低	2.6
长途和增值业务	高	私人	高	很少	低	3.0
电力/天然气						
热电	高	私人	高	很少	高	2.6
输电	低	俱乐部	高	很少	低	2.4
配电	中	私人	高	很多	低	2.4
天然气生产与输送	高	私人	高	很少	低	3.0
运输						
路基和车站	低	俱乐部	高	中	中	2.0
铁路货运与客运	高	私人	高	中	中	2.6
城市公共汽车	高	私人	高	很多	中	2.4
城市有轨交通	高	私人	中	中	中	2.4
农村公路	低	公共	低	很多	高	1.0

---

① 参见OECD(1987)。卡普尔(Kapur,1995)详细讨论了私人部门在机场基础设施中的作用。基础设施私有化存在的一个问题是，政府常常向私人投资者担保一定的回报率。这可能会给政府带来大量或然债务。

(续表)

干线与支线道路	中	俱乐部	中	很少	低	2.4
城市道路	低	公共财产	中	很少	高	1.8
港口与机场设施	低	俱乐部	高	很少	高	2.0
港口与机场服务	高	私人	高	很少	高	2.6
水						
城市管网	中	私人	高	很多	高	2.0
非管道系统	高	私人	高	中	高	2.4
卫生						
管道排污处理	低	俱乐部	中	很少	高	1.8
公寓污水处理	中	俱乐部	高	中	高	2.0
现场污水处理	高	私人	高	中	高	2.4
废物						
收集	高	私人	中	很少	低	2.8
卫生处理	中	公共财产	中	很少	高	2.0
灌溉						
主渠和二级网络	低	俱乐部	低	中	高	2.4
三级网络(田间)	中	私人	高	中	中	1.4

资料来源:世界银行:《世界发展报告:为发展提供基础设施》(1994)。

　　a 与世界银行 1994 年《世界发展报告》一样,可市场化指数是把表中的 5 个指标定量化以后得到的平均数。

　　私有化的范围还取决于政府的规制能力。如果竞争的范围小,或者社会与环境方面的关切很重要,那么,严格的规制标准可能就是必要的。反托拉斯方面的规制和监督可以缓解与垄断力有关的问题。政府规制能够降低私有化对环境造成的消极影响。前面已经指出，对那些遭受私有化不利影响的社会群体给予预算扶持可能有助于实现所希望达到的社会政策目标。

私有化的范围不应该用静止眼光去看待。随着制度改革，再加上常常还能获得外援，政府的规制能力可以得到极大改善。新的合同安排、更高的监管可能性，都会促使公共部门与私有部门之间的购买者——提供者联系更加有效。这已经为那些从前被认为处于政府范围内的活动创造了更大的私有化空间。技术发展也极大地改变了私有化的范围。个人电话账单已经把电话服务变得更具有私人品性质。把观众排除在某些电视节目之外的可能性也扩大了电视频道私有化的范围。未来技术的发展，例如对道路使用情况进行电子观测，将提高一些部门的可市场化程度，这些部门因为潜在消费者不能够被排除在其产品和服务的使用之外，也不能够依据使用情况进行收费，传统上被认为是公共品部门。

政治经济方面的考虑对于改革的成功是非常重要的，因为在改革过程中必须争取大多数，同时必须安抚反对派，包括那些一直提供公共服务的公共雇员（Gómez-Ibáñez and Meyer, 1993）。对于那些劳动密集度较高，从而公共雇员较多的活动，如医疗和教育，私有化可能会遇到更多的抵制。如果私有化有望大幅度提高效率，它成功的机会就更大。这种效率上的提高能够增加许多人过上好日子的机会，从而赢得人们对私有化的政治支持。在诸如电话等公共服务私有化方面，常常就出现了这种情况。

私有化经验

许多工业化国家和发展中国家已经把公共企业和许多服务的

提供私有化了。在电信、公用设施、交通和基础设施提供领域,私有化一直很突出。① 例如,在英国,国有企业在经济中的份额已经从 GDP 的 6%以上下降到 2%。其他工业化国家的数据不详,但在德国、意大利、日本、西班牙和美国,公共企业也变得越来越不重要。② 在葡萄牙,经过重大私有化以后,非金融类公共企业的全部赤字加在一起,从 1980 年代初占 GDP 的 10%下降到 1990 年代初的 1%—1.5%。

除了私有化以外,把公共部门承包出去也能够减轻公共服务给预算造成的负担(参见 OECD 公共管理服务署,1997c)。政府有时会把业绩合同引入到公共企业的管理之中。然而,缺乏足够的经营自主权和盈利动力常常会削弱这些合同的作用。管理合同则把经营公共企业的任务交给管理公司。同样,合同问题常常会削弱管理公司的业绩。③在一些发展中国家,管理合同也被用于海关机构的运作。

承包在清洁和垃圾收集等一些政府服务领域已经非常普遍,但在一些国家,它也被延伸到医疗和教育服务,甚至监狱。大量研究表明,由私人来提供公共服务常常比公共提供更为廉价。仅有少数研究表明,公共提供与私人提供的成本没有太大差异,这些研

---

① 戈麦斯-伊巴涅斯和迈耶(1993)讨论了从法国收费道路到英国机场等运输业私有化的大量案例。世界银行研究报告《官办企业》主要讨论了发展中国家和新兴工业化国家的私有化经验。

② 在阿根廷、巴西和墨西哥等发展中国家,以及匈牙利和波兰等转型经济中,私有化已经产生了重大影响。

③ 很难签订能够把所有可能发生的事件都包括进来的足够精确的合同。(见世界银行,1995)

究有些是涉及医院和铁路的。表9.3显示,即使在那些几乎总是处于公共范围内的领域,如市内交通以及道路建设与经营,私人部门的参与也是可能的,且常常更加有效(还可参见OECD公共管理服务署,1997c)。支出的节省是非常可观的,私人部门有时比公共提供者便宜60%。

表9.3 产品和服务的私人与公共提供

经济活动	产品与服务的提供情况;国家	与公共部门相比,私人部门的业绩[a]	私人部门效率领先程度
航空	私人与公共国内航空公司;澳大利亚	+	私人部门效率指数高12%—100%
银行	私人与公共银行;澳大利亚	+	…
巴士服务	私人与公共巴士;德国、英国和美国	+	私人提供者每公里的成本低20%—60%
保洁服务	公共部门与私人承包;德国	+	私人提供者便宜30%—40%
债务清理	公共部门与私人承包;美国	+	每清理1元债务私人承包要便宜2/3
电力设施	发电;美国	+,-	私人提供从略贵到便宜30%—40%
消防	公共部门与私人承包;美国	+	私人提供人均成本便宜30%—40%
林业	公共与私人林场;德国	+	私人部门的劳动生产率是公共部门的2倍
医院	公共或非赢利医院与私立医院;美国	+,-	效率各种情况都有

(续表)

住宅	公共与私人修建；德国，美国	+	私人提供者大约便宜20%
保险	公共与私人寿险；德国	0	成本没有差别，私人服务质量较好
远洋油轮维修	海军与商业服务；美国	+	私人提供者的收费不到海军的一半
铁路	公共与私人铁路；加拿大	0	生产率没有差别
废物收集	公共与多种私人提供方式；许多国家	+，0	私人部门便宜0%—30%
储蓄与贷款	公共与私人机构；美国	+	私人经营成本低10%—35%
屠宰场	公共与私人企业；德国	+	…
收费道路修建	公共与私人修建；法国	+	私人修建者便宜20%
供水设施	公共与私人供应者；美国	+	私人经营便宜15%—60%
天气预报	公共与私人服务；美国	+	私人服务便宜33%

资料来源：坦齐和舒克内希特根据伊巴涅斯－戈麦斯和迈耶（1993）以及米勒（1989）整理而得。

a "+"表示由私人部门提供价格比较便宜和/或质量较好；"0"表示公共部门与私人部门的业绩没有明显差别；"－"表示由公共部门提供价格比较便宜和/或者质量较好。

财产的私有化能够为国库带来巨额收入。如果政府能够通过出售价格或较高税收收入获得一部分私有化所提高的潜在效率，私有化就能够带来巨额净收入。在英国、几个拉美国家以及匈牙利等转型国家，过去10年私有化的净收益是非常大的。然而，如果把其他非经济的目标强加到私有化过程中，私有化也有可能是一种代价高昂的做法。例如，德国对东德工业的大规模私有化在最初3年（1990—1992）给德国私有化机构——托管局（Treuhand）带来了相当于 GDP 2% 以上的净损失，因为托管局常常不得不为公司的重建和恢复以及保证就业岗位而付钱（Schwartz and Lopes, 1993）。当企业已经造成了严重的环境破坏，而这些破坏又需要在私有化过程完成之前得到恢复时，私有化的成本可能是很高的。还有，为了使公有资产能卖一个好价钱，政府可能会同意让购买者保留某些垄断权。当然，这会降低经济效率和削弱竞争。

三、教育

从经济方面来看，好的教育制度能够增强机会的均等性、提高人力资本秉赋和改善收入分配状况（见 Tanzi, 1998b）。而且，教育是民主制度运转的重要前提（见 Friedman, 1955, 或 West, 1970）。因此，提供基础教育既是一种个人投资，也是一种社会投资。人们相信，教育，尤其是基础教育，能够产生很强的正外在性，这说明国家负起提供教育的职责是有道理的。因此，普及小学和中学教育的社会重要性在工业化国家几乎没有遭到怀疑，而且，迄今为止，确保高水平的教育已经被认为是政府的一项核心活动。正如前面几章所表明的，这一领域的支出近几十年大幅度增加了。公共教育支出是政府预算中最为重要的支出项目之一。工业化国家平均达到 GDP 的约 6%。

在一些国家,政府富有成效的教育供给为政府继续参与教育,尤其是小学和中学教育,提供了强有力的理由。然而,那些在教育质量和教育成本上面临问题的国家,可能会通过私人部门更多的参与(和竞争)来改善教育质量和降低教育成本。在这种情况下,政府可能会通过譬如教育券的形式向教育活动提供资金,而由私人部门来提供教育服务。不过,在通常情况下,让私人部门更多地参与小学和中学教育所能节省的预算可能很少。因此,任何形式的中小学教育私有化是否合理,都应该依据它对教育质量和其他教育目标的影响来加以判断。①

大学教育情况稍有不同。大学教育培养的主要是可以市场化因而对个人有用的技能。它所产生的外部性也不明显,因为个人可以通过得到较高的收入把大学教育所带来的绝大部分收益内在化。在许多国家,通过私立大学向受教育者收费和改善成本效率关系能够节省预算,并缓解昂贵而又负担沉重的公共教育体系所面临的压力。在一些拉美国家,包括阿根廷和智利,这种情况已经在很大程度上发生了,这些国家近几年创办了一些在财务上获得成功的私立大学。这种发展变化并不表明国家要摆脱诸如教育等基本的、核心的职能。即使高质量的教育对经济和社会具有重要意义,通过奖学金或贷款的形式给予有限的预算支持,也有助于确

---

① 不过,在不同国家,学生与教师的比例似乎存在很大差别。例如,日本的比例要远高于意大利。这一差异可以部分地用教师是一种政治势力来解释。在意大利,过去 20 多年儿童人数的下降并没有带来教师人数的下降。

保穷困学生获得平等机会。同时,对大学从事的某些具有很强外在性的活动,如基础研究,国家可以继续给予补贴。

小学和中学教育:削减支出的余地

平均而言,工业化国家把GDP的5%花在了小学和中学教育上。近年来,这一支出一直没有下降,而许多国家由于人口的变动,学龄儿童的数量大幅度下降了。各国的教育体制千差万别,公立学校与私立学校的混成情况差别很大。由于教育体制的不同特点,一些国家公立学校提供了高质量的教育,而在另一些国家,私立学校被认为更好一些。不过,从数量上看,公立学校重要得多。在欧盟,3/4的儿童进入公立小学或中学,只有在比利时、爱尔兰和荷兰,大多数孩子才在私立学校就学(见 Psacharopoulos,1992)。

然而,公共教育成本的上升和质量的恶化已经重新掀起了一场有关政府和私人部门在提供教育服务上适度职能的讨论,尤其是在盎格鲁撒克逊国家。例如,在美国的一些地方,公共教育体系呈现出了管理机构臃肿、课程过时,尤其是缺乏纪律与动力的特征。教师工资和社会地位下降了。家庭生活状况恶化和暴力使许多公立学校背上了非教育功能这一沉重的包袱。与此同时,流动性的日益提高使得富裕(和有影响的)的父母选择退出公立学校体系,进入私立学校,或者集中居住在能够提供优质公立教育的富裕地区。而穷人则因守在教育质量低劣的公立学校,这些学校有时不过是为了寄放大量孩子。结果,这些孩子得到的是低劣的教育,他们一生中的经济机会也没有多少,社会和经济不公平感随之而来。

几乎没有人会怀疑,小学和中学教育主要应该由公共筹集资金。然而,人们越来越怀疑,这种教育是否必须由公共来提供。向教育体系提供资金的方式和由谁来提供教育是近年来热烈讨论的一个问题。人们已经提出了许多主张,建议主要通过"把教育服务承包出去,同时把教育服务与适当的计划相结合"的方式在教育体系中强化竞争、提高质量、加强成本控制和提高选择性。[①] 例如,美国许多学区已经把原公立学校的管理合同授予了私人公司,以达到提高教学成绩和降低成本的目标。尽管这一实验仍在进行,且其成效在很大程度上取决于具体的合同安排,但对于那些教学质量被认为特别差的学校和学区来说,这可能是一种有用的选择。

一些国家还实验了各种各样的教育券制度。在智利,从1980年代初开始,教育券采取了以单位学生为标准向小学和中学拨款的形式,这就把选择学校的权力赋予了学生家长,从而激励学校在固定拨款的预算约束内提供高质量的教育。1997年,3/4的教育预算是通过教育券分配的。学生转学时,教育券也随之带走。智利还正在考虑对学龄前儿童使用教育券。其他许多国家和美国的许多州也报告了这方面的好经验。教育券制度通常能够改进教育

---

① 参见布朗(Brown,1995)对有关公立教育私有化争论的概述;有关教育券制度,参见维斯特(1997)。还可参见沃尔福德(Walford,1989)对10个工业化国家教育结构多样性的分析;詹姆斯(1984)对荷兰给予私立大学公共资助经验的论述;以及詹姆斯(1987)或格拉德斯泰因和贾斯特曼(Gradstein and Justman,1996)有关公共部门与私人部门教育责任分工的模型。

质量,也能增加穷人的受教育机会。同时也给公立学校施加了改善服务的压力(West,1997)。[①]

当然,教育券的经验也不都是正面的。一些国家,比如法国,做了教育券实验,但遇到了困难。其他国家,如澳大利亚,反对高等教育券,因为这些国家认为它不过是另一种形式的补贴。还有一些国家,如英国,公立学校的教师威胁要罢工。而且,教育券的管理成本往往是很高的,并且呈现出好学生集中在好学校的趋势。在智利,这一问题导致政府实施直接干预,以帮助较差的学校,结果差校比其他学校取得了更大的进步。

只要存在潜在竞争,教育券就能够充分发挥作用。如果不存在实际和潜在竞争,教育券就不能起作用。因此,从理论上讲,教育券制度要求政府认识到选择的必要性。当然,选择是以信息为基础的,所以,教育券的使用就赋予政府提供所需信息的某些责任。除了教育以外,票券已经或能够在诸如医疗和公共住宅等其他领域使用。

管理合同和教育券制度可能有助于提高公立教育匮乏国家的教育质量。不过,在德国、瑞士和日本等国家,给予教师合理报酬和实施规制也确保了高质量的学校教育,这也许可以作为重振公共教育体制的有用范例。

[①] 当然,这些改革并不能保证每个人都能得到更好的教育,仍需要政府提供适当的资金和进行规制。例如,争夺生源的竞争可能会导致降低标准和教学跟风。教育券制度给予每个学生的补贴是有限的,这可能会诱导中产阶级选择私立学校,而把穷人留在了剩下的公立学校,因为他们依然无力负担私立教育。

高等教育：私人部门更多参与的理由

尽管高等教育吸收的 GDP 平均仅约为 1%，或者仅占工业化国家教育预算的 1/6，但与小学或中学相比，公共高等教育支出引起了更多争议。高等教育被认为至少在某种程度是一种私人经济投资。向高等教育提供公共资金通常构成对未来高收入群体的补贴，因此，它具有累退的性质。这表明，高等教育的预算成本可以通过缴学费这种向受教育者收费的形式来加以削减。由此给穷人产生的不利影响可以通过在收入调查基础上给予补助或专项贷款来予以抵消。缴学费可能会激励学生更有效地学习和要求得到更高质量的教育服务。还能够为创办更多的私立大学和展开更激烈的竞争提供更强烈的刺激。我们应该回想一下，世界上一些顶级大学都是私立的。

借助缴学费或通过私人机构来提供私人性资金对于改进公立教育的质量似乎是至关重要的。在英国、美国、西班牙和日本，学费已经弥补了高等教育成本的 15%—35%。这高于其他可以获得数据的工业化国家的水平（表 9.4）。在日本、英国和美国，大学得到的其他收入，如行业资金或校友资金的比例也最高。这些国家在著名大学中所占的比例也比较高。

不仅高等教育的融资，而且它的提供方式也是一个有争议的问题。公共提供并不自然而然地意味着教育质量差，因为存在许多杰出的公立大学。资本市场的不完善和对知识劳动力的需求常常被作为公共提供高等教育的理由。然而，这些理由涉及的是高等教育的融资，它可能支持对私立教育提供大量补贴，而不是由公共来提供教育。私立教育的拥护者坚持认为,公共提供高等教育不可能产生这样的外在性,这种外在性不可能在私人提供高等教育时通过具有针对性的公共扶持来同样得到。因此,私人部门应该可以有效地提供高等教育服务(Blomqvist and Jimenez,1989)。

表 9.4 1980 年代中期高等教育机构的收入来源

	一般公共资金[a] (占百分比)	学费	其他收入
澳大利亚	88.0	2.1	9.9
法国	89.5	4.7	5.8
德国	68.5	…	31.5
日本	42.0	35.8	22.2
荷兰	80.0	12.0	8.0
挪威	90.0	…	10.0
西班牙	80.0	20.0	…
英国			
大学	55.0	13.7	31.3
理工专科学校(英格兰)	72.4	16.2	11.4
美国[b]	44.8	22.4	32.8

资料来源:坦齐和舒克内希特根据 OECD:《高等教育融资:当前模式》(1990)整理而得。
  a 澳大利亚、法国、德国和荷兰是国家教育部的支出。
  b 数字包括各级政府的所有支出。1969—1970 年对学生的贷款和拨款已经占到学费的约 80%,1984—1985 年占 95%。

有关公立大学和私立大学业绩的经验证据是很不明确的。在欧洲大陆,公共提供高等教育常常遭受学生拥挤和教学与研究质量低劣的困扰。罗马大学报告有 15 万学生。例如,德国和意大利的大学诱导人们"长久"学习下去,因为有补贴性保险和其他服务,不缴学费,可以选择推迟考试,迄今为止教育计划没有给予学生迅速完成学业以强有力的刺激。官僚式终生就业制度对教授们干好工作和追赶本领域前沿的激励是很有限的,再加上经费不足和人员过多,更使得有限的研究机会少得令人痛心。然而,100年前,德国的公立大学被认为跻身于世界最好大学之列。在瑞士,公立大学是高等教育的主导形式,水平很高,在日本,拥有最高声望的大学也是公立大学。即使在那些大力推进私人部门参与高等教育的国家,如美国和英国,也有非常重要的公共教育机构。

尽管作了以上说明,但赞成高等教育由私人提供和私人融资的理由仍比小学和中学有力得多。私人提供和融资,以及通过收取学费来更多地弥补成本,能够改进高等教育的成本效率和教育质量,在公共教育体系恶化的情况下尤其如此。展望未来,日益增长的高等教育需求和越来越大的预算压力都表明,我们可以看到私人部门将更加有力地参与到高等教育领域,从而带来预算节约的潜力(见 Psacharopoulos, 1992)。

四、养老金改革

在未来几十年间,所有工业化国家将不得不面对人口快速老龄化所带来的财政后果。OECD国家60岁以上人口占总人口的比例将从1990年的不到20%提高到2020年的几乎30%。然而工业化国家的养老金支出已经平均达到了GDP的约10%,澳大利亚和意大利最高,达15%(表2.10)。在过去几十年中,促使养老金支出增加的主要因素是受益水平的提高和享受资格的放宽,如有效退休年龄降低,而不是人口老龄化。① 未来,人口老龄化可能会成为一个比较重要的因素,因为财政压力将不允许受益水平进一步提高和享受资格进一步放宽。不过,如果目前的体制不变,未来几十年养老金支出会大幅度上升,预算成本可能会变得不可持续。因此,在工业化国家,养老金是需要改革的最为重要的支出领域之一。

近年来存在着一种思想动向,指出除了基本的或最低限度的养老金由公共保证外,政府要从提供老年保险上逐渐退出。一些国家已经显示出养老保险体制私有化(即转向私有的、完全基金式的、固定缴费的、由政府规制的体制)是如何大幅度地减少长期预算成本的。这一变革可能会对经济增长和社会风气产生积极影响,因为它可以减轻劳动者的社会保险税负担,并在很大程度上使养老金决策非政治化,因此能够重建对国家有效职能的信心。然而,转向私人管理、完全基金式的体制需要一些条件,会带来一些重要影响,需要对此加以仔细评估。

OECD国家目前的养老体制

目前的养老体制普遍采用典型的现收现付和固定受益的公共养老体制,在这种体制中,养老金领取者的养老金主要用在职职工的当前缴费来支付。从预算上看,这个体制的代价是很高的,它抑

---

① 参见霍尔兹曼(1988)对1960—1985年间养老金支出增长因素的解释,以及谢勒(Scherer,1996)对提前退休和劳动力市场参与率下降对OECD国家1980年代社会支出影响的分析。

制私人储蓄,鼓励提前退休,刺激地下经济活动,从而对经济增长产生消极影响。它可能会造成严重的财政后果。在许多国家,高额工薪税导致人们逃税,并把许多小企业推向地下。提前退休条款导致养老金成本膨胀,因为养老金通常是根据当前的收入水平而不是终生的缴费数量确定的。在绝大多数国家,养老津贴把收入从比较年轻的人的手里再分配给了第一代退休人员。这一体制对政府意味着巨额的隐性财政负债。[①]

经济学家已经依据人口变动趋势、目前缴费情况、受益水平和其他有关利率和生产率提高的一些假设计算出了未来几年将会出现的政府隐性养老金负债的数额。德国、法国、意大利和日本的净养老金债务最高(见前面的表3.6),这表明挑战可能就在眼前。这些隐性债务通常远远高于目前的公共债务水平。在较大的工业化国家中,只有英国、美国和瑞典尚没偿还的养老金债务较低。既然有这样预测,那么,工业化国家的专家一直在探讨养老体制的稳定性,并对政府是否有能力兑现当前的承诺表示怀疑就不足为奇了。养老金改革在一些国家已经成为争论的一个主要话题。

养老金改革的指导思想:选择多支柱体制

为了应对养老体制改革的挑战,几年前世界银行工作人员在一项题为《防止老龄危机》的研究报告中提出了一个改革蓝图(世

[①] 如想从总体上了解当前公共和私人养老金计划,可参见OECD对这一问题所进行的各种研究。还可参见《十国集团》(1998)。代际会计已经出现了,它被作为评估一个国家的财政政策,尤其是它的未来养老义务所形成的财政债务的一种方式(例如,为了了解瑞典的代际会计,可参见Hagemann and John, 1995)。

界银行,1994a)。① 在这项研究报告中,世界银行的工作人员提出了自己的养老体制方案,该方案以完全基金和固定缴费,而不是固定受益为基础。它赋予私人部门很强的作用,尽管政府继续发挥着重要的规制职能。世界银行的这项研究主要是在1980年代初智利率先进行的养老体制改革的鼓舞下进行的。智利已经影响到一些国家改革它们的养老体制,并借鉴了它的体制的某些特征。

现有养老体制会带来宏观经济后果,它所面临的一个问题是,必须削减由于过于慷慨的受益水平和过于宽松的受益资格所形成的未来隐性债务。可参见钱德和耶格(1997)。如果提高有效退休年龄,降低替代率,以及养老金只依据通货膨胀率而不是净收入(甚至总收入)指数化,就基本可以避免未来缴费率的提高(见表9.5)。这些变革主要考虑的可能是目前许多养老体制中存在着宏观经济不平衡。然而,它们并不代表真正的结构改革,从长期看可能并不会减少养老金方面的公共支出。

为了把目前普遍实行的现收现付养老金制度中的至少某些部分转型为完全基金式的固定缴费体制,必须进行系统的改革。这是世界银行研究报告和智利经验引起人们关注的原因之所在。新体制应该能够维持一个防止老年贫困的安全网,能够把对增长的负面影响降低到最低限度。世界银行报告建议建立一个与智利体制相似的三支柱体制。第一根支柱是强制性的、由公共管理的支柱,由税收收入提供资金,提供低水平的或基于收入调查的最低限

---

① 美国的养老体制改革方案遵循相似的思路,可参见科特利科夫(Kotlikoff,1995)。西伯特(Siebert,1998)对许多工业化国家和新兴工业化国家的养老体制及其改革进行了讨论。

表9.5 若干工业化国家养老体系的缴费缺口及改革的影响
（占 GDP 的百分比）

	现行政策下的缴费缺口			改革对缴费缺口的影响		
	预测的平均缴费率 1995—2050 (1)	能够支撑现行体制的缴费率 1995—2050ª(2)	缴费缺口 (3)=(1)-(2)	把新养老金领取者的替代率降低5个百分点	按照消费者物价指数的100%限定养老金增长	从1995年开始把退休年龄提高到67岁
加拿大	3.8	5.8	-2.0	-1.0	…	-0.7
法国	12.1	15.4	-3.3	-0.9	-0.8	-3.7
德国	10.3	13.7	-3.4	-1.2	-1.9	-1.2
意大利	16.0	18.5	-2.5	-0.7	…	-5.7
日本	3.9	7.2	-3.3	-0.5	-1.4	-1.6
瑞典	7.1	8.0	-0.9	-1.0	…	-1.0
英国	4.2	4.3	-0.1	-0.7	…	-1.1
美国	4.7	5.5	-0.8	-0.7	…	-0.3

资料来源：钱德和耶格（1997）。

a 我们把能够支撑现有体制的缴费率定义为 1995—2050 年间的一个恒定的比率，这个比率可以使 2050 年的财产余额等于 1995 年的初始财产余额。

度的养老金，构成基本安全网。① 第二根支柱是强制性的、私人管理的、固定缴费式的体制，它设有个人账户，上面反映参与者缴费的累积数。个人账户随着缴费的累积和账户余额的收益率而增加。缴费可能等于一个既定的、法律上规定的参与者收入的某一个比例。这些缴费可以放在私人经理手中，他们可以拿这些钱进行投资。到退休时，参与者可以依据账户上累积的财产得到年金选择权，以保证晚年的收入。第三根支柱是个人根据自己的保险

---

① 具有国别特点的社会救助计划已经在发挥作用，它有时可以替代第一根支柱。例如，德国的社会救助对养老金起到了补充作用，使其达到最低保障线。

偏好向储蓄账户的自愿缴费。那些希望在退休时拥有较多资产的人因而可以在他们挣钱多的时候自愿多缴一些费。

在这个体制中,政府职能发生了巨大的变化,但依然很重要。首先,它继续提供最低限度的养老金,把它作为一张安全网。第二,它可以规定必须划入退休账户的工资和薪金的百分比。第三,它可以监管那些管理养老基金的人,以确保他们履行责任和限制他们冒险。第四,在养老基金可以投资在哪些资产上,它可以决定对经理施加什么类型的限制。当然,这些资产可以限于国内资产,也可以扩大到国外资产。范围越广,收益率的波动性就越低,但控制更难。

从现有养老体制转向这样一个多支柱体制,有众多因素可以增加经济上的好处。为了对养老体制的可持续性、储蓄和增长带来积极影响,基金支柱与非基金性的政府融资支柱相比不能太小。① 在既定的风险限制范围内,基金经理应该能够自由地寻求最高收益率。需要有基本的金融市场和足够的规制能力作为迈向基金体制的前提条件。然而,一些专家提出,这种体制存在本身就是国内资本市场发育的激励因素。

已经开始对养老体制进行系统改革的国家包括荷兰、英国,它们建立了统一的最低限度的公共养老金,以及澳大利亚,它建立了基于收入和财产调查的公共支柱以及以职业为基础的第二根支柱。其他如阿根廷、墨西哥、匈牙利和波兰等国家,已经迈向或正

---

① 显然,在这种体制中,政府仍然面临着提高有保障的、最低限度的、由政府融资的养老金水平的压力。

在迈向智利式养老体制。

迈向基金体制的经济好处

从现收现付向完全基金式的固定缴费养老体制的过渡一旦完成，隐性养老金负债就会被显性化，财政透明度就会得到提高。它还可以确保目前在职职工所积累的储蓄能够弥补他们未来退休时的负储蓄。缴费者通常把他们的缴费视为储蓄而不是税收。这样的改革还能够对国家的经济实绩产生巨大的积极影响。养老基金有助于培育金融市场，这反过来又会刺激储蓄和资本积累。对于欧洲和其他资本市场欠发达的国家，这一点尤其令人感兴趣。资本市场的发展还能够刺激技术进步和劳动生产率提高。在一些国家，固定缴费体制下所缴纳的工薪税可能比现在更适中一些，如果最低养老金由政府的一般收入来支付，工薪税甚至可能会消失。结果，正式经济中的就业会增加，因为个人和企业没有多少动力转入地下。这样的改革可能会对税收收入产生有利影响，从而使国家有可能降低税率。

以固定缴款计划为基础、设有个人储蓄账户的基金制提高了劳动力的流动性，因为当人们变换工作时不会丧失自己的养老金权利。这个理由在欧盟内部变得特别重要，那里劳动力的流动性日益提高，从而增强了它应对区域冲击和不均衡发展的能力。欧洲货币联盟的成立降低了单个国家应对这些冲击的能力（Holzmann，1996a）。

目前的固定受益体制遭受到了来自养老金领取者要求提高养老金标准的政治压力的困扰。与此同时，一些政府往往想利用这种养老体制来实施再分配政策。在这样一种体制中,可能总会进行一些提高或降低养老金标准或缴费率的改革。建立完全基金式的固定缴费体制能够把政治因素排除到养老体制以外,从而增强人们对改革的信心以及改革对经济的长期积极影响。对养老体制的信任度提高了,尤其是在那些政府不能兑现过去承诺的国家。当养老金政策不再被游说所左右时,寻租机会就会减少,储蓄也会随之提高。然而,在由私人部门管理的固定缴费体制中,政府的规制活动变得尤其重要。政府必须对经营者实施规制,以确保他们不去过度冒险,但政府不能对基金如何投资强加硬性条件。

转型问题

迈向基金式固定缴费养老体制所面临的一个主要问题是转型期的融资问题。[①] 一般而言,存在一个人们(年轻职工和新职工)进入新体制的截止点。中年人可以在基金体制和原计划之间进行选择,接近退休的人继续留在原体制。因此,在一段时期,政府继续支付养老金而它收到的缴费变少了。智利向在职职工发放"确认债券"(recognition bonds),代表他们在原有计划下所积累的养老金利益。这些确认债券在退休时偿付。这样,如果在职职工愿意,他们就能够容易地进入新体制。

转型成本的大小和支付的时间性可能会受到几个方面的影响。如果在迈向基金体制以前压缩非基金体制,以致隐性债务下降,后来的资金缺口就较小。事实上,许多国家就是这么做的,无

[①] 如想更详细地了解这一重要问题,可参见霍尔兹曼(1997a)。

论它们是否迈向基金体制。如果所有在职职工都立即进入新体制,财政成本就有可能在前面支付。此时,政府必须支付现有养老金领取者的养老金而收不到任何缴费。如果只有新进入劳动力市场的劳动者进入基金体制,财政成本就有可能在后面支付。随着现有职工的退休以及年轻职工的缴费进入基金,通过现收现付体制得到的、用以支付退休职工的资金就会越来越少。赤字随时间而增加。不管成本是在前面支付还是在后面支付,都必须提供资金。在许多年份,增加的成本可能会达到GDP的几个百分点,具体取决于转型的特殊情况和隐性养老金债务水平。可以用公有资产的出售收入来弥补转型成本(当然不是所有收益,因为出售收入还要用来支付政府的其他债务)。但不应该忽视的是,必须采取大幅度紧缩财政的立场,以带来盈余,为转型期提供资金。

最后,我们应该强调,养老体制改革的成功在很大程度上取决于公众的支持。这是对每一个人生命的脆弱阶段发生影响的改革领域,公众争论已经显示出人们对养老体制改革是多么敏感。因此,与公众沟通和对其进行说服教育是很重要的。然而,虽然养老体制改革的代价很高,但推迟改革可能会在未来带来更严重的调整问题。

改革现存的现收现付与固定受益计划

在一些国家,把现收现付计划视为"代际契约"的观点过去一直很有影响。因此,似乎也值得对这一体制本身的改革进行更详细的讨论。尽管出于政治目的代际契约的观点可能一直被滥用,以给予那些不可能持续的利益,但对现收现付计划进行认真的改革可以带来巨大的收益,即使把保留代际契约视为压倒一切的社会利益(如想了解详细讨论,可参见 Chand and Jaeger,1996)。

正如上面已经指的那样,首先,指数化方式应该改变,退休年龄应该提高,提前退休应该受到惩罚。可以认为,退休期应该是预期寿命中一个年限固定的阶段,因此,正常的退休年龄应该随着预期寿命而提高。而且,养老金应该根据净工资甚至物价变动指数化。第二,缴费率应该提高,从而使它能够在一段时期内保持相对稳定。在人口形势比较有利的时期,这一体制因而能够积累一些节余,这些节余可供在人口形势较不利的时期使用。① 从以上改革中所获得的主要好处是消除了代际之间的收入转移,因为缴费率和养老金相对于工资的价值可能会保持不变。在许多工业化国家,旨在提高劳动力参与率和减少失业的措施也有助于缓解养老体制所面临的压力,因为它扩大了缴费面(如想了解有关加拿大情况的讨论,可参见 Foot,1989)。

在许多国家,除非对享受资格和受益标准进行严格的限制,否则,缴费率不得不大幅度提高。当然,这可能会加剧偷税和刺激地下经济的更快蔓延。转型的成本可能会降低,但对储蓄的影响不利。而且,只要政治不与养老体制保持一定距离,养老体制的可信度就总是会受到损害。为了阻止政策在未来发生机会主义变化,强有力的制度性保护措施是必要的。从更为根本的意义上看,这些改革不可能降低公共支出占 GDP 的比例。

---

① 参见萨德卡和坦齐(Sadka and Tanzi,1998)对这些问题的讨论。

五、医疗部门改革

医疗保健政策是政府另一个改革潜力大、能够削减公共支出的重要领域。如同教育一样,能否获得可以负担得起的高质量的医疗保健,影响到人们机会的均等性。因此,在有关这一问题的公众争论中,社会公正和平等常常被视为比经济学原理更重要。然而,公共医疗支出占 GDP 的比例 1960 年以来几乎提高了 2 倍,目前它所吸收的资源量与公共教育处于同一个数量级。医疗技术的进步、人口老龄化的日益加快,都给公共医疗支出带来了进一步上升的压力(参见 Roseveare 等,1996)。

在许多国家,医疗部门的改革始于 1980 年代初,主要针对医疗体系的成本效率。为了强化刺激而进行的政府规制在许多国家被证明对控制成本和提高质量是有益的。不过,在医疗部门实施进一步的重大改革似乎是可能的。预算支持应主要限于具有重要外在性的领域,以及为重大疾病提供保险上,其他服务通常可以由私人来提供和融资。

现存的医疗保健体制

从医疗保健的提供和融资看,OECD 国家的医疗保健体制存在巨大的差别,从许多欧洲国家的税收融资和公共提供体制到美国的主要由私人融资和私人提供服务,各种情况都有。①

---

① 如想了解有关 OECD 国家医疗体制及其改革努力的详细讨论,可参见《OECD 医疗政策研究》,第 2 期(1992)和第 5 期(1995)。

过去,有关医疗保健体制的争论主要集中在应该由谁来提供医疗保健服务,谁来提供医疗保健资金上。如同教育一样,没有简单的答案。私人的、不实施规制的体制存在严重缺陷,因为保险市场使得高风险病人难以得到保险。病人和医疗服务提供者之间的信息不对称会促使医疗成本上升。这些观点都得到了经验证据的支持:从总体上看,那些私人融资占有较高比例的体制在控制医疗保健总成本上一直都很不成功。澳大利亚、加拿大、法国、瑞士,尤其是美国,医疗保健成本是世界上最高的(见表9.6)。尽管医疗保健成本高昂,但美国的体制却把大部分人口排除在保险之外。公共提供医疗服务也受到严厉的批评,那些过去严重依赖公共部门提供医疗服务的国家(如英国和意大利)都面临着服务质量问题。其中的一些国家,个人可能不得不等上很长时间才能得到某种医疗关照,如大型外科手术。

表9.6 成本控制和私人与公共医疗支出(1992)

	医疗支出占GDP的百分比	占医疗总支出的百分比	
		私人	公共
澳大利亚	7.9	14.4	85.6
奥地利	8.8	34.8	65.2
比利时	7.9	11.1	88.9
加拿大	10.8	27.3	72.7
法国	9.4	25.2	74.8
德国	8.7	28.5	71.5
爱尔兰	7.1	23.9	76.1
意大利	8.5	24.8	75.2

(续表)

日本	7.0	28.8	71.2
荷兰[a]	8.6	23.4	76.6
新西兰	7.7	21.0	79.0
挪威	8.0	5.2	94.8
西班牙	7.5	19.5	80.5
瑞典	7.9	14.4	85.6
瑞士	9.3	32.1	67.9
英国	7.1	15.6	84.4
美国	14.0	54.3	45.7
平均	**8.6**	**23.8**	**76.2**

资料来源：奥克斯利和麦克法兰(Oxley and MacFarlan, 1995)。
a 1991年。

1980年代的第一次改革浪潮主要集中在为支出设置上限或其他减缓支出增长的宏观措施上。这次改革仅取得了部分成功，因为基本的激励结构没有被纳入到考虑范围，服务质量也因此遭到了损害。事实上，规制框架和医疗保健服务提供者所面对的刺激一直被视为是支出膨胀背后的一支驱动力，它们的影响与人口老龄化和收入增长同等重要(Oxley and MacFarlan, 1995)。

强化刺激

1980年代以来医疗部门的改革已经使医疗服务摆脱了由公共部门来提供。与此不同，最近的改革主要集中在实施最为有效的公共规制和激励医疗服务的私人提供者、保险者、病人控制成本和选择最经济的治疗方法。例如,鼓励病人求助最经济的医疗服务。药费、医生探访费或医院收费份额的上升通常是由病人造成的。在一些国家,病人有权在不同的保险公司之间进行选择,这会刺激后者去控制医生或医院等医疗服务提供者的成本。医疗机构会鼓励医生开普通药处方,并就药品的价格控制与医药企业进行协商。英国和新西兰已经在医疗保健领域引进了购买者——提供者联系这一要素。政府购买医疗保健,医疗服务的提供者(医院等)通过竞争获得这些服务合同。在美国,医疗保护组织(HMOs)已经覆盖了约 1/3 的病人,它们把保险和医疗服务提供者的功能结合起来,以减少不必要的检查和治疗,从而把医疗成本置于控制之下。同时还采用了与医生签订业绩合同的方式,医生领固定工资,而当医疗成本保持下降时,他就会得到奖金。[①] 过去,政府的规制常常妨碍私人部门节约成本,可以想象,适宜的规制和更好的激励型私人合同安排可以进一步带来巨大的成本节约。有证据表明,最近绝大多数年份,诸如此类的改革已经减缓了医疗保健成本的上升。

减少政府在医疗领域的职能

除了在医疗部门强化成本和质量控制之外,人们还强烈地赞成,除了最低限度的医疗保健以外,应该减少政府预算在提供医疗服务上的职能。政府应该确保基本预防保健的普及,防止灾难性

[①] 如想了解有关医疗保健改革基本原则的详细讨论,可参见奥克斯利和麦克法兰(1995),或者《金融时报》(1996 年 9 月 9 日)上马克·苏斯曼(Mark Suzman)对医疗保健改革的评论。

疾病。为此，政府尤其要对最脆弱的社会群体给予支持，可以向他们提供各种票证，使他们能够买得起保险。政府还应该在提供预防传染病疫苗上发挥重要作用。除此之外，人们要么购买私人保险，要么自己为剩余风险提供资金。如果医疗改革是在这些原则的指导下进行的，未来政府的职能就应该减少，医疗服务就会更有效，更容易得到资金。然而，政府的规制职能会变得越来越重要。

六、减少其他收入转移计划

前面几部分讨论了一些主要公共支出项目，提出了改革的若干一般原则。另外，1990年代初期，工业化国家平均花在劳动力市场计划和失业补偿上的支出几乎达到了GDP的3%，另有5%的GDP花在其他收入转移计划上，包括残疾、疾病、怀孕、工伤和职业病、提前退休、住宅、家庭和其他津贴上（参见表2.11和表2.12）。失业成本可能被大大低估了，因为许多国家通过提前退休"消化"了一部分失业人员。

失业保险体制改革砍掉了一些津贴，并把相关的服务私有化了，应该可以带来一些预算上的节省。然而，更为重要的是，在许多国家，为了减少失业，必须对劳动力市场进行改革。① 另外，例如，在荷兰和挪威，残疾和疾病津贴的成本很高，这表明其他领域也需要改革。在荷兰和挪威，"其他收入转移计划"累计达到GDP的约10%，许多国家的支出超过了5%。因此，无需细说，通过在

---

① 例如，可参见科和斯诺尔（Coe and Snower, 1996）对欧盟提出的改革建议。

诸如此类的各种计划中更准确地选定津贴对象，就有可能实现巨大的预算节约。

七、准预算政策

在前面几章中，我们假定，政府是通过税收和支出来实现自己的目标的，经济学家通常认为，在绝大多数情况下，这是实现财政政策目标的最好工具。然而，如果政府的征税权和支出权受到政治或行政方面的限制，以及如果游戏规则没有明确规定运用何种政策工具来实现所希望达到的目标，那么，决策者就有可能依赖无效的政策工具来实现这些目标。管制就有可能成为支出的一个（缺乏效率的）替代物，政府虽然藉此削减了自己的财政职能，但并没有减少它在经济中的总职能。

某些类型的管制可能会成为税收和支出的替代物。例如，当政府不能够对家庭给予补贴以减少它们的租房成本时，它常常就会引入租金控制。这样的控制就等于用控制租金的形式对房主进行征税和对租房者进行补贴。因此，这些管制替代了预算行为，但常常要在经济上付出更大的代价。例如，高估汇率隐含着对出口"征税"而对进口"补贴"，从而使得一些进口商品能够比较便宜地出售。不过，只要高估汇率是一种可行的选择，那么，通过征税和补贴就能够更有效地达到类似的结果（有关这些准财政政策，参见Tanzi，1998c）。

虽然没有讲出来，但管制有明确的目标，即替代税收和支出（准财政管制），这样的管制在发展中国家和转型国家最为普遍，那里,税收的潜力是极为有限的,但管制也存在于工业化国家。例如,直到1980年代,意大利一直通过压低利率和要求银行把它的一部分存款投资于公共债务工具来对金融体系实施管制,以便能够比较便宜地偿还公共债务。参见布鲁尼、佩纳蒂和波尔塔(Bruni, Penati and Porta, 1989)。政府从诸如此类的对金融体系的管制中所获得的隐含收益是很大的。例如,焦万尼尼和德梅洛(Giovannini and De Melo, 1993)发现,1980年代初,津巴布韦和墨西哥对金融市场的控制使这两个国家的政府能够以人为的低利率为自己筹集到资金,由此减少的偿还公共债务的利息成本超过了GDP的5%以上。希腊、葡萄牙和土耳其政府通过采取类似的措施"节省"的利息支出都超过了GDP的2%。①

　　准财政工具的普遍运用意味着,政府不仅要在财政政策上受到约束,而且实施准财政(和不利市场)政策的范围也要受到约束。具体而言,这可能要求中央银行不能按补贴的利率放款,或者按担保汇率放款,汇率体系应该统一,政府应该按市场利率偿付它的债务(Mackenzie and Stella, 1996)。但还存在大量的其他管制,如租金控制、军队服务不支付报酬等等,这些管制可能会带来很高的经济代价,严重破坏市场运转和扭曲政府职能。因此,政府改革的目标不应仅仅是削减显性的公共支出,而且要变革文化,使准财政活动得以消失。记住以下一点很重要:准财政管制常常是在不承担责任的情况下实施的,与预算支出不同,实施多少管制没有任何限

---

①　麦肯齐和斯特拉(Mackenzie and Stella, 1996)详细讨论了公共金融机构的准财政运作,并提供了加纳、牙买加、波兰、罗马尼亚和乌拉圭的案例研究。

制。对管制的限制只能源于规则的变化,以及有关政府应该作什么的文化的变化。① 在某些条件下,导致巨额公共支出的规则和文化同样会导致准财政管制的急剧膨胀。

八、算资源使用账

所有国家的政府都拥有大量有价值的资产,如公共企业、土地、建筑物、黄金和现金、外汇、自然资源、专利、商店、飞机和其他运输工具,以及其他许多资产。这些资产常常处于各部委和其他支出单位的控制之下。例如,教育部控制着学校大楼,卫生部控制着公立医院,公共博物馆控制着艺术品,内政部控制公共土地,如此等等。当然,地方政府,如省政府、县政府和社区,也控制着其他资产。

对绝大多数国家而言,可能要作两点说明,以准确反映政府拥有资产的现实情况。第一,绝大多数政府并没有一份最新的有关自己拥有资产的完整清单,尤其是没有它们所拥有的具有潜在市场价值的资产的清单。因此,它们不可能确定譬如说公共部门的净价值,或者譬如使用某个具有特定用途的建筑物,如学校或医院的租金价值的机会成本。第二,这些资产并没有按照社会收益率最大化的方式加以运用。

事实上,通常的预算程序并没有对这些资源的使用进行算账。

---

① 就作者所知,没有一个国家能够列出所有现存的准财政管制的完整清单,没有一个国家能够建立起这样一种制度,它能够实现消除绝大多数准财政管制的目标。

例如,经营一所学校的成本常常并不包括教学大楼的正常租金价值。

由于这些事实的存在,人们可以在公共部门中发现一些有价值的资产得不到有效使用的令人瞠目的例子。这样的例子可能是学校坐落在城市最昂贵的地段,艺术品从来没有人参观,因为它们一直存放在博物馆的地下室里,大楼长期空着,现金长期滞留在低收益账户上,如此等等。这些例子意味着,政府的实际成本常常比预算成本高得多。

私有部门必须考虑使用它所拥有的财产的机会成本,但在绝大多数情况下,公共部门没有这样的习惯。近年来,澳大利亚、新西兰、英国和其他少数几个国家已经开始进行一些尝试,以解决这方面的问题。其目标是更全面地考虑公共部门所使用的资源,以便能够得到公共部门各种活动真实成本的比较完整的画面。在制定公共预算时采用更加合理的方法来算资源账,这对控制公共支出将会有很大的帮助。①

九、结论

如果政府想把公共支出削减到一个比较合理的水平,它将需要作出困难的选择。把许多商品和服务的提供和融资,包括基础设施的提供私有化,对教育、养老金、医疗体制和其他许许多多社

---

① 阿伯丁(Aberdeen)大学会计系的戴维·希尔德和阿伯丁研究小组已经在该领域做了很有价值的工作。近年来少数几个国家已经开始尝试确定公共部门的净价值。不过,这样做的目的是与改进预算质量的目的不同的。

会计划进行改革,从而朝私有部门更高程度的参与迈进,所有这些都能够使工业化国家的政府大幅度地削减公共支出和税收。本章以不太正式的方式广泛地讨论了目前可供选择的各种可能性。并不是所有这些可能性对所有政府都是可行的,而是其中一些对所有政府应该是可行的。下一章将讨论许多工业化国家和新兴工业化国家政府改革的若干新近经验。

第四部分　一些国家政府改革的新近经验

本书的前几章已经表明，近几十年公共支出的快速增长在实现社会经济目标上并没有取得明显的成就。政府扩张所带来的收益是下降的，在有些情况下甚至是负数（从社会经济目标上看），这表明，未来国家履行较小的经济职能可能是符合人们愿望的。随着重大改革的实施，以及这些改革的全部效果一旦被人们感觉到，政府支出可能就会大幅度下降。为了实现这些激进的变革，政府需要集中精力制定游戏规则，并以有效的方式追求自己的核心目标。它们必须卸下近几十年来自认为理所当然的许多责任。在第三部分中，我们提出了一些改革财政规则和财政制度、精简公共支出计划的指导性原则。尽管我们不能说这些原则对于如何解决过去曾被用来证明大政府合理性的那些问题提供了精确的指导，但我们仍希望它们能够对以下争论提供一个有用的说明：为了在公共支出水平低得多的情况下构建更有效的政府，我们能够做一些什么事情。

下面几章阐明，1970年代以来公共政策和公众舆论发生了多大的变化。政府改革不仅是怪僻的学究们的思想游戏，而且是一些国家正在大力推进或者获得势头的过程。例如，新西兰和智利已经率先进行了影响深远的改革,这些改革已经涉及到财政制度和支出计划的所有层面。通过采用不太激进的方式,其他国家也在开始进行重大改革。结果,公共支出在一些国家大幅度下降了,而没有任何证据表明这些国家的社会经济目标受到了损害。而且,媒体上所反映的公共舆论表明,需要对政府进行改革的观点现在已经获得了广泛的认同。最后,我们将在日益全球化的环境下思考未来的政府职能。

第十章　新近改革经验

许多工业化国家和新兴工业化国家在削减政府职能方面已经取得了很大成就。在一些国家,对政府的组织方式以及政府参与生产商品和服务、提供社会保险的范围进行了激进改革,这些改革使公共支出占 GDP 中的比例降低了 10 个甚至 20 个百分点。有两个例子尤其表明,政策体制的变革对于重振经济,提高经济增长速度,与此同时把社会福利保持在适当的水准上,是最为重要的。在新西兰和智利,政府已经从主要运用经济政策再分配租金,转向了提供必要的服务和规制框架,以适应让市场力量来提高增长率和社会福利。其他国家也出现了类似的情况,不过程度较低。在这一过程中,前面几章所勾画的一些改革事实上已经被成功地得到了实施。因此,改革并不是躺在安乐椅上空想的经济学家的白日梦。

在下面的篇幅中,我们将报告 OECD 国家和新兴工业化国家的一些改革经验。在确定研究案例时,我们不得不有所选择,所涉及到的样本国家及其改革经验只能是有限的。随着时间的流逝,新的国家可能进行重大改革,而其他少数几个国家可能会陷入政策上的停滞不前甚至倒退。具体的改革常常是在不同的环境下实施的,在一个国家取得成功的改革在其他地方可能不会总是以完全相同的方式起作用。尽管如此,对于其他对财政改革感兴趣的国家,这里所提到的许多带有普遍性的问题和经验在未来许多年内可能都是适用的和可以借鉴的。

一、新西兰政策体制变革

1980年代初期,新西兰是保护主义和干预主义最为严重的国家之一。其经济增长和生活水平落在了其他绝大多数西方国家之后。当时,政府的经济职能是很大的。1984年以后,新西兰进行了在所有OECD成员国中最为激进的经济改革计划(Massey,1995)。它的改革计划可以为其他地方的改革提供有用的指导。它对政策体制实施了有目的的根本性变革,向更小、更有效、依据规则治理的政府迈进,同时大幅度提高私有部门的作用。

新西兰的改革过程始于1984年,财政改革是改革计划中的一个非常重要的组成部分。(如想了解新西兰改革,可参见IMF,1996b;Massey,1995;Cangiano,1996;Evens,Grimes,and Wilkinson with Teece,1996 and Scott,1996)首先,政府摆脱了许多商品和服务的生产。绝大多数国有企业被商业化了,随后被私有化了,其中包括钢铁工业、银行、电信部门和国有航空公司。农业价格扶持和补贴被取消了。通过政府低收费和低价格所得到的隐性补贴减少了,引入了对用户的收费,各部委则被赋予收回成本的目标。税收体系被大大简化了,边际税率急剧削减,税基则被大大拓宽了。1990—1991年的社会政策改革重建了医疗、教育、福利、住宅、养老金和意外伤害体制。退休年龄从60岁提高到65岁,用基于收入调查的适中的安全网替代普遍受益权。在教育方面,学校的自主权增加了,大学教育开始收费。

新西兰还对公共管理体制进行了重建,以强化支出的优先顺序和服务的提供。① 新型支出管理新体制以任务为导向,包括建立具有明确政策目标的购买者与提供者联系,通过竞争获得服务提供权,以及签订业绩合同。这提高了许多公共管理领域的效率与透明度。行政管理的重建还涉及到决策的高度分散化。行政首长,如各部部长,被赋予了为期5年的合同,合同中规定了与业绩挂钩的报酬以及对于如何管理自己事务所享有的充分自主权。对于如何使用自己的预算,行政首长有很大的自主决定权。通过对经理人员及其产出实施监督,责任得到了强化,向高级管理人员以及立法者和公众通报各个机构或办公室业绩的信息系统建立起来了,或者得到了改善。通过战略决策制定和管理两方面的能力建设,公共支出的优先秩序得到了加强。

1994年的《财政责任法》为财政政策设定了规则和目标。这种以规则为基础的财政政策还影响到了其他国家。在通常情况下,要求政府维持财政盈余,直至达到审慎的债务水平。此后保持财政平衡状况。税率是稳定的和可预期的。这一法案把预算会计原则和披露要求奉若神圣,从而使得财政政策的过程和结果都变成透明的。财政纪律得到了货币政策方面的支持:独立的中央银行的主要目标是把通货膨胀保持在所达成的目标范围之内,而且

---

① 如想了解有关新西兰该领域经验的详细说明,可参见斯科特(Scott,1996)。还可参见新西兰国家服务委员会(1998)。

银行管理者的报酬与通货膨胀状况挂钩。在其他国家,通货膨胀目标一直影响着货币政策。

改革的努力并没有立即带来财政的节省以及增长的加速。事实上,公共支出最初增加了,1988年达到顶点,超过了GDP的45%(表10.1),这表明,在短期内,重大改革可能需要增加支出。① 然而,到了1994年,支出占GDP的比例明显下降,下降幅度达10个百分点。支出的这一下降几乎是在转移支付和补贴领域单独实现的,该领域的支出从1988年几乎占GDP的25%下降到1994年的13.2%。该支出的绝大部分是用来支持工业的,这部分支出从1984年的14%下降到1992年的仅3%。社会福利支出占GDP的比例在1991年到1994年间下降了两个百分点,(更为重要的是)社会福利体制在选择目标的准确性和未来的筹资能力上都得到了改善。利息支出占GDP的比例也下降了两个百分点以上,而医疗与教育支出得到了保护,没被削减。事实上,与政府支出不同,政府消费在这一时期甚至有所增加,如表10.1所示。

表10.1 公共支出变动与政府改革:智利与新西兰(占GDP的百分比)

	智利[a]		新西兰[b]	
	1982	1995	1988	1994
公共支出				
总支出	34.1	19.9	45.6	35.7
政府消费	10.8	8.8	11.5	15.4
利息[b]	0.5	0.7	7.2	5.7

---

① 表10.1对总支出处于历史最高水平年份的支出政策与可以获得资料的最近年份的支出政策进行了比较。

(续表)

转移支付与补贴[b]	20.6	10.0	24.8	13.2
资本支出	2.2	3.2	2.1	1.3
总赤字(+/盈余)	-2.3	3.9	-1.6	3.3
医疗[b]	1.8	2.5	3.0	5.6
教育[b]	4.0	2.8	5.7	5.6
经济与社会指标				
真实GDP增长[c]	0.3	8.2	1.4	3.3
固定资本形成总额[c]	16.2	23.0	21.5	18.0
通货膨胀[c]	21.8	16.6	11.6	1.9
失业率[c]	13.8	5.3	4.9	6.2[d]

资料来源:坦齐和舒克内希特(1997b)。

 a 1995年是粗略数据。
 b 中央政府数据。新西兰包括所有国有企业、王室机构以及新西兰储备银行。
 c 观察年份前3年的平均数。
 d 1995—1996年的平均数,1991年和1992年达到最高点,为10.3%。

  正如已经指出的那样,在新西兰,自由化改变了做事的基本方式。通过私有化、削减转移支付和补贴,以及公共管理上的制度改革,寻租机会明显减少了。然而,还应该注意的是,所进行的改革花了5年时间才开始带来公共部门支出的明显下降,实际经济增长开始加速甚至花去了更长时间。因此,对于决策者和公众而言,需要有足够的耐心。两大政党都支持改革计划,这是很有利的。这种支持确保了改革即使在执政党更迭的情况也能继续进行下去。新政策体制中的既得利益集团通过譬如设立私有化部得到了强化。

  威斯敏斯特式(Westminster-Style)的政治体制也给新西兰实施

改革提供了便利,这种政治体制的特征是政府强大。然而,在这种体制下所实施的改革是很容易被逆转的。由于预见到这种可能性,以及为了强化新经济政策的可信度和持久性,新西兰把自己的选举制度变成了德国式的制度,把直接代表制和比例代表制结合起来。目的是为了强化未来决策以稳定为取向。

所有在削减公共支出和改革政府方面抱有严肃意图的国家,都应该详细研究新西兰的经验。毫无疑问,它有自己的特点,这些特点是具有不同文化背景的国家所不易模仿的,但它为其他国家提供了重要经验。当然,新西兰的试验并不是没有遭到批评的(如想了解强烈批评,可参见 Kelsey,1997)。最近几年,决策者早期的近乎传教士般的狂热已经稍微成熟起来,但政策没有改变。

二、智利的政策体制改革

对经济和经济政策体制进行最激进改革的第二个国家是智利。虽然它仍没有归入工业化国家,但是它正在达到这一点,只要它近年来的经济业绩能够保持下去,它很快就会成为工业化国家。1970年代初,智利进行了一场社会主义试验,结果导致了高通货膨胀和高财政赤字。在随后的15年间,宪政改革和准宪政改革相结合从根本上改变了智利经济和经济决策过程的特征。[1] 不幸的

---

[1] 改革之路最初十分坎坷。1975年以后的第一期改革是在阿连德(Allende)统治下的社会主义时期之后进行的,主要集中在私有化和财政稳定化上。然而,1981—1982年的经济和银行危机显示出这种改革存在严重的问题,结果导致了企业的重新国有化和又一个财政不稳定时期。

是,这一时期军事体制在经济上所取得的成功被它的人权记录所玷污。

1980年的新宪法保护产权,限制政府作为随意管制者的职能。预算程序被改革,政府程序遵从严格规则,并承担责任。政府甩掉了绝大多数公共企业,对养老金和医疗保险体系中许多部分进行了私有化,对医疗和教育实施了分散化。所有这些改革都缩小了特殊利益集团为了获得税收优惠、社会津贴和偏向自己的管制而进行游说的空间,政府服务变得更为有效。改革用"一个更加自治的国家替代了一个救济的国家",那里,"政府转移支付和干预的成本(至少部分地)被内在化了,因此,稳健的财政政策变得可以实现了"(参见 Velasco in Bosworth, Dornbusch, and Laban, 1994[①])。

智利私有化的主要阶段始于1984年。绝大多数核心国有企业,包括诸如公共设施和运输部门,都被私有化了。虽然留下了某些缺陷,但私有化过程也考虑到了规制方面的要求,如为私有化企业创造竞争性市场结构以及稳定的融资和所有权结构。

在社会保险方面,政府建立了完全基金式的强制性养老金体制,该体制采用固定缴费方式,设有个人储蓄账户。养老基金由私人管理。投保人可以按照自己的愿望选择和更换基金经理。达到退休年龄时,他们还可以在分期领取养老金和实际年金之间进行选择。有保障的最低限度养老金(与其他许多保障目标明确的保障计划一起)为每一个人提供了一张社会安全网。智利社会保险

---

① 还可参见马塞尔和索利马诺、戴蒙德和巴尔德斯-普列托(Marcel and Solimano, Diamond and Valdés-Prieto)所作的研究,以及在同一本书中比特朗和塞斯(Bitran and Saez)对智利经验的详细讨论。

体制改革吸引了世界各国的注意,许多国家都在模仿它的主要做法。

在社会服务领域,私人部门的参与也得到了鼓励,管理被分散化了。公立学校拨款变成了按照学生人数的标准拨款计划(教育券),这也刺激了私人提供教育。目前只有14%的教育支出投向了高等教育。已经涌现出了几所一流的私立大学,它们甚至吸引了国外的学生。公共医疗仅提供给低收入群体。结果,社会津贴的目标就比较明确,2/3的公共医疗津贴和一半的公共教育支出到了40%最穷的家庭。1992年这两个部门的实际总支出比1970年高出30%。然而,设施方面的投资经常不足,职员的收入不高(因为1980年代就业和实际工资都下降了)。因此,新的民主政府一直在试图把支出重新导向社会部门(而不是增加公共支出的总水平),从而使人们能够得到均等的教育和社会服务机会,进一步改善服务的质量(见 Aninat,1999)。

国家职能的变革带来了公共支出的下降,这给人们留下了深刻的印象。总支出占GDP的比例从1982年的34%降到1995年的不到20%。政府消费则从10.8%降为8.8%,下降幅度最大的是补贴和转移支付,从GDP的20%以上降到10%。这带来了一笔巨额的初始盈余,为转向完全基金式和固定缴费的养老体制提供了资金支持。巨额的公共储蓄和养老金改革促进了金融市场的深化和要素生产率的提高,从而使这一时期的投资从不到GDP的15%提高到25%以上(Holzmann,1997a)。经济增长一直很高,失业率则很低。

三、OECD国家的财政改革

除了新西兰外,还有许多OECD国家改革了它们的财政制度和支出计划(如想了解财政统计摘要,可参见表10.2)。[①] 制度框架的改革强化了对决策者制定审慎财政政策的激励。[②] 公共企业私有化取得了巨大进展,私人提供的商品和服务或者私人从事的传统公共投资项目正在增加。社会保险体制改革在许多国家被置于优先地位。在这一过程中,欧盟各国政府都在做出努力以满足马斯特里赫特标准,这说明全球竞争和有关政府改革的国际协议产生了激励作用。

表10.2 若干工业化国家的公共支出变动与政府改革(占GDP的百分比)

	澳大利亚		比利时		芬兰		爱尔兰	
	1991—1992	1995—1996	1983	1996	1993	1995	1983	1994
公共支出[a]								
总支出	37.5	34.5	60.5	51.5	62.0	58.1	53.2	43.8
政府消费	…	…	14.8	11.5	23.4	20.9	19.3	15.8
利息[b]	…	…	9.4	8.7	4.6	5.2	9.1	7.5

[①] 在讨论某一个国家的经验时,可参考本书所选出的文献。另外,在国际货币基金组织发表的《新近经济发展报告》中,对阿根廷、澳大利亚、芬兰、爱尔兰和葡萄牙的财政改革进行了讨论。OECD的《经济展望》对比利时、芬兰、瑞典、爱尔兰、葡萄牙和英国所作的分析也是有价值的。

[②] 如想了解有关欧盟成员国预算制度的研究,可参见冯·哈根(Von Hagen, 1992);如想了解拉丁美洲的情况,可参见阿列辛纳等(1996);布尔基和佩里(Burki and Perry, 1997);泛美开发银行(1997);如想了解更一般地讨论,可参见阿列辛纳和佩罗蒂(1996b)。

(续表)

转移支付和补贴[b,c]	...	...	33.0	28.6	31.1	29.6	30.9	23.4
资本支出[b]	...	...	4.5	2.3	2.9	2.4	3.8	2.6
财政总体平衡状况	-4.6	0.5	-2.2	-3.4	-7.8	-4.7	-15.9	-2.3
主要财政改革领域	预算制度;私有化;减少公务员		投资;商品与服务		地方政府;补贴;医疗保险		社会保险;补贴;公务员;税收制度	

续表 10.2

	葡萄牙		瑞典		英国		
	1984	1994	1993	1995	1983	1989	1995—1996
公共支出[a]							
总支出	46.0	45.4	72.8	68.2	44.7	37.5	42.8
政府消费	14.3	17.6	25.8	...	21.7	19.4	21.2
利息[b]	9.2	5.8	7.1		3.9	3.3	3.6
转移支付和补贴[b,c]	16.6	16.4	24.3	...	21.9	17.3	22.0
资本支出[b]	4.5	6.6	3.0		2.0	2.1	2.3
财政总体平衡状况	-9.6	-5.9	-12.7	-8.1	-3.4	-1.2	-4.7
主要财政改革领域	私有化;预算制度;债务管理		预算制度;社会保险		私有化;社会保险		

资料来源:坦齐和舒克内希特(1997);国际货币基金组织:《比利时:若干问题》(1997);国际货币基金组织:《英国:当前经济发展》(1996)。

a 本表一般是把公共支出最高年份的数据与可以得到数据的最近年份或最接近年份的数据相比。

b 除比利时、芬兰、葡萄牙和瑞典(1993)以外,为中央政府数据。

c 包括对其他各级政府的转移支付。因此,在政府消费及转移支付和补贴这一类支出中,可能存在某些重复计算。

尽管取得了一些进步,但已经进行诸如公共企业大规模私有化和社会保险体制私有化这样影响深远改革的国家,数量依然有限。福利改革已经开始降低现存体制的成本,但下一步改革——

根本性的体制改革——基本上仍处在考虑之中。

澳大利亚

澳大利亚进行了大胆的制度改革，以提高公共支出的效率和政府的战略决策能力。在预算制定过程中，现存计划和政策中的不变条款被锁定在为期3年的预测期内，与此同时，决策者把主要精力放在可以设计变革的优先领域。为了把支出保持在预算限度内，各部委在选择支出和节省方案时具有很大的自主权和灵活性。灵活性的提高带来了回报，"运转成本"的效率可望每年提高1％。计划管理和对预算的事后评估强化了责任，并形成了"业绩导向型文化"（Campos and Pradhan，1996）。① 总体财政目标公开宣布，而由媒体和金融市场暗中督促实施，从而强化了对政府的实施压力。

澳大利亚把成本/收益分析的某些方法引入到了政府规制之中，称之为规制效果说明。规制效果说明旨在使规制的目标，以及规制的成本和收益更加透明，结果，选择最为经济的规制方式的压力增大了（《澳大利亚监管评价办公室》，1995）。新的计划和业绩责任机制，以及一部明确义务和责任的《部委行为法典》，也都是为了"提高政府活动的连续性、质量、透明度和公共责任心"（澳大利亚行业联系部与公共服务大臣助理部，1996）。

1990年以来，澳大利亚还改进了对州政府支出的控制。支出计划改革减少了州政府在商品和服务上的支出。例如，维多利亚

---

① 虽然澳大利亚和新西兰的改革都非常成功，但它们的侧重点有所不同。澳大利亚改革主要集中在确定政策的优先秩序上，而新西兰的改革则对总体财政纪律和效率给予了更多的关注。

州在3年时间内削减了20%的政府雇员。其他财政节余则是由公共企业改革带来的。

财政制度和支出计划的改革有助于澳大利亚在1991—1992年预算年度到1995—1996年预算年度期间在已经很低的公共支出水平上再削减3%的公共支出。公共支出占GDP的比例约为1/3,是OECD国家中公共支出最低的国家之一,而且预算接近平衡。

比利时

1983年到1990年代中期,比利时对公共支出做出了重大调整。共同市场的外部约束,马斯特里赫特条约对进入欧洲货币联盟制定的严格的财政资格标准,沉重的债务负担,这些似乎都驱使比利时对公共支出做出调整。总支出从GDP的60%以上下降到51%。然而,比利时改革方案是由许多小步的政策调整所组成的,而不是对国家政策体制进行大胆改革。1996年以后,在削减公共支出上几乎没有什么进展。

芬兰

在1990年代初严重萧条以后,芬兰公共财政的演变已经呈现出严格限制支出的特征。结果,政府总支出与GDP的比例从1993年最高时的60%下降到1998年的估计数51%。这一结果是通过1994—1998年间政府支出的适度增长来达到的,这一时期政府实际支出平均增长约为2%,而同期实际GDP平均增长了几乎5%。结果,自1993年以来,实际支出累计增长了约11%,而实际GDP

增长约27%，后者抵消前者而有余。

政府当局估计，由于不准备节余，1999年中央政府支出占当年GDP的比例可能要提高约3.5个百分点。其中几乎1/3可归结为中央政府对地方政府转移支付的减少，这导致了后者支出的大幅度削减，虽然削减幅度要小于转移支付。中央政府其他支出的削减主要是通过减少家庭收入转移和企业补贴来实现的。

爱尔兰

1983—1994年，爱尔兰是OECD国家中削减公共支出给人留下最深刻印象的国家之一。1980年代中期，爱尔兰公共债务占GDP的比例达到130%这一令人吃惊的程度，高失业、低增长以及正在酝酿的共同市场方案，所有这些因素使得公众达成一致意见：稳固财政是非常紧迫的。后来，马斯特里赫特条约及其进入标准又带来了新的强烈的外部刺激，促使爱尔兰通过削减政府职能和公共支出把自己的国库保持在良好的状态。因此，从某种程度上讲，爱尔兰效仿了新西兰和智利的经验，因为重大经济和财政改革在政治上已变得可行。然而，1994年以后财政状况只是得到了缓慢的改善，尽管经济增长几乎达到了两位数，人们开始对比较宽松的支出政策有点担心。

爱尔兰公共总支出占GDP的比例从1983年的53%降到了1994年的43.8%。与新西兰一样，补贴和转移支付的削减在总支出的下降中占了绝大部分，从GDP的30%以上下降到23.4%。社会保险津贴的领取资格严格了，选择领取对象的准确性提高了，与此同时冻结实际津贴水平。政府服务提供上的重大改革也起了明显作用。这方面的改革包括譬如把公务员规模压缩8%,大幅度削减住宅和生产者补贴,提高大学和医院服务收费。资本支出与从欧盟可得到的资金挂钩。财政紧缩还使利息支出占GDP比例下降3个百分点。

高增长和小赤字使爱尔兰有可能在1997年把公共债务削减到不足GDP的70%,从而接近马斯特里赫特条约规定的60%的限度。减税也成为可能。最高边际税率从60%以上降为48%,标准增值税率下降3个百分点,降至21%。对制造业领域绝大多数投资所征收的利润税仅为10%。

爱尔兰的经验表明,削减公共支出并不会对社会福利和宏观经济稳定带来破坏性后果。改革计划启动以后,强劲的经济增长就得到了恢复。这一经验与其他一些国家的经验是一致的,这些国家在财政得到坚实稳固以后,都出现了消费和投资的繁荣而不是衰退(参见 Perotti,1998;and Alesina and Perotti 1996b)。

荷兰

在荷兰,财政政策的变革伴随着劳动力市场和其他结构性改革,同样在压缩公共支出方面取得了成功。公共支出占GDP的比例明显下降,从1982年最高时的几乎60%降为1996年的不到50%,下降了10个百分点。与此同时,预算赤字占GDP的比例从6%以上降至大约2%。经济增长得到恢复,失业明显下降。一些观察家,尤其是欧洲的观察家,已经开始把荷兰视为政府改革的典范,称之为"荷兰奇迹"。

荷兰的制度改革始于1983年,制定了削减赤字的时间表,同时对政府收入设置上限。这就迫使政府通过削减支出来达到减少赤字的预定目标。1994年颁布的中期支出计划对中央政府的支出、社会保险和医疗保健支出设置了上限。1994年以前的一段时期,收入好于预期,从而允许高支出,必须把这状况转变为低税收和低赤字,同时保持支出上限不变。

支出计划的改革包括限制公共部门工资和小幅压缩公务员规模。对企业官方贷款和资本转移的削减促进了公共支出政策的重新定位和公共支出的降低。荷兰还在社会部门进行了重大改革。失业者和残疾人的替代率从80%降为70%,享受残疾人津贴的资格收紧了。这有助于切断津贴增长与平均工资增长之间的联系。在医疗保健方面,改变了合同安排,那些医疗费用很难控制方面的专家越来越多地由医院雇佣,从而由医院支付固定工资。鼓励承保人与医疗行业共同协商使用普通药品和打折药品。

荷兰的养老体制也能够为其他工业化国家的决策者提供某些借鉴。长期以来,荷兰一直依赖于一根强有力的职业性和完全基金式的养老支柱,它是对政府现收现付计划所支付的适中养老金的补充。

葡萄牙

葡萄牙是在1980年代开始财政和经济的重大改革的。由于实施了其中的某些改革,葡萄牙才有可能成为欧洲转型经济的样板。[1] 1980年代初,对公共企业的扶持和巨额利息支出使预算背

---

[1] 参见《法兰克福汇报》,1996年3月9日。

上了沉重的包袱。这导致财政赤字不稳,使其几乎达到 GDP 的 10%。从那时起,葡萄牙便开始从高赤字和大规模公共所有权的准社会主义经济迈向具有稳固公共财政的市场经济。这些改革大幅度地削减了国家的职能。然而,并没有换来支出的大幅度下降,因为社会开支增加了。①

财政改革既包括制度改革,又包括政策改革。对主要开支设置名义上限,强化授权程序,事后控制,都为稳固财政奠定了制度基础。另外,债务管理的质量得到了极大的改善。通过实施广泛的私有化计划,政府参与工业、公用设施和交通的程度明显下降了。到 1990 年代中期,私有化收入已经达到了 GDP 的 9%,在 OECD 国家中,该比例位于英国和新西兰之后,名列第三位。

瑞典

1990 年代初,瑞典面临着与爱尔兰 1980 年代初相似的问题。巨额财政赤字、日益上升的公共债务与低经济增长、日益加剧的失业搅在了一起。尽管不像爱尔兰那样明显,但瑞典通过实施重大的财政改革把公共支出占 GDP 的比例从 70% 降到了 63%。

1990 年代初,支出控制软弱加上缺乏严格的预算上限,使瑞典急剧恶化的财政形势雪上加霜。为了应对这一局面,瑞典制定了以三年为滚动期的总支出名义上限。于是,某一个领域超支就要求其他地方节省开支来进行补偿。1997 年对这一体制进行了

---

① 如想回顾葡萄牙在现代化上所做出的努力,包括建立公共财政和私有化,可参见 1994 年 2 月 22 日的《金融时报》和 1994 年 3 月《欧洲货币》所作的考察。

完善,对中央政府、地方政府和养老金预算分别设置了支出上限。对支出逐月加以监督并且每半年向议会报告一次支出情况,进一步强化了财政纪律。

瑞典还着手清理它过于扩张的福利国家。然而,它把主要精力放在了削减成本的措施上,而不是系统的改革上。政府降低了失业金替代率、病假补贴、产假补贴,改变了养老金指数化的方式,削减了儿童津贴和家庭补助。

英国

在英国,重大的财政和结构改革是在1980年代由撒切尔政府启动的。其中,英国的私有化计划可能是历史上影响最为深远的私有化计划之一。它并不限于诸如钢铁、通信和铁路等传统公共企业的运营。许多以前的公共服务都被私有化了。① 私人融资启动计划(The Private Finance Initiative)已成为实施政府指定资本项目的主要工具,借助这一计划,私人公司可以融资、建设和经营投资项目。对于如何把财政和管理制度上的变革推广到支出政策,从而推动政府政策能够更好地按照轻重缓急来安排和更加有效,这种启动计划也提供了良好的范例。巨额的私有化收益有助于减少公共债务。而且,私有化企业缴纳的税款已经开始对预算产生

---

① 如想全面了解有关英国私有化计划、规制所面临的挑战、私有化计划的缺点和优点及其经济影响的讨论,可参见毕晓普、凯和迈耶(Bishop, Kay and Mayer, 1994, 1995)。如想了解有关英国基础设施私有化的案例研究,还可参见戈麦斯-伊巴涅斯和迈耶(1993)。这项研究还考察了法国和西班牙率先参与道路融资、建设和经营的一些私有部门。

积极的影响。

福利制度改革也发挥了明显的作用。社会保险改革处理了隐性养老金债务问题,解决了国家医疗服务署存在的某些缺陷。在改革后的养老体制中,由税收提供资金的公共养老金是非常适中的。公共养老金可以由私人养老保险加以补充。私人养老金是典型的完全基金式的,以职业储蓄计划为基础。个人退休账户(在体制上与美国的个人账户相似)也能够对公共养老金起补充作用。允许私人医疗保险同国家医疗服务署展开某些竞争,后者仍然向每一个人提供由公共融资的服务。另外,通过国家医疗服务署与医疗服务提供者签订业绩和产出合同,成本控制得到了强化。

财政改革一开始就非常明显地减少了公共支出,公共支出占GDP的比例从1983年的45%减至1989年的37.5%。这就使得有可能大幅度降低边际所得税率,还可以降低公共债务和财政赤字。然而,公共支出在1990年代初又迅速攀升。1996年,公共总支出仅比此前的最高年份1983年低两个百分点,而补贴和转移支付同撒切尔改革之前的水平完全一样。很显然,1980年代的改革还不够根本,这在一定程度上或许可以归因于英国政治体制的特点。[①]

美国

1990年代经历了一场财政规则和运用宪法对赤字实施限制的复兴运动。在美国,许多平衡预算修正案被提交到了议会,但遭到了否决。然而,美国的绝大多数州每年都必须平衡它们各自的

---

① 米拉尔(Mullard,1993)从政治经济学角度论述了英国改革及其缺陷。

预算。

欧盟

欧盟本身不允许负债,其成员国为了能够成为欧洲货币联盟的成员国,都批准了依据《稳定与增长条约》制定的正式赤字限额。欧盟得到了非常细心的守护,因为它的一些成员国财政记录很差,人们担心个别政府松弛的财政政策可能会给整个欧盟带来难题。

欧盟《稳定与增长条约》显示了制度基础对于财政规则的可信度具有重要意义。依据该条约,人们不仅能够预测数字目标,而且能够清楚地界定程序规则,从而强化了它的可信度。条约迫使成员国政府把平衡预算,甚至预算盈余作为中期目标。周期性的产出波动不应该导致违背马斯特里赫特条约(Maastricht Treaty)所规定的赤字不超过 GDP 3%的限制。欧盟委员会监督成员国政府的财政业绩,如果超过了 3%的限制,则提出处罚建议。免于处罚则必须得到欧盟部长会议的批准,它是欧盟成员国政府的主要论坛。陷入麻烦的国家必须在它们参加欧洲议会数月前向欧盟提交"稳定计划"。超过 10 个月的警告期,"失职政府"就必须向欧盟交纳一笔不付利息的保证金,这笔保证金两年之后有可能变为罚款。保证金定在 GDP 的 0.2%(赤字超过 GDP 3%时)到最高 0.5%(对那些赤字超过 6%的国家)之间。在"短暂和意外情况下",允许偏离赤字限额而不必受到处罚。只有在前 12 个月内产出下降超过 GDP 的 2%时,赤字超出限额才能免于处罚。如果产出下降幅度处于 0.75 个百分点和两个百分点之间,政府可以向欧盟部长会议申请特别处理。①

还达成了另一个阻止松弛财政行为的措施。如果某些成员国面临处罚,欧盟委员会就会对其进行公开警示。这种公开宣布所带来的信誉损失可望能够预先阻止"坏"政策的出台,至少可以强化实施稳健政策和财政改革的压力。

四、若干新兴工业化国家的财政改革

新兴工业化国家在缩小政府活动范围或保持小政府方面一开始就做得比 OECD 国家成功得多。在智利这个例子中,我们看到了周密设计的政府改革是如何促进经济增长和社会福利,与此同时又大幅度减少公共支出的。在过去几十年,还有其他少数国家实施了重大改革,这里我们只想提到四个国家:阿根廷、毛里求斯、马来西亚和新加坡。②

表 10.3　若干新兴工业化国家的公共支出变动与政府改革(占 GDP 的百分比)[a]

	阿根廷		马来西亚		毛里求斯	
	1985	1994	1982	1995	1980—1981	1995—1996
公共支出						
总支出	26.3	22.5	44.7	22.6	36.4	25.4

---

① 在佩罗蒂、施特劳赫和冯·哈根(1998)中可以找到有关《马斯特里赫特条约》和《稳定与增长公约》对人们评价公共财政可持续性和可信度产生影响的详细讨论。

② 1997—1998 年的东南亚金融危机暂时为该地区的一些国家给出了不同的注解。这里我们主要讨论长期趋势。

(续表)

政府消费	10.3[b]	13.0[b]	…	9.6	12.7	10.4
利息[c]	5.9	1.2	…	3.0	5.0	3.2
转移支付和补贴[c]	6.8[d]	5.4[d]	…	5.1	9.1	7.5
资本支出[c]	3.3	2.9	18.7	5.0	9.7	4.9
总体财政状况	-5.1	-1.2	-16.9	1.2	-14.0	-2.9
主要财政改革领域	私有化;公务员;社会保险		私有化,包括基础设施投资的私有化;政府就业		消费和生产者补贴;公务员	

资料来源:坦齐和舒克内希特(1997);国际货币基金组织:《毛里求斯:背景论文与统计附录》(1996);国际货币基金组织:《泰国:统计附录》(1996)。

a 本表一般把公共支出最高年份的数据与可以得到数据的最近年份或最接近年份的数据相比较。

b 包括对省政府的转移支付。

c 除阿根廷和马来西亚以外,是中央政府的数据。

d 主要为养老金。

阿根廷

长期以来,阿根廷被视为世界经济发展中的一个大悲剧。它从世界上最富裕的国家之一滑向了一个管制最多、停滞最严重的国家,公有部门规模庞大,公共债务高,公共财政经常失去控制。1990年代初的改革通过稳定化和自由化极大地改变了这种景象。公共支出占GDP的比例从1985年的26.3%下降到1994年的22.5%,接近智利或东亚新兴工业化国家的水平(表10.3)。

阿根廷进行了范围广泛的支出政策改革。重要的公共企业,包括公共事业、运输、电信和石油,被私有化了。从全国范围看,公共就业急剧下降,这在某种程度上是通过削减政府职能实现的。医疗和教育被分散化了,省级财政(此前它负有巨额债务和赤字)比过去控制得更紧了。把原来的公共服务私有化一般都能够使服务质量得到巨大改善。① 养老金改革在某种程度上是以智利模式为基础的。它把退休年龄提高到 65 岁,并引入了完全基金式的、由私人管理的新型养老金支柱,从而减轻了人口老龄化给财政造成的压力。

毛里求斯

毛里求斯可能是那些在过去几十年对政府进行重大改革,从而实现经济快速增长的国家中最不被人了解的国家之一。直到 1970 年代末,毛里求斯一直遭受制糖业反复衰退、巨额财政赤字、高失业的困扰。然而,在政治和社会上逐渐形成共识,即需要对经济和财政政策进行激进改革。改革之初,即 1980—1981 年间,公共支出超过了 GDP 的 36%,财政赤字达到 GDP 的 14%。由于进行了重大改革,几年之内公共支出占 GDP 的比例就下降了 10 个百分点,而经济增长和就业岗位的创造却加速了。改革包括实施保守的工资和就业政策,降低生产者和一般消费者补贴。另外,政府对经济实行了自由化,重组了许多公共企业。②

---

① 布尔基和佩里(1997)以及美洲发展银行(1997)讨论了拉丁美洲国家支出政策的改革。

② 有关毛里求斯改革的文献很少。居尔哈蒂和那拉利(Gulhati and Nallari, 1990)提供了简单的描述。参见《金融时报》1992 年 9 月 14 日和 1994 年 9 月 27 日的报道,这些报道对毛里求斯实施成功改革以后国家的总体经济形势作了有价值的描述。1997年 2 月 12 日的《金融时报》指出了毛里求斯公务员制度和福利制度进一步改革的潜力。

马来西亚

马来西亚在1980年代初经历了与毛里求斯程度相似的不稳定状态。1982年,公共支出几乎占到GDP的45%,财政赤字几乎是GDP的17%,公共投资吸收掉的GDP令人吃惊,份额达到18.7%。马来西亚设法扭转它的政策,到1995年,支出已经下降到1980年代初的一半。公共支出降到GDP的22.6%,与其他新兴工业化国家的一般水平相似,而且有预算盈余。公共支出实现如此令人难忘的下降,除了实施改革以外,快速经济增长也起到了有利的作用。更为重要的是,政府大幅度放松了对经济的管制,降低了在许多经济活动中的直接参与程度。公共投资支出大幅度下降了,而且马来西亚率先在传统上保留给公共部门的领域中开辟由私人融资的投资项目,如道路和水供应。政府在改善公共企业业绩上也取得了成功。大量的公共企业被私有化了,剩下的则被商业化了,允许私人部门的大量股份资本参与。保守的工资和就业政策也使公共支出处于控制之中。①

不幸的是,1997年马来西亚受到了金融危机的影响,这场危机冲击了东南亚。它也开始推行颇受争议的经济政策,包括在金融政策上实施强有力干预和资本控制。马来西亚能否在未来几年恢复它良好的经济记录还有待观察。

---

① 参见《金融时报》1995年9月19日和1996年6月19日的报道,以及帕克(Parker,1994)对马来西亚公共支出政策和私有化的有价值的讨论。还可参见《亚洲货币》(1994)对私人部门参与建筑业和基础设施项目的报道。

新加坡

首先,新加坡可以作为一个如何避免财政问题的良好范例。自建国以来,新加坡一直使自己的政府保持小而有效,且一直被认为是最具竞争力和经营最自由的经济体之一。这个国家在减少腐败上也取得了明显的成功。1992年,公共就业仅占新加坡劳动力的4%,这是行政部门非常精干的一个标志。与此同时,领取高薪的公务员在诚实和效率方面享有很高的声誉。对公共企业的预算补贴得以避免,因为这些企业必须主要依靠自我融资。新加坡是最早对市内道路(以前非常拥挤)收取通行费的国家之一。这就降低了对修建昂贵道路的需求。

新加坡经济最有趣的特征是建立了中央公积金,它于1955年设立。中央公积金是一个带有个人账户的强制性储蓄计划,雇员和雇主向个人账户缴费。最初,中央公积金的目标是向基本退休收入提供资金,但它逐渐演变为同时向住房、医疗和投资支出提供资金的一个储蓄工具。这种完全基金式的计划已经在很大程度上缓解了工业化国家正在经历的社会保险支出压力(Bercuson, 1995)。不过,个人账户已经在很大程度上失去了透明度,因为个人对基金投资抱有信心。

五、结论

我们简单的考察表明,自1980年代初以来,国家的职能在一些国家下降了。我们对许多国家公共支出的考察使我们相信,公共支出占 GDP 的 30% 可以作为工业化国家公共支出的一个合理目标。当然,这仅仅是一个指导性目标,可以作为工业化国家的一般参照物。可以预见,一些国家的目标会定得高一些,另一些国家则会低一些。人们或许会极力建议新兴工业化国家把公共支出水平维持在 GDP 的 20% 左右。旨在削减公共支出的激进改革模式现在可以在各种不同的国家中看到。这些模式可能会向犹豫不决的决策者和特殊利益集团表明,只要改革是严肃的和前后一贯的,它就能够起作用,并带来巨大的收益。共同的经验似乎是,那些已经实施政府改革的国家的公民,就不想再回到老路上去(参见 Rodrik,1996)。事实上,值得注意的事情是在那些实施新计划的国家公众现在支持这些计划的方式。

第十一章 公众舆论中的财政改革

一、财政改革在公共舆论中处于突出位置

　　工业化国家的公共舆论显示,人们十分关注财政问题,并且认识到需要对政府计划进行重大变革。所有国际金融和经济大报几乎每天都有有关财政问题和改革建议的报道。现在也几乎看不到政治家是在提高公共支出水平的平台上来赢得竞选的。当然,一些集团或个人仍然喜欢自己所偏爱的支出得以增加,但是以削减他人的支出为代价而不是通过增加社会总支出来实现的。即使是比较左倾的政府,如法国、意大利和1998年的英国政府,也都赞成削减公共支出,至少是更好地控制公共支出。

　　财政赤字、巨额公共债务和高水平公共支出不时被视为增长停滞、实际利率和失业居高不下,以及某些社会问题日益恶化的原因。现在已全然没有加尔布雷思公共总支出应该增加的论点。近几十年舆论氛围确实发生了变化。为了感受一下目前流行的态度,我们将引证一些有影响的报纸。当然,这远不是科学的方法。尽管如此,与其他任何东西相比,报纸更能反映当下的思想。显然,我们只能有选择地加以引证。

第十一章 公众舆论中的财政改革 273

在1996年10月1日的《独立报》(Independent)上,麦克雷(McRae)指出,1995年世界上(几乎200个国家中)有财政盈余的国家不到10个,他认为,这是"全世界制度失败"的一种体现。他继续写道:"在整个发达国家,税收和支出政策的决策方式存在着严重的问题。"基于同样的思路,1996年元月6日《金融时报》(Financial Times)的社论指出:"每一个国家都遇到了财政问题。美国遇到了,欧洲遇到了,甚至日本现在也遇到了。"世界各国的决策者也认识到了需要应对高水平的公共支出和财政赤字。例如,比尔·克林顿(Bill Clinton)总统把平衡联邦预算作为他第二任总统任期内最优先考虑的问题;① 法国总统雅克·希拉克(Jacques Chirac)抨击了欧盟国家的财政坏习惯,要求"打破"长期赤字这一"堕落的体制"(法新社,1996年11月19日)。

在一篇评论中,《法兰克福汇报》这份国际性报纸也对政府在经济中履行过多职能表示痛心,强调需要实施重大改革:"高支出、高税收和高赤字以及过度的管制破坏了个人自由和自立,挫伤了私人部门的积极性"(《法兰克福汇报》,1997年3月8日)。"公共支出已经达到了政府不能够或不愿意用税收来填补的水平,因此公共债务飚升。决策者知道,他们想通过发动通货膨胀或增税来摆脱这些问题而又不受惩罚是不可能的,因此不得不勒紧裤腰带"(《金融时报》,1996年1月6日)。诸如国际货币基金组织等国际机构则"对公共借款发起了猛烈抨击"(《金融时报》,1996年4月

---

① 异常强劲的美国经济和若干政策变革使他比预期容易得多地达到了预算平衡。相反,日本的财政形势在近几年显著恶化了。

18日),中央银行则极力主张削减预算赤字(《金融时报》,1996年4月14日)。"重新设计政府"这一在美国流行的口号也跨越了大西洋(参见《金融时报》,1996年7月26日)。在美国,虽然一些批评政府的人几乎反对所有的政府活动,但比较温和的势力则一般要求有一个"精干而不吝啬"的国家。

媒体认为,存在改革和压缩政府的巨大空间,① 甚至左翼出版物,如德国一本有影响的周刊《镜报》(Der Spiegel)也指出,政府做得太多,太没有效率。《镜报》(1996年5月13日)报道,一家名为阿瑟·D.利特尔(Arthur D. Little)的管理咨询公司分析认为,德国政府就像一个处于危机中的公司,并且指出,可以在4年之内实现高达GDP 8%的节省。如果依据现代管理原理对政府进行重组,消除冗员,这些节省可以在不削减社会服务的情况下获得。

麦克雷在上面所提到的同一期《独立报》上发表评论指出,"现在已经到了改变游戏规则的时候了",因为"强化财政责任正当其时"。在1980年代货币政策改革以后,货币政策目标的确定和中央银行独立性的提高使货币政策摆脱了政治家的随意干预,从而使通货膨胀率重新回到了低水平。1990年代,在财政领域可以看到相似的过程开始发生,这一过程可能会持续到下一个世纪。制定了严格的规则,甚至设立了独立的机构来监督预算过程,社会保险基金从预算中分离了出来,从而摆脱了政府干预。在推进改革计划时,压缩公共支出计划和改革制度都被视为是必不可少的,因

---

① 例如,可参见《经济学家》(The Economist),1997年9月20日对"国家未来"的分析。

为政府试图要做的是在无情的资本市场这块礁石与起抵制作用的既得利益集团这一旋涡之间"航行"。国际贸易和全球化尤其会诱使欧洲国家压缩政府规模。① 如果过去几年的争论很好地预示了未来的国家职能将实际变成什么样子,我们就会看到,未来几年的改革会比现在更深入,会采取强有力的步骤削减公共支出。

然而,有关政府改革的争论也呈现出国际不平衡。虽然盎格鲁撒克逊世界大都强烈地赞成小政府和市场经济,但欧洲大陆似乎对全球化更加忧虑,对市场的优势也没有太大的信心。尤其是在法国,对改革的抵制仍然根深蒂固。例如,一位有影响的法国社会学家皮埃尔·布尔迪厄(Pierre Bourdieu, 1993)就反对"荒谬的市场国际主义"以及以下观点:必须对政策加以改革以获得国际投资者的信任。相反,他要求欧洲福利国家阻止这样的竞争。在一本已经成为国际畅销书的著作中,法国的专业作家维维亚娜·福里斯特(Viviane Forrester, 1996)就把目前的经济发展诋毁为"经济恐怖",这种发展把目前流行的以市场为导向的自由化观点捧到了至高无上的地位。她在一篇不太有说服力的论文中反复指出,全球化及全球市场将抢走工人的饭碗和尊严,但她并没有对此做出太多的分析。工作岗位将轻易消失,劳动力将不再具有经济价值,工人将逐渐感到自己没有用处。她没有追问这样一个问题:如果工人没有收入,谁将购买所生产的产品。

法国1997年的选举把社会主义政府重新推上了台,因为它承

---

① 参见哈罗德·詹姆斯(Harold James):《时代》(1997年2月25日)和1997年9月20号《经济学家》,第34页。然而,《经济学家》相信,大政府或许会在全球化世界中生存下来。

诺用老式的管制和干预主义来应对财政问题和日益加剧的国际竞争。然而,只要涉及财政问题,新政府似乎就不愿意重复过去的错误。例如,在1998年4月21日接受《世界报》(Le Monde)的一次采访中,法国总理利昂内尔·若斯潘(Lionel Jospin)指出:

创造财政赤字并不是左翼政策的特征。从1993年到1997年,公共债务从不到GDP的40%增加到约60%。偿还这笔债务将毁掉未来……偿还日益增加的利息就是偿还租金……1999年的预算必须使我们能够很好地控制住公共支出的增长,减少财政赤字,采取对就业有利的行动(以上是我们的转述)。

在同一次采访中,若斯潘也讲到了需要控制养老金和医疗支出。从左翼政府领导人口中讲出这些话在10年前是不可想象的。

通过所有这些言论可以看出,法国舆论已经明确指出需要对公共部门实施改革(Bismut and Jacquet, 1997),但对过度全球化的担忧(《费加罗报》,1997年3月19日)在法国似乎比在其他国家更为盛行。在德国和意大利,很多争论都集中在财政改革所面临的挑战上,一些重要的真正变革正在发生。然而,在所有这些国家,从过去遗留下来的一些过时处方依然对随后的一些改革方案产生诱惑,甚至使某些改革方案有一个不好的开头:例如,德国前财政部长奥斯卡·拉方丹(Oskar Lafontaine)认为,供给政策失败了,"我们不能允许全球化破坏德国的社会保险制度"(《商业周刊》,1997年2月24日)。1998年秋新社会民主党政府所采取的首要措施之一就是扭转它的前任对福利和劳动力市场所进行的最为温和的改革。不过,拉方丹先生辞职了,因为政府中的其他人并不抱有同他一样的观点。还有,山德罗·贝尔蒂若蒂(Sandro Bertinotti),这位意大利共产党的书记仍然认为把每周工作时间缩短为35小时和创造由公共融资的工作岗位是解决失业的方法。他还反对大型公共企业私有化。

二、有关赤字和公共支出限度的争论

有关财政改革的许多争论都集中在总支出和赤字的限度上，许多政府已经宣布了雄心勃勃的改革目标，大都提出要实现预算的大体平衡，或大幅度削减支出，或者两者同时进行。

美国

在美国，总统和国会已经达成一致，到2002年平衡联邦预算，但强劲的经济和繁荣的股票市场使达到这个结果的时间大大提前了。在这个国家，对改革的要求，甚至一些重要政治人物对改革的要求，可能是工业化国家中最迫切的，尽管依据国际标准，美国的公共支出是较低的。1995—1996年，共和党已经开始做出了巨大努力来平衡预算和压缩政府规模。当时的多数党领袖纽特·金里奇（Newt Gingrich）提出了"与美国签约"，宣称，"我们真诚地相信，我们能够削减支出，与此同时使政府更好"（《纽约时报》，1995年4月8日）。

美国的税制也受到了强烈的抨击，尽管几十年间税收负担几乎没有变化，税收收入占GDP的比例在工业化国家是最低的。近几年，一直有人主张撤销国家税务局，取消所得税，或者用单税率税取代现行各税。副总统戈尔出于重新设计政府的目的对政府运作方式进行了一些变革。这些变革都是通过一些小的步骤而不是系统的重大改革来进行的。尽管如此,供职于美国联邦政府的工作人员数量一直在大量减少。与此同时,享受社会福利的人数由于福利改革也下降了。

在美国,有关平衡预算和建立平衡预算规则的争论在1995—1996年的冬季尤其激烈。在原则上,所有党派似乎都赞成平衡预算目标,但对于如何达到这一目标,则存在分歧。一派希望增加收入,另一派则希望削减支出,而且还要减税。由共和党支配的国会要求在7年之内平衡预算(到2002年),克林顿总统表示赞同(《纽约时报》,1995年11月25日),但没有提出坚定的平衡预算计划。许多支出削减项目被留给未来确定。美国宪法的平衡预算修正案在国会以微弱多数被否决。可以预料,将会进行新一轮的协商和努力,以确立这一宪法原则,尽管目前出现的财政账户盈余会打消确立这一原则的紧迫性。

欧洲货币联盟国家

1995—1998年,欧洲的有关争论受到了欧洲货币联盟(EMU)进入预备期这一事件的左右。许多欧盟国家在起草自己的预算政策时都把目标放在了跨过欧洲货币联盟的进入门槛上。[①] 前一章我们已经指出,欧盟已经为未来的财政稳定性确立了一套标准,并且要求把平衡预算作为一个"正常"的赤字目标。欧洲货币联盟成

---

① 最重要的标准是各级政府的财政总赤字限制在GDP的3%以内,债务总量的上限为GDP的60%。同时要求利率和通货膨胀率要趋向一致。

员资格将会对公共支出水平发生什么样的影响还有待观察。

在工业化国家,有关如何达到较低赤字和维持公共支出限额的争论异常地鲜明和集中。争论主要集中在实现这些目标所要求的"游戏规则"上。自从1970年代和1980年代人们广泛接受赤字性支出以来,我们已经走得很远了。过去几十年间,对财政政策约束力的侵蚀为大政府和巨额财政赤字的出现打开了方便之门。现在,人们越来越认识到,需要建立能够限制赤字和支出的具有约束力的规则。除了政府规模以外,改善政府服务质量也被作为要达到的目标。例如,在意大利,政府服务的质量几十年来第一次引起了人们的激烈讨论。

人们还热烈讨论了需要建立一套制度基础来有力而可靠地迫使政府去促进财政政策目标的实现。欧盟的稳定条约以及新西兰的《财政责任法》都反映出这些国家正在试图建立这样一种制度,这种制度能削弱政治家在制定财政政策上的自由裁量权,从而创建一种新的财政秩序。公众讨论主要集中在财政决策的一些基本原则和目标上,但制度细节(如预算过程和新的管理办法)则没有引起多少注意。[①] 这可归因于这个问题的复杂性,理解和讨论起来很困难,在报纸这么小的篇幅内发表文章讨论这样的问题尤其困难。同时也由于这样一个事实:公共管理领域的专家很少。然而,支撑欧盟稳定条约的财政制度已经吸引了人们的极大关注。

[①] 不过,与以前相比,它们正在受到更多的注意,尤其是在学术著作中。例如,可参见阿列辛纳和佩罗蒂(1996a)以及班萨·迪塔利亚(Banca d'Italia, 1994)。OECD在该领域也做出了引人注目的工作。

欧盟稳定与增长条约

在欧盟,有关如何维持欧洲货币联盟内部财政稳定性的讨论虽然不太生动,但同样激烈。① 1996年12月,欧盟成员国政府就《稳定与增长条约》达成一致,以强化财政纪律和防止由于一些成员国的巨额赤字而导致的不平衡。欧盟稳定与增长条约表明,制度基础对于财政规则的可信性具有重要意义。它不仅可以预测到数字性指标,而且可以非常清楚地界定程序规则,从而提高了它的可信度(还可参见前一章的内容)。

为了达到马斯特里赫特条约规定的3%的赤字标准,绝大多数欧盟国家必须努力奋斗,而最近一段时期,似乎只有少数国家能够遵守这一标准。从1999年1月1日启动欧元以来,欧盟显然是要抓住这一独特的机遇对财政政策实施准宪法约束和强化财政纪律。因此,稳定条约应该可以增强人们对欧盟中长期财政稳定的信心。② 这将给其他力争解决类似问题的国家提供重要先例。

强化财政纪律的制度改革并不限于工业化国家。事实上,预算平衡甚至财政盈余在过去几年间已经变得比较普遍了。在拉丁美洲国家,预防政府挥霍的制度约束已经建立起来了,或正处于讨论之中。正如前面所提到的,许多有影响的经济学家一直在呼吁

---

① 参见莱昂内尔·巴伯(Lionel Barber)在《金融时报》1996年10月17日对欧洲委员会讨论后欧洲货币联盟预算纪律的报道。《稳定与增长条约》的最终条款是1996年12月在都柏林举行的欧盟政府首脑会议上决定的。

② 在约1/4的国家,重新出现了对《稳定与增长条约》打折扣的企图。当然,只有时间才能告诉我们,规则是不是又被改变了,是不是最终得到了实施。

拉美国家建立独立的财政委员会。①

三、公众对支出政策的争论

在目前有关公共支出计划的讨论中,社会保险成为政治辩论的焦点。德国总理科尔认为:"政府并不是一头在天堂里喂养而在地球上挤奶的奶牛",他要求对德国的福利国家进行"真正而根本性的改革"(《镜报》,1996年第20期)。在许多国家,福利国家正在遭受人们的抨击,而其他诸如公务员规模、行业补贴程度等支出问题,私人部门在传统公共投资领域的作用,以及对地方和地区支出的控制,就被摆到了后面的位置。然而,应该注意的是,在1980年代的大多数年份,私有化是人们关注的中心,在法国和意大利等国家,情况仍然如此。在其他一些国家,目前人们对私有化的关注程度要低于1980年代,这一事实发出了这样一个信号:该领域的争论已经基本解决了,人们赞成政府在生产领域发挥较小的职能。

社会支出改革

与削减财政赤字和公共债务相比,社会支出改革是一个争论激烈得多的问题。高工薪税、高医疗保健成本、高失业成本促使人们形成一个广泛的(但常常是模糊不清的)共识:需要进行根本性

---

① 参见艾兴格林、豪斯曼和冯·哈根(Eichengreen, Hausmann, and Von Hagen, 1996)以及《金融时报》,1996年3月25日。

改革。① 这些因素可能会促使地下经济的发展和导致较高的官方失业,从而引起了人们越来越多的关注。福利改革计划常常成为报纸的头版新闻,有时还加了醒目的标题。一些标题写道:法国正在启动私人补充养老保险和修补医疗体制(《金融时报》,1996年9月16日和9月25日);公共养老金争论在西班牙如火如荼(《金融时报》,1995年2月24日);向福利宣战(在英国)拯救了千百万人(《金融时报》,1996年4月13日);削减预算碰到了瑞典福利制度的前沿(《金融时报》,1995年1月24日),芬兰推出了削减支出的一揽子方案,失业、疾病和儿童津贴将是其中的主要牺牲品(《金融时报》,1995年4月11日)。美国已经在设法解决福利改革所面临的压力和持续存在的社会问题,包括很大一部分人没有医疗保险,而医疗成本却一直在急剧上升,成为各国最高的。美国福利改革计划的目标是降低人们对救助的依赖,同时维持基本安全网。

虽然迄今为止改革主要限于津贴和享受资格方面的细小变化,而不是社会保险提供方式的系统改革,但争论是激烈的,牵涉到了所有社会群体。然而,越来越多的声音是要求进行更为根本的改革,让私人部门更多地参与,回归到基本社会安全网而不是从摇篮到坟墓的社会保险。这些要求主要是基于强化自我依靠、社会保险的长期可持续性和经济增长提出来的。与此同时,日益完善的市场和全球化也使得个人有可能通过私人部门来自我防范某些风险。例如,全球化可以使个人购买国外保险以防范某些风险。

---

① 例如,可参见《金融时报》1995年12月29日上的评论,该评论指出,德国人喜欢他们的社会保险制度,自从俾斯麦(Bismarck)统治时期实施这一制度以来,它就给德国带来了和平与繁荣,但他们也知道,这一制度正在变得难以负担。

私有化

公共企业私有化和私人部门越来越多地参与到政府计划的投资项目和公共服务中来似乎已经被广泛接受。在英国，人们已经达成了政治上的共识：国家私人融资启动计划将成为向新的投资项目提供资金的主要工具，由私人公司来建设、融资和经营项目（《金融时报》，1996年10月18日上的评论）。在德国，国有企业私有化也在进行，公众讨论集中在私人投资者的预期收益上，而不是与私有化相关的社会的、政治的或经济的影响上。

在法国，在社会主义政府1980年代初所进行的国有化中，有相当一部分已经被扭转了过来，因为人们越来越认识到，政府不能够很好地管理许多部门的公共企业。公众在这个问题上的观念转变是极为明显的，例如，《世界报》上刊登的一篇文章就反映了这种情况，这是一份引领舆论的报纸。1996年10月8日《世界报》写道："用公共权力来处理危机中的公共企业，速度太慢，事前准备太差，因此是非常不合适的"。尤其是在银行部门，财政部"缺乏评估现代银行的工具"。然而，1997年上台的左翼政府对私有化采取了一种更加中立或比较谨慎的立场。

工资与就业政策

令人奇怪的是，虽然近几十年公务员的规模扩大了，预算压力无处不在，但政府部门的工资和就业政策却没有引起多大的争论。长期以来，公共就业被作为减少失业的一种方式，绝大多数国家仍然不愿意削减公共就业，因为担心失业率会上升。澳大利亚或许是一个例外,它大幅度削减了公务员规模,并计划在最近的将来进一步削减。除了澳大利亚以外,基本没有一个 OECD 国家的政府试图通过大幅度削减公共就业来应对高支出和高赤字。然而,正如已经指出的那样,公共就业在美国大幅度下降了。即使是通过人员的自然减员来压缩公务员规模也不普遍。例如,法国政府在 1997 年预算中计划通过自然减员方式减少 6000 名公务员,占总数的 0.3%,这一最为温和的计划也遭到了工会的强烈反对。意大利政府试图精简铁路和航空公司的尝试也遭到了强烈的抵制。西班牙试图在 1997 年的预算中通过冻结公务员工资来削减开支,遭到了公务员工会的强烈反对。芬兰政府削减省政府机构数目的计划遇到了强大的政治阻力,尽管这一计划对就业和成本影响不大。既然 OECD 压缩公共部门劳动力的努力是如此胆小和缓慢,对如此温和的行动也存在政治抵制,那么,一些拉美国家和非洲国家的政府力图迅速削减公共部门的就业规模就是异同寻常的。阿根廷等国家,当然还有澳大利亚,对如何实现这一目标可能会提供未来导向。

补贴

另一个偶尔会引起公共争论甚至社会动荡的问题是对企业和农民的公共补贴。一般而言,正是受补贴企业的劳动者反对削减对企业的补贴,而反对继续给予这些补贴的正是它的竞争者。法国、西班牙和意大利对国有航空公司的补贴,西德对煤矿的补贴,东德对所有行业的补贴,整个欧盟对农业的补贴,要定期接受政治和公众的审查。欧盟已经开始试图缓解由政府补贴所造成的财政负担和政治影响。所有国家补贴都需要得到欧盟委员会的批准,并遵守严格的标准。然而,欧盟在这方面的权力是有限的。因此,补贴会不断地被给予,因为成员国政府能够在政治上找到适当时机向欧盟施压,为本国遭受困难的工业和农业寻求"豁免",通常所提出的理由是,在失业率很高时取消补贴会导致更高的失业。

对税收改革的影响

当里根总统承诺大幅度削减税收,同时以相同的幅度削减支出,从而为减税腾出资金时,一些专家预计,创记录的财政赤字在美国可能会随之而来。当欧洲的一些政党承诺大幅度削减税收,但与之相配套的支出削减至今基本尚没兑现,甚至没有明确提出来时,也会产生类似的担忧。在美国,减税仍是一个被普遍利用的竞选承诺。例如,在1996年的总统大选中,我们可以看到共和党承诺大幅度减税。减税的1/4将由更高的经济增长提供资金(《纽约时报》,1996年8月6日,或《金融时报》,1996年8月6日)。1999年,又出现了减税的压力。在法国、意大利以及某种程度上的德国,降低所得税一直是受欢迎的承诺。

不管说法如何,1990年代末的形势毕竟与1980年代初有很大的不同。私有化和福利改革已经在许多国家开始,这为未来几年削减公共支出和减税创造了一定空间。另外,国际税收竞争将迫使税率在一定程度上下降,并将施加某些国际约束(如欧盟《稳定与增长条约》乃至国际货币基金组织的监督所施加的一些约束),这就使得各国很难在削减税收的情况下不相应地削减支出。由此看来,削减税收的压力实际上强化了政府削减支出的压力。因此,调整税收制度和降低边际税率的计划可能要与削减支出协同实施。

四、改革的实施：在全球化与
既得利益集团的夹缝中

全球化

242　　我们已经指出，国际承诺能够对强化财政纪律起到有益的作用。我们还指出，在考虑政策改革时，一方面要向国际金融市场发出"好"的信号，另一方面又要向既得利益集团妥协，政府要在这二者之间进行政治权衡。金融市场对好的改革会做出积极的反应，会以低利率和稳定汇率的形式给政府带来回报。例如，澳大利亚1997年公布的财政预算就得到了金融市场的高度认可，10年期债券利率下降了16个基点。1997年意大利财政赤字的急剧下降带来了实际利率的大幅度下降。随着实现欧洲货币联盟机会的增加，以及后欧洲货币联盟财政稳定性的提高，对长期债券利率所产生的类似影响在许多欧洲国家已经显现出来了。因此，金融市场是一个很好的晴雨表，更为重要的是，它已经变成了一个有利于执行财政纪律和进行适宜政府改革的"压力集团"。

未来，金融市场的影响可能会变得更为强大，尤其是在欧洲货币联盟国家之间，此时，不同国家会有不同的信用评级，它们公共债券的利率也不会相同。借助于金融市场，单一欧洲货币会使人们对一国政府政策的认识更加透明。这将会引入一个新的因素，即在欧洲货币联盟内部,各国政府会进行有益的竞争。公民和公司将能够更容易地依据各国的政策体制在它们之间进行选择。

来自国际金融市场的积极评价也会对政府的声望产生重要的间接影响。较低的利率或有利的投资环境能够提高就业和实际工资水平。较低的通货膨胀能够提升政府的声望。然而,许多这样的有利影响主要是在长期内实现的,一旦建立起对改革的信心,经济主体的反应就会转化为更加有利的结果。公众舆论也会注意到这些影响,因为媒体会报道在实施改革的国家中政府改革所带来的好效果,会讨论这些改革对其他国家的适用性和影响。

既得利益集团的抵制

马克·苏斯曼引用了一位德国经济学家在一篇题为"福利制度的分量下降了"的文章中的一句话:"每一个人都知道,我们所需要的东西是削减津贴和开始把一些福利成本从国家转向私人体系。这是一场政治管理的危机"(《金融时报》,1996年4月14日)。尽管可以认为这是一种共识,但对改革的抵制仍然是很普遍的,不仅仅在养老金领域是这样。在选举之前进行养老金改革尤其具有风险,因为退休人员是一股政治势力,并且常常会遭到工会的反对。削减就业和补贴常常会遭到有良好组织的既得利益集团的立即的、有时是很激烈的反对,这些利益集团可能会威胁到政府的权威。

当农民在国会或欧盟委员会门前泼洒牛奶时;当公共部门的职员导致国家基础设施瘫痪时,正如法国1995年冬出现的情况;或者是1997年澳大利亚宣布预算法之后,暴乱者举着大锤示威反对紧缩预算时；或者像德国1996年秋的情况那样，钢铁工人工会在疾病津贴小幅削减后以罢工相威胁时，人们就能够理解政府所面临的逆转压力，甚至不能启动改革计划。在德国，政府限制疾病津贴、收紧养老金领取资格和降低雇员保障水平的改革主张就引起了工会和反对党社会民主党的强烈反对。同样，当澳大利亚公务员听说要削减公务员时，就举行了罢工。法国一部分公务员在1996年10月举行了罢工，当时政府宣布公务员的人数要削减0.2%。由于一些规模较小但组织良好的团体不时采取这些激烈的行动，一些改革便由于政治上不可行而被搁置起来或被推迟。

达成一致意见

尽管需要政府有强烈的政治意愿，但投入大量人力和物力达成一致意见和认真设计一揽子改革方案似乎比纯粹对抗的办法更为可行。在新西兰、爱尔兰和智利，公众对影响深远的改革达成了广泛的一致，这就使得重大财政改革能够得以进行，这些改革限制了公共支出和赤字，减少了国家在许多领域的职能。这表明，在民主国家，达成一致意见和获得基础广泛的政治支持是成功进行财政改革、削减长期支出和赤字的至关重要的条件。为了与反对派、行业工会和雇主协会就紧缩方案达成这种一致，许多政府都做出了巨大努力。在"公平"分摊改革成本和分享改革收益、对弱势群体给予保护或补偿上形成共识通常有助于达成对改革的一致意见。正如已经指出的那样，新西兰和智利在改革期间维持了最低限度的养老金和社会安全网，同时提高了选择社会支出目标的准确性。

第十一章 公众舆论中的财政改革

展开基础广泛的政治讨论和达成一致意见也能够增强人们事前对改革的信心，提高预期经济（和非经济）收益。这正是欧盟在1986—1992年间实施单一市场计划的主要力量之一。运用同样的政治营销战略和达成一致意见，强化了欧洲货币联盟的前景，也使后来通过《稳定与增长条约》成为可能。

美国1995—1996年冬财政改革的经验就是一个很好的例子，它说明了当政治策略和达成一致意见遭到忽视时，事情是如何变糟的。当共和党同意克林顿总统提出的要在7年内平衡预算时，一切似乎都在沿着正确的轨道运行。然而，虽然在有关联邦政府未来规模和职能上的根本分歧较小，但在具体问题上都不愿妥协，导致最终不能达成一致意见。或许，一方的武断和缺乏政治敏锐性，包括政府为期三周很不得人心的停止办公，使得另一方能够很容易地阻止所主张的"革命"。权利改革是共和党削减支出和赤字这一议事日程的关键。但是公众发现调整成本并没有得到公平的分摊，而政府则从把反对者说成是冷漠和亲富人的人中得到好处，并决心削减在教育、培训、环境和穷困儿童等受欢迎的计划上的支出。在这种情况下，具有讽刺意味的是，由于经济和股票市场的繁荣，1998年就出现了财政盈余。不过，财政盈余也可以通过税收的大幅度提高而不是公共支出的大幅度下降来实现。

然而，为了战胜既得利益集团的抵抗，政治耐力和坚定的行动有时似乎是必不可少的。撒切尔执政初期政府的执着对于形成和维持某种改革势头肯定是有帮助的。在德国，尽管人们广泛接受低赋税、低支出和放松管制这一总目标，但1997年没能就主要的税收改革达成一致，1998年出现了政策逆转，这表明，即使是在达成一致意见基础上做出决策,也是有限度的。长期以来,各党派都习惯于进行没有痛苦的变革,这种变革是走不远的,于是经济体制就变得不能应对危机和濒临危机的局面。鉴于失业增加、劳动力成本居高不下、过度的劳动力管制及有关党派不能就重大改革达成一致,有报纸在标题上这样评论道:"德国工人不能达成一致意见"或"德国工人的一致意见变成了斗争"(《金融时报》,1996年5月25日)。

政策体制

最后,但并不是不重要的,我们应该重申一下改革总体政策体制所具有的重要性。在那些对自己总体政策体制进行深远改革的国家,改革所带来的利益是很高的,它超过了,至少是减少了对许多特殊利益集团实施再分配所造成的代价。如果改革设计出了一个能带来长期利益的广泛的一揽子方案,特殊利益集团最终会同意改革。欧洲货币联盟具有远见,它照顾到广泛的利益,并首先借助马斯特里赫特进入标准,然后借助《稳定与增长条约》来实现财政的普遍稳定,这可能也是它没有遭到国家这一特殊利益集团强烈抵制的主要原因之一。欧洲大陆许多国家的改革计划具有广阔的视野(不是通过微小改革来满足马斯特里赫特条约),或许这也强化了公众的支持。这有助于它们赶上一些盎格鲁撒克逊国家和新兴市场国家,这些国家在改革政府和削减公共支出方面已经远远走在前面。

五、结论

工业化国家有关政府改革的公众争论一直很活跃,并将持续下去。总之,除了一些重要的例外,需要对政府实施改革,需要减少国家职能,这似乎得到了广泛的认同。财政规则和社会支出改革在公众舆论中居于最突出的位置,但其他许多问题,从建立制度到私有化,再到公共就业,人们也进行了讨论。如果像凯恩斯所指出的那样,思想确实比利益集团更管用,我们就应该可以看到,在有关政府改革的公共讨论之后,紧接着就是未来的重大行动。毫无疑问,在某些重要历史时期曾呼吁增加政府公共开支的声音,例如1927年的凯恩斯和1958年的加尔布雷思,已经归入沉寂。另一方面,今天最响亮的声音是那些赞成政府退出经济领域的人所发出的。我们已经指出,政府不应该放弃它的基本目标,但应该把自己的活动限制在实现这些目标上,并力求以比较经济的方式来实现这些目标。

第十二章 公共支出的未来

本书的第一部分提供了1870年至今工业化国家公共支出增长的证据。数据表明，在过去125年间，公共支出的增长轨迹并不是平滑的。远非平滑。例如，这一时期的头40年，几乎没有增长，以至于平均而言，1913年公共支出占GDP的比例与1870年几乎完全一样，尽管这些国家的经济在这40年间获得了巨大增长。1913年以后，公共支出开始增长。之所以出现这种情况，首先是由于第一次世界大战的推动，然后是"大衰退"的推动，接着又是第二次世界大战的推动。更为重要的是，在这几十年间，人们对政府经济职能的态度开始发生了变化。但在1913年到1960年间，公共支出的增长仍可以认为是适中的。

然而，到了1950年代的末期，对于国家在解决诸多经济和社会问题上可以发挥什么职能，更广义地讲，国家在降低公民所面临的各种风险上可以发挥什么职能，人们的一般态度发生了巨大的变化。此时，许多人已开始相信，政府，而不是个人自身，应该对年老、生病、致残、失业、文盲等等所带来的风险进行防范。并且很多人相信，政府的这种职能能够通过增加公共支出得到最好地履行。1950年代末，我们进入了一个极度乐观主义的时期，相信政府有能力主要通过提高公共支出水平使公民过上更美好的生活。这一时期，在预算、项目评估和其他公共管理领域进行了各种各样的技术创新。人们预期这些创新能够使政府把好的政策与坏的政策区分开来，从而使公共支出更加有效。

1960—1980年间，绝大多数工业化国家公共支出占GDP的比例以最快的速度提高，尽管这一时期没有世界战争，没有大衰退，没有其他导致公共支出迅速增长的重大灾乱。本书的第一部分指出了公共支出增长最快的领域。该部分表明，转移支付，通常采取现金形式，是增长幅度最大的一个支出类型。在许多情况下，公民用一只手缴钱，又用另一只手把钱拿了回来。而且，转移支付的增长是普遍的，影响到了绝大多数国家，尤其是欧洲国家。这一时期，公共支出的增长快于公共收入的增长，从而导致持续的财政赤字（这是和平时期的新现象）和公共债务的增加。这种趋势在这一时期的大多数年份并没有引起公众和决策者的严重关注，部分原因是实际利率很低。例如，直到1980年代中期前后，公共债务占GDP比例的提高才开始引起人们的某些注意（参见Larosiere, 1984），而财政赤字常常被作为一个不相关的问题而遭到忽视，依据是私人储蓄的增加可以抵消掉它的影响。李嘉图等式在美国变成了一个学术性甚至政治性的教条。

在本书的第二部分，我们试图用一种简单的方式找出，在较高的公共支出与较高的社会福利之间是否存在某种联系。较高的支出能带来较高的福利吗？因为公共福利不能直接计量，所以我们揭示了伴随着公共支出增加而来的各种社会经济指标的变化。我们假定，这些指标基本决定了社会福利。出于这一目的，我们依据公共支出占GDP的比例把国家分为三组。于是得到了"小政府"

国家组、"中政府"国家组和"大政府"国家组。简单的经验验证使我们得出这样的结论:从各种社会经济指标看,小政府国家可以做得与大政府国家一样好,甚至更好。

250　　由于高水平的公共支出会给纳税人和整个经济施加显而易见的成本,而从社会经济指标上看,这些成本似乎并没有通过更好的业绩得到补偿,所以我们建议,各国应该制定削减公共支出的目标,譬如把公共支出削减到 GDP 的 30% 左右。当然,这是一个指导性的数字,而且我们认为,即使接受我们的这一观点,各国也不一定要正好达到这一数字。各国的情况彼此不同,人们对政府职能和社会计划的态度彼此不同,这些都说明公共支出水平存在某些差异是合理的。例如,譬如说与美国相比,欧洲国家更愿意向公共文化活动提供资金。而且我们相信,政府希望通过公共支出来办的许多事情,只要公共支出水平譬如达到 GDP 的 25% 到 35%,就能够办到。这个变动幅度是很大的,足以涵盖文化和态度的差异。这意味着,绝大多数工业化国家都应该大幅度地削减它们的公共支出和税收。减少财政搅拌可能就会在实现这一目标的道路上迈出重大一步。

在本书的第三部分,我们在非常广泛的意义上讨论了那些有助于减少公共支出,同时仍能促进政府所追求的社会目标实现的改革。事实上,我们认为,直接的公共支出和直接由公共来提供物品和服务并不是促进某些社会目标的惟一方式。这些目标常常可以用其他方式来更加清晰、更加有效地加以实现。较低的支出和较低的税收意味着绝大多数家庭能够有更多的可支配收入,这些收入可以用来从私人部门购买某些服务或某些可以防范特定风险的保险。因此,降低公共部门对某些活动的参与程度这一事实并不一定意味着绝大多数人从特定服务中所得到的好处会减少,或者特定风险的防范程度会降低。它仅仅意味着,人们可以直接购买这些服务或保险,而不是通过交税,然后通过政府提供这些服务的方式间接购买它们。

显然,某些安全网对于少数不幸的人仍然是必要的,这些人由于不能控制的情况而导致收入很低或需求很高,以致政府必须针对他们提供特殊的救助。然而,这些需要得到特殊保护的社会群体可能不会占人口的很大比例。如果消除目前存在的那些诱使某些社会群体呆在特殊优待类型的激励因素,情况就更是如此。而且,在特殊情况下,对这些群体的救助可以采用公共支出以外的其他方式。补充一句,公共部门仍应对真正的公共品负责。

一个具体的例子或许有助于澄清上述观点。绝大多数国家都有残疾人,尽管对残疾人的界定显然是灵活的,国与国不同,不同时期不同,甚至同一国家的不同地区也不同。文化对于界定残疾人也会产生影响。例如,在意大利,过去几年对残疾人的界定受到地区失业率的很大影响。在那些失业率高的地区,尤其是南方,那些有能力继续从事经济活动的人被划归残疾人,以至于他们有资格享受残疾人养老金。在那些失业率低的地区,这些人就没有资格当残疾人。这一政策导致一些地区的"残疾人"数量大幅度增加(参见 Putnam, 1993)。在西西里(Cicily)的一些地区,残疾人的养老金比一般老年人多出 6 倍。

现在假定,残疾人被视为是那些值得政府明确关注的少数不幸人中的一部分。这种关注可以通过不同的方式来体现。一种方式是向他们提供残疾人养老金。采取这种方式,那些被官方划归为残疾人的人就会退出劳动力队伍,加入到退休群体。因此,许多人就会想方设法将自己划归为残疾人。许多欧洲国家一直就是这么做的。这种方式存在两个问题:一是公共支出上升;二是要求放宽残疾人定义的压力越来越大。由于残疾人的定义变得越来越有弹性,越来越多的人就会宣称自己就是残疾人,为实现保护残疾人群体这一目标所需要的公共支出可能会上升到一个很高的水平。例如,在荷兰,此类支出1990年代初就几乎达到了GDP的5%。腐败的医生可能会出卖自己,向那些没有残疾的人提供疾病证明。而且,这些残疾人可能会参与非官方经济,重新成为从事经济活动的劳动力。①

第二条思路是给那些被认定为残疾人的人提供一些特殊津贴,而不是养老金。这些津贴,可以包括特殊培训,可以被视为是对由于残疾而产生的额外成本所给予的一定补偿。这也有可能导致更高的公共支出,但可以避免刺激人们"软化"资格标准,从而使失业统计数据更加准确。

第三条思路与美国《1990年残疾人法案》所遵循的思路相似。该法案要求雇主修建一些设施,如便于残疾人通过的坡道,还要求雇主在雇用人员时不要歧视能够胜任工作的残疾人。据称,在美国,该法案已经增加了劳动力的供给,同时减少了公共支出。当然,一些成本是由私人部门负担的。问题的实质是,向残疾人提供

---

① 一直有报道,一些在法律上被认定为盲人从而领取残疾人养老金的人在开出租车,还有一些残疾人在踢足球。

保护这一目标在很大程度上可以用低成本的公共支出,同时由私人支付一定的成本来达到。① 我们没有研究这一法案以在总体上判断它的好与坏,但它确实提供了一个具体例子,说明存在削减公共支出的可能性。②

削减公共支出的可能性目前在许多领域都是存在的,从提供养老金(以防范老年风险)到提供教育、医疗服务和一般基础设施都是如此。这种想法甚至实例并不罕见。布宜诺斯艾利斯私人企业"收养"公共公园就是一个有趣的例子。这种情况也存在于基础设施的提供和私人部门经营公用设施(以前由公共部门经营)等等之中。甚至动物园和博物馆也能够承包出去,从而减少公共支出,甚至还能得到收入。许多诸如此类的例子说明,那些用以证明公共部门干预合理性的传统目标在公共支出低于以往水平而赋予私人部门更大作用的时候仍然能够实现。当然,有些变革在政治上是要付出代价的,必须克服相关群体(如学校教师、铁路工人和医疗部门职工)的反对,以及公共支出计划直接受益者(养老金领取者、学生、病人等)的反对,这些人认为他们输在了末尾。

第四部分的讨论表明,许多国家已经或者正在进行变革,这些变革可能会改变国家的财政职能,从而降低公共支出占 GDP 的比例。近年来进行了大量的试验,产生了好的结果,偶尔也有坏结果。一般而言,政府实施有效或必要规制职能的能力越强,公共支出压缩的幅度就可能越大。因此,那些致力于削减公共支出的国

---

① 见1998年4月18日《经济学家》第25—26页上的一篇文章。
② 德国体制具有相似的特征,雇主必须向残疾人提供一定比例的工作岗位,或者花钱购买岗位来卸掉这一义务。

家可以从这些试验和经验中进行选择。① 正如已经指出的那样，改革的主要障碍通常是特殊利益集团，但是，用加尔布雷思的话说，"头脑中的既得利益"，以及缺乏想像力常常也会阻碍变革。

在本书第三部分所讨论的绝大多数改革中，国家通过公共支出所履行的职能被减少了。然而，如果政府不仅仅是想分离它的职能，还希望用其他方式来促进它的基本目标的实现，那么，它就必须强化它的规制权力。在许多情况下，好的规制可以减少公共支出，而不会丢掉国家的社会经济目标。目前已经涌现出大量有关政府规制的文献。一些文献指出，规制者在一定程度会被被规制者所俘虏，从而扭曲规制目标。这显然是一种危险。然而，随着国家变得更加完美和市场的改善，决策者应该能够更好地履行规制职能。他们可以从其他国家的成功和失误中学习，还可以依靠国外咨询专家。例如，智利养老金改革专家就可以为其他在该领域进行改革的国家的决策者发挥重要的咨询作用。私有化和其他领域的专家亦可发挥同样的作用。国际组织，如 OECD 和世界银行，一直在提供有价值的研究，这些研究有助于决策者做出更好的决策。②

认识到下面一点也是很重要的：全球化本身将会对公共支出施加某些向下的压力。它将通过两种方式做到这一点。第一，通过对税收施加影响。由于存在税收上的竞争，一个国家要对某些税基进行征税将变得越来越困难，可以肯定，全球化将限制一个国

---

① 许多工业化国家已经具备或者能够培育出所需要的规制能力。
② 例如，可参见 OECD：《OECD 规制改革报告》第一卷：《部门研究》，以及第二卷：《专题研究》，(巴黎：OECD, 1997)。

家征收比其他国家更高税率的能力,尤其是对诸如资本和高技术劳动力这些流动性要素征收更高税率的能力(参见 Tanzi, 1997)。第二,国内市场的有限性不再是政府接管某些活动的正当理由。一个国家的公民从其他国家购买保险甚至服务将成为可能,这些国家有能力提供更高质量的服务。这种情况已经发生在教育、医疗和防范某些特定风险的保险(如人寿保险)领域。

所有这些观点使我们有理由相信,未来,政府将变得更加有效,而公共支出(以及税收)将会下降,尽管在现有政策下人口的变动趋势会增加公共支出。公共支出不会下降到 100 年前或 70 年前所看到的水平,但有可能回落到接近 1960 年前后所经历的水平。谈到这一点,我们不赞成回到一些批评家所宣称的"霍布斯丛林"时代。相反,我们建议,国家的职能和公共支出应该更加适中、更加专注,这样,国家就有可能迎来一个充满活力的经济,社会福利就会增长。这将使这些国家的公民过上更加平稳的日子,享受选择的自由和焕发市场的活力,并从公共品以及社会安全网所提供的保障中获益。

参考文献

Alesina, Alberto, and Allan Drazen, 1994, "Why Are Stabilizations Delayed?" in Torsten Persson and Guido Tabellini, eds. *Monetary and Fiscal Policy*, Vol. 2 (Cambridge, Mass.: MIT Press), pp. 387 – 414.

Alesina, Alberto, and Roberto Perotti, 1995a, "Political Economy of Budget Deficits," *IMF Staff Papers*, Vol. 42, No. 1 (March): 1 – 31.

——1995b, "Fiscal Expansions and Fiscal Adjustments in OECD Countries," *Economic Policy*, 21: 205 – 8.

——1996a, "Budget Deficits and Budget Institutions," IMF Working Paper 96/52, International Monetary Fund, Washington.

——1996b, "Fiscal Adjustments in OECD Countries: Composition and Macroeconomic Effects," IMF Working Paper 96/70, International Monetary Fund, Washington.

Alesina, Alberto, Ricardo Hausmann, Rudolf Hommes, and Ernesto Stein, 1996, "Budget Institutions and Fiscal Performance in Latin America," NBER Working Paper, 5586, National Bureau of Economic Research.

Altenstetter, Christa, 1986, "German Social Security Programs: An Interpretation of Their Development, 1883—1985," in Douglas E. Ashford and E. W. Kelley, eds., *Nationalizing Social Security in Europe and America* (Greenwich, Conn.: JAI Press), pp. 73 – 97.

Andic, Suphan, and Jindrich Veverka, 1964, "The Growth of Government Expenditure in Germany since the Unification," *Finanzarchiv*, Vol. 23, No. 2 (January).

Aninat, Eduardo, 1999, "Addressing Equity Issues in Policymaking: Lessons from the Chilean Experience" in Vito Tanzi, Ke-Young Chu, and Sanjeev Gupta, eds., *Economic Policy and Equity* (Washington: International Monetary Fund).

Ashford, Douglas E., and E. W. Kelley, 1986, *Nationalizing Social Security in Europe and America* (Greenwich, Conn.: JAI Press).

Asiamoney, 1994, "Malaysia, Strong Fundamentals," Supplement (June).

Atkinson, Anthony B., Lee Rainwater, and Timothy M. Smeeding, 1995, *Income Distribution in OECD Countries: Evidence from Luxembourg Income Study* (Paris: OECD).

Australia Bureau of Census and Statistics, 1938, *Official Year Book* (Canberra).

Australia Office of Regulation Review, 1995, *A Guide to Regulation Impact Statements* (Canberra).

Australian Minister for Industrial Relations and Minister Assisting the Prime Minister for the Public Service, 1996, *Towards a Best Practice Australian Public Service: Discussion Paper* (Canberra: Australian Government Publishing Service).

Banca d'Italia, 1994, *Nuovo Sistema di Controlli Sulla Spesa Pubblica* (Rome).

Barro, Robert J., 1979, "On the Determination of the Public Debt," *Journal of Political Economy*, 87: 940 – 71.

Bastiat, Frederic, 1944—1945, *Harmonies of Political Economy*, 2 vols. (Santa Ana, Calif.: Register Publishing Co.).

Bator, Francis M., 1960, *The Question of Government Spending: Public Needs and Private Wants* (New York: Harper).

Baumol, William J, 1967, "Macroeconomics of Unbalanced Growth: The Anatomy of Urban Crisis," *American Economic Review*, 57 (June): 415 – 26.

Bercuson, Kenneth, ed., 1995, "Singapore: A Case Study in Rapid Development," IMF Occasional Paper No. 119, International Monetary Fund, Washington.

Berman, Harold J., 1983, *Law and Revolution, The Formation of the Western Legal Tradition* (Cambridge, Mass.: Harvard University Press).

Bird, Richard, 1970, *The Growth of Government Spending in Canada* (Toronto: Canadian Tax Foundation).

Bird, Richard M., Meyer W. Bucovetsky, and David K. Foot, 1979, *The Growth of Public Employment in Canada* (Toronto: Institute for Research on Public Policy).

Bishop, Matthew, John Kay, and Colin Mayer, eds., 1994, *Privatization and Economic Performance* (Oxford: Oxford University Press).

1995, *The Regulatory Challenge* (Oxford: Oxford University Press).

Bismut, Claude, and Pierre Jacquet, 1997, "Fiscal Consolidation in Europe," *Les Cahiers de L'IFRI*, No. 18.

Bitran, Eduardo, and Raul E. Saez, 1994, "Privatization and Regulation in Chile," in Barry Bosworth, Rudiger Dornbush, and Raul Laban, eds. *The Chilean Economy: Policy Lessons and Challenges* (Washington: The Brookings Institution, 1994), pp. 379 – 429.

Blejer, Mario I., and Adrienne Cheasty, eds., 1993, *How to Measure the Fiscal Deficit: Analytical and Methodological Issues* (Washington: International Monetary Fund).

Blomqvist, Ake, and Emmanuel Jimenez, 1989, *The Public Role in Private Post-Secondary Education*, World Bank WPS 240 (Washington: The World Bank).

Bohn, H., and R. P. Inman, 1996, "Balanced-Budget Rules and Public Deficits: Evidence from the U. S. States," Carnegie-Rochester Conference Series on Public Policy, 45: 13 – 76.

Borcherding, Thomas E., Werner W. Pommerehne, and Friedrich Schneider, 1982, "Comparing the Efficiency of Private and Public Production: The Evidence from Five Countries," *Zeitschrift für Nationalokonomie* (Supplement 2): 127 – 56.

Borner, Silvio, Aymo Brunetti, and Beatrice Weder, 1995, *Political Credibility and Economic Development* (New York: St. Martin's Press).

Bosworth, Barry, Rudiger Dornbusch, and Raul Laban, eds., 1994, *The Chilean Economy: Policy Lessons and Challenges* (Washington: The Brookings Institution).

Bottani, Norberto, 1996, *Education at a Glance: OECD Indicators* (Paris: OECD).

Bourdieu, Pierre, 1993, *La Misère du Monde* (Paris: Editions du Seuil).

Brandolini, Andrea, and Nicola Rossi, 1998, "Income Distribution and Growth in Industrial Countries," in Vito Tanzi and Ke-Young Chu, eds., *Income Distribution and High-Quality Growth* (Cambridge, Mass.: MIT Press).

Brennan, Geoffrey, and James M. Buchanan, 1985, *The Reason of Rules: Constitutional Political Economy* (Cambridge: Cambridge University Press).

Breton, Albert, 1984, "An Analysis of Constitutional Change, Canada, 1980—1982," *Public Choice*, 44: 251 – 72.

Breton, Albert, Gianluigi Galeotti, Pierre Salmon, and Ronald Wintrobe, 1991, *The Competitive State*, Villa Colombella Papers on Competitive Politics (Dordrecht: Kluwer Academic Publishers).

Brosio, Giorgio, and Carla Marchese, 1986, *Il Potere di Spendere: Economia e Storia della Spesa Pubblica dell'unificazione ad oggi* (Bologna: Il Mulino).

Brown, Frank, 1995, "Privatization of Public Education: Theories and Concepts," *Education and Urban Society*, 27: 114 – 26.

Brunetti, Aymo, Gregory Kisunko, and Beatrice Weder, 1997a, "Institutional Obstacles to Doing Business," World Bank Policy Research Working Paper 1759, Washington.

———1997b. "Credibility of Rules and Economic Growth: Evidence from a Worldwide Survey of the Private Sector," World Bank Policy Research Working Paper 1760 Washington.

Bruni, Franco, Alesandro Penati, and Angelo Porta, 1989, "Financial Regulation, Implicit Taxes, and Fiscal Adjustment in Italy," in Mario Monti, ed., *Fiscal Policy, Economic Adjustment, and Financial Markets* (Washington: International Monetary Fund), pp. 197 – 230.

Bruno, Michael, Martin Ravallion, and Lyn Squire, 1996, "Equity and Growth in Developing Countries: Old and New Perspectives on the Policy Issues," World Bank Policy Research Working Paper 1563, Washington.

Buchanan, James M., 1975, *The Limits of Liberty. Between Anarchy and Leviathan* (Chicago: University of Chicago Press).

———1985, "The Moral Dimension of Debt Financing," *Economic Inquiry*, 23: 1 – 6.

———Charles K. Rowley, and Robert D. Tollison, eds., 1987, *Deficits* (New York: Basil Blackwell).

Buchanan, James M., and Gordon Tullock, 1962, *The Calculus of Consent, Logical Foundations of Constitutional Democracy* (Ann Arbor: University of Michigan Press).

Burki, S. J., and Guillermo Perry, 1997, "The Long March: A Reform Agenad for Latin America and the Caribbean in the Next Decade," *World Bank Latin American and Caribbean Studies* (Washington: The World Bank).

Business Week, February 24, 1997, "A Continent at the Breaking Point," Byline: Gail

Edmondson, New York, p. 50.

Butlin, N. G. , 1984, *Select Comparative Economic Statistics 1900—1940: Australia and Britain Canada, Japan, New Zealand and U. S. A.* (Canberra: Australian National University).

Calvo, Guillermo, 1978, "On the Time Consistency of Optimal Policy in a Monetary Economy," *Econometrica*, Vol. 46 (November): 1411 – 28.

Campos, José Edgardo L. , and Sanjay Pradhan, 1996, "Budgetary Institutions and Expenditure Outcomes: Binding Governments to Fiscal Performance," World Bank Policy Research Working Paper 1646, Washington.

Cangiano, Marco, 1996, "Accountability and Transparency in the Public Sector: The New Zealand Experience," IMF Working Paper 96/122, International Monetary Fund, Washington.

Caragata, Patrick James, 1998, *The Economic and Compliance Consequences of Taxation, A Report of the Health of the Tax System in New Zealand* (Boston: Kluwer Academic Publishers).

Cardoso, Teodora, 1985, "As Empresas Públicas e o Ajustamento Macroeconómico im Portugal," in José da Silva Lopes, ed. , *Ajustamento e Crescimento na Actual Conjuntura Económica Mundial* (Washington: International Monetary Fund), pp. 150 – 66.

Chand, Sheetal, and Albert Jaeger, 1996, "Aging Populations and Public Pension Schemes," IMF, Occasional Paper No. 147, Internaternal Monetary Fund, Washington.

Chau, Leung Chuen, 1993, *Hong Kong: A Unique Case of Development* (Washington: The World Bank).

Chu, Ke-Young, and Sanjeev Gupta, eds. , 1998, *Social Safety Nets: Issues and Recent Experiences* (Washington: International Monetary Fund).

Clark, Colin, 1964, *Taxmanship: Principles and Proposals for the Reform of Taxation*, Hobart paper 26 (London: Institute of Economic Affairs).

Coe, David, and Dennis Snower, 1996, "Policy Complementarities: The Case for Fundamental Labor Market Reform," IMF Working Paper 96/93, International Monetary Fund, Washington.

Commander, Simon, Hamid Davoodi, and Une J. Lee, 1997, "The Causes of Government and the Consequences for Growth and Well-being," World Bank Policy Research Working Paper 1785, Washington.

Connell, W. F. 1980, *A History of Education in the Twentieth Century World* (New York: Teachers College Press).

Coopers & Lybrand Global Tax Network, 1997, *International Tax Summaries 1997: A Guide for Planning and Decisions*, George J. Yost, III, Chairman, International Tax Board, ed. (New York: John Wiley & Sons, Inc.).

Corsetti, Giancarlo, and Nouriel Roubini, 1996, "European versus American Perspectives on Balanced-Budget Rules," *American Economic Review*, 86: 408 – 13.

Daveri, Francesco, and Guido Tabellini, 1997, "Unemployment, Growth, and Taxation in Industrial Countries," Working Paper No. 122, IGIER, Università Bocconi, Milan, November.

Davis, E. P. 1993, "The Structure, Regulation, and Performance of Pension Funds in Nine Industrial Countries," World Bank Policy Research Working Paper 1229, Washington.

De Haan, Jakob, Wim Moessen, and Bjorn Volkerink, 1997, "Budgetary Procedures: Aspects and Changes. New Evidence for some European Countries," University of Groningen, mimeo.

De Jouvenel, Bertrand, 1952, *The Ethics of Redistribution* (Cambridge: Cambridge University Press).

Delorme, Robert, and Christine André, 1983, *L'État et l'économie: un essai d'explication de l'évolution des dépenses publiques en France 1870—1980* (Paris: Seuil).

Diamond, Peter, and Salvador Valdés-Prieto, 1994, "Social Security Reforms," in Barry Bosworth, Rudiger Dornbush, and Raul Laban, eds. *The Chilean Economy: Policy Lessons and Challenges*, (Washington: The Brookings Institution, 1994), pp. 379 – 429.

Domberger, Simon, and Paul Jensen, 1997, "Contracting Out by the Public Sector: Theory, Evidence, Prospects," *Oxford Review of Economic Policy*, Vol. 13, No. 4: 67 – 78.

Dornbusch, Rudiger, and Mario Draghi, 1990, eds, *Public Debt Management: Theory and History* (New York: Cambridge University Press).

Easterlin, Richard A., ed., 1980, *Population and Economic Change in Developing Countries* (Chicago: University of Chicago Press).

Eichengreen, Barry, Ricardo Hausmann, and Juergen Von Hagen, 1996, "Reforming Budgetary Institutions in Latin America: The Case for a National Fiscal Council," paper presented at Annual Meetings of the Inter American Development Bank, Buenos Aires.

Eijffinger, Sylvester, and Jakob De Haan, 1996, "The Political Economy of Central Bank Independence," Princeton University Special Papers in International Economics, No. 19, Princeton, N.5.

Engel, Eduardo, Ronald Fischer, and Alexander Galetovic, 1998, "Infrastructure Franchising and Government Guarantees," paper presented at the X Regional Seminar on Fiscal Policy, CEPAL, Chile, January 26 - 8.

Eurostat, 1992, Digest of Statistics on Social Protection in Europe, Luxembourg.

Eusepi, Giuseppe, and Eugenio Cerioni, 1989, "Constitutional Constraints on Government: The Impact of Article 81 of the Italian Constitution," paper presented at the European Public Choice Society Meeting, Linz, Austria.

Evans, Lewis, Arthur Grimes, and Bryce Wilkinson with David Teece, 1996, "Economic Reform in New Zealand 1984—1995: The Pursuit of Efficiency," *Journal of Economic Literature*, Vol. 34 (December): pp. 1856—1902.

Feld, Lars, and Gebhard Kirchgaessner, 1997, "Public Debt and Budgetary Procedures: Top Down or Bottom Up? Some Evidence from Swiss Municipalities" Switzerland: University of St. Gallen, mimeo.

Fernández Acha, Valentin, 1976, *Datos Básicos para la historia financiera de España (1950—1975)* (Madrid: Ministerio de Hacienda, Instituto de Estudios Fiscales).

Field, Frederick Vanderbilt, ed., 1934, *Economic Handbook of the Pacific Area* (Garden City, NY: Doubleday, Doran).

Flora, Peter, Franz Kraus, and Winfried Pfennig, 1983 and 1987. State, *Economy and Society in Western Europe, 1815—1975*, Vol. I, 1983, Vol. II, 1987 (Chicago: St.

James Press).

Foot, David K. , 1989, "Public Expenditure, Population Aging and Economic Dependency in Canada, 1921 – 2021," *Population Research and Policy Review*, 8:97 – 117.

Ford, Robert, and Douglas Laxton, 1995, "World Public Debt and Real Interest Rates," IMF Working Paper 95/30, International Monetary Fund, Washington.

Forrester, Vivane, 1996, *L'horreur Economique* (Paris: Librairie Artième Fayard).

Forte, Francesco, 1998, *Le Regole della Constituzione Fiscale*, Notizie di Politeia, Anno 14, No. 49, 150.

———1989, "Costituzione Tributaria e Riforma Tributaria," in Victor Uckmar, ed. , *Esperienze Straniere e Prospettive per l'Ordinamento Tributario Italiano* (Padua: CEDAM).

——— and Alan T. Peacock, 1985, *Public Expenditure and Government Growth* (Oxford: Basil Blackwell).

Foster, R. A. , and Stewart, S. E. , 1991, *Australian Economic Statistics*, *1949—1950 to 1989—1990*, Reserve Bank of Australia, Occasional Paper No. 8 (Sydney, N. S. W. : Reserve Bank of Australia).

Frey, Bruno, 1988, "Explaining the Growth of Government: International Perspectives in Lybeck," J. A. and M. Henrekson, eds. , *Explaining the Growth of Government* , (Amsterdam: North-Holland), pp. 21 – 8.

Friedman, Milton, 1955, "The Role of Government in Education," in Robert Solo, ed. , *Economics and the Public Interest* (New Brunswick, N. J. : Rutgers University Press).

Fry, Maxwell J. , 1997, "The Fiscal Abuse of Central Banks," in *Macroeconomic Dimensions of Public Finance*: *Essays in Honor of Vito Tanzi* (London and New York: Routledge).

Galbraith, John Kenneth, 1958, *The Affluent Society* (Boston: Houghton Mifflin).

Giavazzi, Francesco, and Marco Pagano, 1990, "Can Severe Fiscal Contractions Be Expansionary?" in Olivier Blanchard and Stanley Fischer, eds. , NBER *Macroeconomics Annual* (Cambridge: Mass. : MIT Press), pp. 75 – 110.

Giovannini, Alberto, and Martha De Melo, 1993, "Government Revenue from Financial

Repression," *American Economic Review*, 83:953 – 63.

Gómez-Ibáñez, José, and John R. Meyer, 1993, *Going Private: The International Experience with Transport Privatization* (Washington: The Brookings Institution).

Goode, Richard, 1964, *The Individual Income Tax* (Washington: The Brookings Institution).

Gradstein, Mark, and Moshe Justman, 1996, *Public Choice of an Education System: Implications for Growth and Income Distribution* (Israel: Ben Gurion University).

Group of Ten, 1998, "The Macroeconomic and Financial Implications of Ageing Populations" (s.l.: The Group) April.

Gulhati, Ravi, and Raj Nallari, 1990, "Successful Stabilization and Recovery in Mauritius," World Bank EDI Development Policy Case Series No. 5, Washington.

Gwartney, James D., Richard Lawson, and Walter Block, 1996, *Economic Freedom of the World* (Vancouver: Fraser Institute).

Haddon-Cave, Philip, 1984, "The Making of Some Aspects of Public Policy In Hong Kong," in D. Lethbridge, ed., *The Business Environment in Hong Kong* (Hong Kong: Oxford University Press).

Hagemann, Robert, and Christoph John, 1995, "The Fiscal Stance in Sweden: A Generational Accounting Perspective," IMF Working Paper WP/95/105, International Monetary Fund, Washington.

Halligan, John, 1997, "New Public Sector Models: Reform in Australia and New Zealand," in Jan-Erik Lane, ed., *Public Sector Reform: Rationale, Trends, and Problems* (London: Sage Publications), pp. 17 – 46.

Hammond, Bray, 1957, *Banks and Politics in America, From the Revolution to the Civil War* (Princeton, N. J.: Princeton University Press).

Harberger, Arnold, 1998, "Monetary and Fiscal Policy for Equitable Economic Growth," in Vito Tanzi and Ke-Young Chu, eds., *Income Distribution and High-Quality Growth* (Cambridge, Mass.: MIT Press).

Hayek, Friedrich A. von, 1960, *The Constitution of Liberty* (Chicago: University of Chicago Press).

Heald, David, 1997, "Privately Financed Capital in Public Services," *The Manchester*

School of Economic and Social Studies, Vol. 65, No. 5 (December): 568 – 98.

Helbling, Thomas, and Robert Wescott, 1995, "The Global Real Interest Rate," in IMF Staff Studies for the World Economic Outlook, September International Monetary Fund, Washington.

Heller, Walter W., 1966, *New Dimensions of Political Economy* (Cambridge, Mass.: Harvard University Press).

Holsey, Cheryl M., and Thomas E. Borcherding, 1997, "Why Does Government's share of National Income Grow? An Assessment of the Recent Literature on the U.S. Experience," in Dennis C. Mueller, ed., *Perspectives on Public Choice: A Handbook* (New York: Cambridge University Press).

Holzmann, Robert, 1988, *Reforming Public Pensions* (Paris: OECD).

―――― 1996, "The Economic Usefulness and Fiscal Requirements of Moving from Unfunded to Funded Pensions" (Saarbrücken, University of the Saarland).

―――― 1997a, "Pension Reform, Financial Market Development and Economic Growth: Preliminary Evidence from Chile," *IMF Staff Papers*, Vol. 44, No. 2 (June): 149 – 78.

―――― 1997b, *On the Economic Benefits and Fiscal Requirements of Moving from Unfunded to Funded Pensions*, AICGS Research Report No. 4 (Washington: American Institute of Contemporary German Studies).

Homer, Sidney, and Richard Sylla, 1991, *A History of Interest Rates* (New Brunswick, N.J.: Rutgers University Press).

Institut National de Statistique, 1952, *Annuaire statistique de la Belgique* (Brussels: INS).

Institute National de la statistique et des études économiques, *Annuaire statistique de la France* (Paris: L'Institut).

Inter-American Development Bank, 1997, *Economic and Social Progress in Latin America: Part II* (Washington).

International Monetary Fund, 1995a, *Argentina: Recent Economic Developments*, IMF Staff Country Report 95/110, International Monetary Fund, Washington.

―――― 1995b, *World Economic Outlook* (Washington: International Monetary Fund).

1996a, *Mauritius*, *Background Papers and Statistical Annex*, IMF Staff Country Report 96/1, International Monetary Fund, Washington.

1996b, *New Zealand*: *Recent Economic Developments*, IMF Staff Country Report. 96/14, International Monetary Fund, Washington.

1996c, *Belgium*: *Recent Economic Developments*, IMF Staff Country Report 96/25, International Monetary Fund, Washington.

1996d, *Switzerland*: *Recent Economic Developments*, IMF Staff Country Report 96/31, International Monetary Fund, Washington.

1996e, *Ireland*: *Recent Economic Developments*, IMF Staff Country Report 96/78, International Monetary Fund, Washington.

1996f, *Thailand*: *Statistical Appendix*, IMF Staff Country Report 96/83, International Monetary Fund, Washington.

1996g, *Finland*: *Selected Issues and Statistical Appendix*, IMF Staff Country Report 96/95, International Monetary Fund, Washington.

1996h, *Sweden*: *Selected Issues*, IMF Staff Country Report, 96/112, International Monetary Fund, Washington.

1996i, *Portugal*: *Recent Economic Developments*, IMF Staff Country Report 96/129, International Monetary Fund, Washington.

1996j, *United Kingdom*: *Recent Economic Developments*, IMF Staff Country Report 96/130, International Monetary Fund, Washington.

1996k, *New Zealand*: *Selected Issues and Statistical Appendix*, IMF Staff Country Report 96/144, International Monetary Fund, Washington.

1997a, *Australia*: *Recent Economic Developments*, IMF Staff Country Report 97/22, International Monetary Fund, Washington.

1997b, *World Economic Outlook*, International Monetary Fund, Washington.

1997c, *International Financial Statistics* (Washington: International Monetary Fund), August.

Government Finance Statistics Yearbook (Washington: International Monetary Fund) (various).

Irwin, Timothy, Michael Klein, Guillermo Perry, and Mateen Thobani, 1998, "Managing

Contingent Liabilities in Infrastructure Privatization."Paper presented at the X Regional Seminar on Fiscal Policy, CEPAL, Chile, January 26 – 8.

Italy, Istituto Nazionale di Statistica (various years) *Annuario statistico italiano* (Rome: ISTAT).

James, Estelle, 1984, "Benefits and Costs of Privatized Public Services: Lessons from the Dutch Educational System," *Comparative Education Review* 28: 605 – 24.

—— 1987, "The Public/Private Division of Responsibility for Education: An International Comparison," *Economics of Education Review* 6(1): 1 – 14.

Japan Statistical Association (various years), *Historical Statistics of Japan*.

Johansen, Leif, 1965, *Public Economics* (Amsterdam: North-Holland).

Kanbur, S. M. Ravi, 1991, "Poverty and Development: The Human Development report and the World Development Report," World Bank Policy Research Working Paper 1759, Washington.

Kapur, Anil, 1995, "Airport Infrastructure. The Emerging Role of the Private Sector," World Bank Technical Paper No. 313, Washington.

Kelsey, Jane, 1997, *The New Zealand Experiment: A World Model for Structural Adjustment*? (Auckland, New Zealand: Auckland University Press, Bridget Williams Books).

Keynes, John Maynard, 1926, *The End of Laissez-Farie* (London: Hogarth Press).

—— 1936, *The General Theory of Employment, Interest, and Money* (San Diego: Harcourt Bruce Janovich).

Kindleberger, Charles Poor, 1993, *A Financial History of Western Europe* (New York: Oxford University Press).

King, Mervyn, 1997, "Tax Systems in the XXIst Century," in International Fiscal Association, ed., *Visions of the Tax Systems of the XXIst Century* (Boston: Kluwer Law International), pp. 53 – 64.

Kopits, George, and Jon Craig, 1998, *Transparency in Government Operations*, IMF Occasional Paper No. 158 (Washington: International Monetary Fund).

Kopits, George, and Steven Symansky, 1998, *Fiscal Policy Rules*, IMF Occasional Paper 162 (Washington: International Monetary Fund).

Kotlikoff, Laurence, 1995, "Privatization of Social Security: How It Works and Why It Matters," in *Tax Policy and the Economy*, NBER Conference Report. James Poterba, ed.

Krueger, Anne O., 1974, "The Political Economy of the Rent-Seeking Society," *The American Economic Review*, Vol. 64, No. 3 (June): 291 – 303.

———1993, *Economic Policies at Cross Purposes: The United States and Developing Countries* (Washington: The Brookings Institution).

Kwon, Soonwon, 1993, "Social Policy in Korea: Challenges and Responses" (Seoul: Korea Development Institute), Research Monograph 93 – 101.

Lancaster, H. O., 1990, "*Expectations of Life: A Study in the Demography, Statistics, and History of World Mortality*" (New York: Springer-Verlag).

Lane, Jan-Erik, ed., 1997, *Public Sector Reform: Rationale, Trends, and Problems* (London: Sage Publications).

Larosière, Jacques de, 1984, *The Growth of Public Debt and the Need for Fiscal Discipline* (Washington: International Monetary Fund).

League of Nations, Economic Intelligence Service, *Statistical Yearbook of the League of Nations, 1926 – 1944* (Geneva: League of Nations).

Leroy-Beaulieu, Paul, 1888, *Traité de la Science des Finances* (Paris: Guillaumin).

Levitt, M. S., and M. A. S. Joyce, 1987, *The Growth and Efficiency of Public Spending* (Cambridge: Cambridge University Press).

Liesner, Thelma, 1985, *Economic Statistics, 1900 – 1983: United Kingdom, United States of America, France, Germany, Italy, Japan* (London: Economist Publications).

Lindbeck, Assar, 1996, "The West European Employment Problem," *Weltwirtschaftliches Archiv*, Vol. 132, No. 4, pp. 609 – 37.

———1997, *The Swedish Experiment* (Stockholm: SNS Förlag).

Lindert, Peter H., 1994, "The Rise of Social Spending, 1880 – 1930," *Explorations in Economic History* 31: 1 – 37.

Lucas, Robert E., Jr., 1973, "Some International Evidence on Output-Inflation Trade-offs," *The American Economic Review* (June).

1976, "Econometric Policy Evaluation: A Critique," Carnegie-Rochester Conference Series on Public Policy, Vol. 1.

Lybeck, J. A., and M. Henrekson, 1988, *Explaining the Growth of Government* (Amsterdam: North-Holland).

Macaulay, Frederick, 1938, *Some Theoretical Problems Suggested by the Movements of Interest Rates, Bond Yields and Stock Prices in the United States since 1856* (New York; National Bureau of Economic Research).

Mackenzie, G. A., and Peter Stella, 1996, "Quasi-Fiscal Operations of Public Financial Institutions," IMF Occasional Paper No. 142 (Washington: International Monetary Fund).

Maddison, Angus, 1995, *Monitoring the World Economy, 1820 – 1992* (Paris: OECD).

Marcel, Mario, and Andres Solimano, 1994, "The Distribution of Income and Economic Adjustment," in Barry Bosworth, Rudiger Dornbusch, and Raul Laban, eds., *The Chilean Economy: Policy Lessons and Challenges* (Washington: The Brookings Institution), pp. 379 – 429.

Massey, Patrick, 1995, *New Zealand, Market Liberalization in a Developed Economy* (New York: St. Martin's Press).

Masson, Paul, and Michael Mussa, 1995, "Long-Term Tendencies in Budget Deficits and Debt," IMF Working Paper 95/128, International Monetary Fund, Washington.

Mauro, Paolo, 1995, "Corruption and Growth," *Quarterly Journal of Economics*, 110: (August): 681 – 712.

McDermott, John, and Wescott, Robert, 1996, "An Empirical Analysis of Fiscal Adjustments," IMF Working Paper 96/59, International Monetary Fund, Washington.

Merewitz, Leonard, and Stephen H. Sosnick, 1971, *The Budget's New Clothes* (Chicago: Markham Publishing Company).

Milesi-Ferretti, Gian-Maria, 1996, "Fiscal Rules and the Budget Process," IMF Working Paper 96/60, International Monetary Fund, Washington.

Mitchell, B. R., 1998, *International Historical Statistics: Africa, Asia and Oceania, 1750 – 1988*, 2nd rev. ed. (New York: Stockton Press).

1998, *International Historical Statistics: Europe, 1750 – 1993*, 4th ed. (New York:

Stockton Press).

1976, *Abstract of British Historical Statistics* (New York: Cambridge University Press).

Moser, Peter, 1994, "Constitutional Protection of Economic Rights: The Swiss and U.S. Experience in Comparison," *Constitutional Political Economy*, Vol. 5: 61 – 79.

Mueller, Dennis C., 1986, *The Growth of Government: A Public Choice Perspective*, DM/86/33 (Washington: International Monetary Fund).

1991, "Choosing a Constitution in East Europe: Lessons from Public Choice," *Journal of Comparative Economics*, 15: 325 – 48.

1989, *Public Choice II* (Cambridge: Cambridge University Press).

ed., 1997, *Perspectives on Public Choice: A Handbook* (Cambridge: Cambridge University Press).

Mullard, Maurice, 1993, *The Politics of Public Expenditure* (London: Routledge).

Musgrave, Richard A., 1959, *The Theory of Public Finance: A Study in Public Economy* (New York: McGraw-Hill).

1965, *Essays in Fiscal Federalism* (Washington: The Brookings Institution).

Neck, Reinhard, and Friedrich Schneider, 1988, "The Growth of the Public Sector in Austria: An Exploratory Analysis," in J. A. Lybeck and M. Henrekson, eds, *Explaining the Growth of Government* (Amsterdam: North Holland).

Netherlands, Centraal Bureau voor de Statistiek, 1956, *Statistical Yearbook of the Netherlands* (The Hague: Staatsuitgveri).

New Zealand, Department of Statistics, 1998, *The New Zealand Official Yearbook* (Wellington).

New Zealand, State Services Commission, 1998, *Assessment of the State of the New Zealand Public Service*, Occasional Paper No. 1 (October).

Niskanen, William A., 1992, "The Case for a New Fiscal Constitution," *Journal of Economic Perspectives*, 6: 13 – 24.

Noord, Paul Van den, and Richard Herd, 1993, *Pension Liabilities in the Seven Major Economics*, OECD Economics Department Working Papers No. 142 (Paris: OECD).

North, Douglass, 1994, "Economic Performance through Time," *American Economic Re-

view, 84:359 – 68.

Norway, Statistisk Sentralbyrå, 1969 and 1978, *Historical Statistics, 1968* (Oslo: Statistisk Sentralbyrå).

Nozick, Robert, 1974, *Anarchy, State and Utopia* (Basic Books).

Okawa, Kazushi, Miyohei Shinohara, Mataji Umemura, eds., 1965―1979, *Estimates of Long-Term Economic Statistics of Japan Since 1868* (Tokyo: Toyo Keizai Shinpo Sha).

Okun, Arthur M., 1970, *The Political Economy of Prosperity* (Washington: Brookings Institution).

Olson, Mancur, 1965, *The Logic of Collective Action* (Cambridge, Mass.: Harvard University Press).

―――― 1982, *The Rise and Decline of Nations: Economic Growth, Stagflation and Social Rigidities* (New Haven, Conn.: Yale University Press).

Organisation for Economic Cooperation and Development, 1985, *Social Expenditure, 1960―1990: Problems of Growth and Control* (Paris: OECD)

―――― 1987, Toll Financing and Private Sector Involvement in Road Infrastructure Development (Paris: OECD).

―――― 1988, *Reforming Public Pensions* (Paris: OECD).

―――― Directorate for Social Affairs, Manpower and Education, 1990, *Labour Market Policies for the 1990s* (Paris: OECD).

―――― 1992a, *Private Pensions and Public Policy* (Paris: OECD).

―――― 1992b, "The Reform of Health Care Systems, A Comparative Analysis of Seven OECD Countries," *Health Policy Studies*, No. 2 (Paris: OECD).

―――― 1994a, "The Reform of Health Care Systems. A Review of Seventeen OECD Countries," *Health Policy Studies*, No. 5 (Paris: OECD).

―――― 1994b, *New Orientations for Social Policy* (Paris: OECD).

―――― 1995a, *Social Expenditure Database* (SOC) (Paris: OECD).

―――― 1995b, *OECD Environmental Data: Compendium* (Paris: OECD).

―――― Directorate for Social Affairs, Manpower, and Education, 1996a, *Trends in International Migration: Continuous Reporting System on Migration: Annual Report 1994*

(Paris: OECD).

1996b, "Social Expenditure Statistics of OECD Member Countries, Labour Market and Social Policy," Occasional Paper No. 17 (Paris: OECD).

1996c, *National Accounts*, *Main Aggregates* (Paris: OECD).

1996d, *Social Expenditure Statistics of OECD Members Countries* (Provisional Version), Labour Market and Social Policy Occasional Papers, No. 17 (Paris: OECD.)

1996e, *Revenue Statistics of OECD Member Countries*, *1965/95* (Paris: OECD).

1997, *Making Work Pay*: *Taxation*, *Benefits*, *Employment*, *and Unemployment* (OECD: Paris).

(various years), *Economic Surveys* (Paris: OECD).

(various years), *Economic Outlook* (Paris: OECD).

(various years), *Historical Statistics* (Paris: OECD).

(various years), *Main Economic Indicators* (Paris: OECD).

(various years), *Main Science and Technology Indicators* (Paris: OECD).

(various years), *National Accounts* (Paris: OECD).

(various years), *Private Pensions in OECD Countries* (*Canada*, *Ireland*, *New Zealand*, *the United States*) (Paris: OECD).

Osborne, David, and Ted Gaebler, 1992, *Reinventing Government*: *How the Entrepreneurial Spirit Is Transforming the Public Sector* (Reading, Mass.: Addison-Wesley Publishing Company).

Österreichisches Statistiches Zentralamt, 1935 (Republik Österreich).

Owens, Jeffrey, 1997, "Emerging Issues in Tax Reform: The Perspective of an International Administrator," Paper presented at the 53rd Congress on Public Investment and Public Finance in Kyoto, Japan.

Oxley, Howard, and Maitland MacFarlan, 1995, "Health Care Reform: Controlling Spending and Increasing Efficiency," OECD *Economic Studies* No. 24, 1: 7 – 56.

Palacios, Robert J., 1996, *Averting the Old Age Crisis*: Technical Annex (Washington: World Bank).

Palda, Filip, 1997, "Fiscal Churning and Political Efficiency," *Kyklos* (Switzerland),

50:189 - 206.

Parker, David, 1994, "International Aspects of Privatisation: A Critical Assessment of Business Restructuring in the UK, Former Czechoslovakia and Malaysia," *British Review of Economic Issues*, 16:1 - 32.

Peacock, Alan, 1986, "The Political Economy of the Public Expenditure," in John A. Bristow and Declan McDonagh, eds., *Public Expenditure: The Key Issues* (Dublin: Institute of Public Administration), pp. 42 - 63.

Peacock, Alan, and Jack Wiseman, 1961, *The Growth of Public Expenditure in the United Kingdom* (Princeton, N.J.: Princeton University Press).

Perotti, Roberto, 1998a, "The Political Economy of Fiscal Consolidations," in the *Scandinavian Journal of Economics* (Sweden), 100, No. 1:367 - 404.

1998b, "Fiscal Policy When Things Are Going Badly," mimeo, January 12, Columbia University and Centre For Economic Policy Research.

Perotti, Roberto, Rolf Straunch, and Juergen von Hagen, 1998, *Sustainability of Public Finances*, CEPR (London).

Peters, G. H., 1973, *Cost-benefit Analysis* (Westminister: Institute of Economic Affairs).

Poullier, Jean-Pierre, 1993, *OECD Health Systems* (Paris: OECD).

Pommerehne, Werner W., and Friedrich Schneider, 1982, "Unbalanced Growth between Public and Private Sectors: An Empirical Examination," in Robert H. Haveman, ed., *Public Finance and Public Employment* (Detroit, Mich.: Wayne State University Press) pp. 309 - 26.

Premchand, A., 1983, *Government Budgeting and Expenditure Controls. Theory and Practice* (Washington: International Monetary Fund).

1996, Issues and New Directions in Public Expenditure Management, IMF Working Paper 96/123, International Monetary Fund, Washington.

Prescott, Edward C., 1986, "Theory Ahead of Business-Cycle Measurement," Carnegie-Rochester Conference Series on Public Policy, Vol. 25.

Psacharopoulos, George, 1992, "The Privatization of Education in Europe," *Comparative Education Review* 36:115 - 26.

PUMA (OECD), 1997a, *Modern Budgeting* (Paris: OECD).

———1997b, *Budgeing for the Future* (Paris: OECD).

———1997c, *Contracting Out Government Services: Best Practice Guidelines and Case Studies*, Occasional Paper No. 20 (Paris: OECD).

Putnam, Robert D., 1993, *Making Democracy Work: Civic Traditions in Modern Italy* (Princeton, N.J.: Princeton University Press).

Rafuse, Robert, 1965, "Cyclical Behaviour of State-Local Finances," in Richard A. Musgrave, ed., *Essays in Fiscal Federalism* (Washington: The Brookings Institution).

Remnick, David, 1994, *Lenin's Tomb: The Last Days of the Soviet Empire* (New York: Vintage Books).

Rimlinger, Gaston V., 1971, *Welfare Policy and Industrialization in Europe, America and Russia* (New York: Wiley).

Robbins, Lionel, 1962, "What Role for Government Expenditure?" in Edmund Phelps, ed. (New York: W. W. Norton & Company, Inc.).

Roberti, Paolo, 1989, "Some Critical Reflections on the Principles and Instruments of the Welfare State," *Labour: Review of Labour Economics and Industrial Relations*, Vol. 3: 95–125.

Robinson, David, and others, 1991, *Thailand: Adjusting to Success: Current Policy Issues*, IMF Occasional Paper No. 85 (Washington: International Monetary Fund).

Rodrik, Dani, 1996, "Understanding Economic Policy Reform," *Journal of Economic Literature*, 34: 9–41.

Roseveare, Deborah, Willi Leibfritz, Douglas Fore, and Eckhard Wurzel, 1996, "Ageing Populations, Pension Systems, and Government Budgets: Simulations for 20 OECD Countries," OECD Economics Department, Working Paper, No. 168 (Paris: OECD).

Rothbard, Murray N., 1962, *The Panic of 1819. Reaction and Policies* (New York: Columbia University Press).

Sadka, Efraim, and Vito Tanzi, 1998, "Increasing Dependency Ratios, Pensions, and Tax Smoothing," Working Paper 98/129, International Monetary Fund, Washington.

Scherer, Peter, 1996, "The Myth of the Demographic Imperative," in C. Eugene Steuerle and Masahiro Kawai, eds., *The New World Fiscal Order: Implications for Industrialized Nations* (Washington: The Urban Institute Press), pp. 61 – 83.

Schick, Allen, 1998, "Why Most Developing Countries Should Not Try New Zealand's Reforms," *World Bank Research Observer*, February: 123 – 31.

Schneider, Friedrich, 1997, "Empirical Results for the Size of the Shadow Economy of Western European Countries over Time," University of Linz, mimeo.

Schuknecht, Ludger, 1992, *Trade Protection in the European Community* (Chur: Harwood Academic Publishers).

Schwartz, Gerd, and Paulo Silva Lopes, 1993, "Privatization: Expectations, Tradeoffs, and Results," *Finance and Development*, 30 (June): 14 – 17.

Scott, Graham, 1996, *Government Reform in New Zealand*, IMF Occasional Paper No. 140 (Washington: International Monetary Fund).

Siebert, Horst, 1998, *Redesigning Social Security* (Tübingen: Mohr Siebeck).

Singh, Anoop, Josh Felman, Ray Brooks, Tim Callen, and Christian Thimann, 1998, *Australia: Benefiting from Economic Reform* (Washington: International Monetary Fund).

Slesnick, Daniel T., 1998, "Empirical Approaches to the Measurement of Welfare," *Journal of Economic Literature*, Vol. 36 (December): 2108 – 65.

Smith, Adam, 1937, *An Inquiry into the Nature and Causes of the Wealth of Nations* (New York: The Modern Library).

Smithies, Arthur, 1964, "A Conceptual Framework fro the Program Budget" (Santa Monica, Calif. : The Rand Corporation).

Social Protection Expenditure and Receipts, 1994 (Luxembourg: Office des publications officielles des Communautés européenes).

Solimano, Andrés, Osvaldo Sunkel, and Mario Blejer, eds., 1994, *Rebuilding Capitalism: Alternative Roads after Socialism and Dirigisme* (Ann Arbor: University of Michigan Press).

Statistisches Jahrbuch für die Republic Österreich, 1935 (Vienna: Das Zentralamt).

Steuerle, C. Eugene, and Masahiro Kawai, eds., 1996, *The New World Fiscal Order: Implications for Industrialized Nations* (Washington: The Urban Institute Press).

Stockholm International Peace Research Institute, 1996, *Armaments, Disarmament and International Security: SIPRI Yearbook, 1996* (New York: Oxford University Press).

Tanzi, Vito, 1970, *Taxation: A Radical Approach. A Reassessment of the High Level of British Taxation and the Scope for Its Reduction* (London: The Institute of Economic Affairs).

—— 1986, "Public Expenditure and Public Debt," in John Bristow and Declan McDonagh, eds. *Public Expenditure: The Key Issues* (Dublin: Institute of Public Administration), pp. 6 – 37.

—— 1988, "Trends in Tax Policy as Revealed by Recent Developments and Research," *Bulletin for International Fiscal Documentation* 42 (March): 97 – 103.

—— 1995, *Taxation in an Integrating World* (Washington: The Brookings Institution).

—— 1996, "Fiscal Policy and Income Distribution," paper presented at the Conference on Economic Growth and Equity: International Experience and Polices, July 12 – 13, Santiago.

—— 1996b, "Fiscal Federalism and Decentralization: A Review of Some Efficiency and Macroeconomic Aspects," in *Annual World Bank Conference on Development Economics 1995* (Washington: World Bank).

—— 1997, "The Changing Role of the State in the Economy: A Historical Perspective," IMF Working Paper 97/114, International Monetary Fund, Washington.

—— 1998a, "Globalization, Tax Competition, and the Future of Tax Systems," in Gerold Krause-Junk, ed., *Steuersysteme der Zukunft* (Berlin: Duncker & Humbolt).

—— 1998b, "Corruption around the World," IMF *Staff Papers*, Vol. 45, No. 4, (December): 559 – 94.

—— 1998c, "Government Role and the Efficiency of Policy Instruments," in Peter Birch Sorensen, ed. *Public Finance in a Changing World* (Macmillan Press, Ltd.), pp. 51 – 79.

—— 1998d, "Fundamental Determinants of Inequality and the Role of Government," IMF Working Paper 98/178, International Monetary Fund, Washington.

—— 1999, "Is There a Need for a World Tax Organization? in Assaf Razin and Efraim Sadka, eds., *The Economics of Globalization: Policy Perspectives from Public Eco-*

nomics (Cambridge: Cambridge University Press).

Tanzi, Vito, and Domenico Fanizza, 1995, "Fiscal Deficit and Public Debt in Industrial Countries, 1970—1994, IMF, Working Paper 95/49, International Monetary Fund, Washington.

Tanzi, Vito, and Ludger Schuknecht, 1997a, "Reconsidering the Fiscal Role of Government: The International Perspective," *American Economic Review*, 87: 164 – 8.

―― 1997b, "Reforming Government: An Overview over the Recent Experience," *European Journal of Political Economy*, 13: 395 – 417.

―― 1998a, "The Growth of Government and the Reform of the State in Industrial Countries," in Andres Solimano, ed., *Social Inequality: Values, Growth, and the State* (Ann Arbor: University of Michigan Press), pp. 171 – 207.

―― 1998b, "Can Small Governments Secure Social and Economic Well-Being?" in Herbert Grubel, ed., *How to Spend the Fiscal Dividend: What Is the Optimal Size of Government?* (Vancouver: Fraser Institute).

Tanzi, Vito, and Howell Zee, 1997, "Fiscal Policy and Long-Run Growth" IMF *Staff Papers*, Vol. 44, No. 4 (June): 179 – 209.

―― 1998, "Taxation and the Household Saving Rate: Evidence from OECD Countries," IMF Working Paper, WP/98/36, International Monetary Fund, Washington.

Ter-Minassian, Teresa, ed. 1997, *Fiscal Federalism in Theory and Practice* (Washington: International Monetary Fund).

The Independent, October 1, 1996, "Time to Change the Rules of the Fiscal Game," Byline: Hamish McRae (London), p. 20.

Tinbergen, Jan, 1952, *On the Theory of Economic Policy* (Amsterdam: North Holland).

Tobin, James, 1966, *National Economic Policy*: Essays (New Haven, Conn.: Yale University Press).

Transparency International, 1996, Transparency International Annual Report 1996: "Sharpening the Responses against Global Corruption" (Berlin: Transparency International).

Tullock, Gordon, 1967, "The Welfare Costs of Tariffs, Monopolies, and Theft," *Western Economic Journal* (June): 224 – 32.

1989, *The Economics of Special Privilege and Rent-Seeking* (Boston: Kluwer Academic Publishers).

United Nations Development Programme, 1995, *Human Development Report*, 1995 (New York: Oxford University Press).

―― 1996, *Human Development Report*, 1996 (New York: Oxford University Press).

―― 1997, *Human Development Report*, 1997 (New York: Oxford University Press).

United Nations, 1997, *World Economic and Social Survey: Current Trends and Policies in the World Economy* (New York: United Nations).

United Nations (various years), *National Accounts Statistics: Main Aggregates and Detailed Tables*, Vol. 1, parts 1 and 2 1 New York: United Nations).

UNESCO, 1993, *World Education Report* (Paris: UNESCO).

United States, Arms Control and Disarmament Agency, 1996, *World Military Expenditures and Arms Transfers* (Washington: GPO).

United States, Bureau of the Census, 1975, *Historical Statistics of the United States, Colonial Times to 1970*, Bicentennial edition (Washington: GPO).

United States Social Security Administration, 1993, *Social Security Programs throughout the World*.

Van den Noord, P., and R., Herd, 1993, *Pension Liabilities in the Seven Major Economies*, (Paris: OECD).

Velasco, Andres, 1994, "The State and Economic Policy: Chile 1952—1992," in Barry Bosworth, Rudiger Dornbush, and Raul Laban, eds., *The Chilean Economy: Policy Lessons and Challenges* (Washington: The Brookings Institution), pp. 379 – 429.

Von Hagen, Juergen, 1992, "Budgeting Procedures and Fiscal Performance in the European Communities," Brussels: EC Economic Papers No. 96.

Von Hagen, Juergen, and Ian Harden, 1994, "National Budget Processes and Fiscal Performance," in European Economy Reports and Studies, No. 3, *Towards Greater Fiscal Discipline* (Brussels).

―― 1996, Budget Processes and Commitments to Fiscal Discipline, IMF Working Paper 96/78, International Monetary Fund, Washington.

Wagner Adolf H., 1892, *Grundlegung der Politischen Oekonomie*, Pt. I: Grundlagen der

Volkswirtschaft, 3rd ed. (Leipzig: Winter).

Wagner, Richard E., and Tollison Robert D., 1987, "Balanced Budgets, Fiscal Responsibility and the Constitution," in Richard Fink and Jack High, eds., *A Nation in Debt: Economists Debate the Federal Budget Deficit* (Frederick, Md.: University Publications of America).

Walford, Geoffrey, ed., 1989, *Private Schools in Ten Countries: Policy and Practice* (London: Routledge).

Weck-Hannemann, Hannelore, Werner W. Pommerehne, and Bruno S. Frey, 1984, *Schattenwirtschaft* (Munich: Vahlen).

West, Edwin G. 1970, *Education and the State: A Study in Political Economy*, 2nd ed. (London: The Institute of Economic Affairs).

—— 1992, "The Benthamites as Educational Engineers: The Reputation and The Record," *History of Political Economy*, 24: 595 – 621.

—— 1997, "Education Vouchers in Principle and Practice: A Survey," *World Bank, Research Observer*, Vol. 12: 83 – 104.

Wildavsky, Aaron 1985, "A Cultural Theory of Expenditure Growth and (Un)Balanced Budgets," *Journal of Public Economics* 28: 349 – 57.

Williams, Gareth L., and Dorothea Furth, 1990, *Financing Higher Education: Current Patterns* (Paris: OECD).

Winer Stanley L., and Walter Hettich, 1991a, "Debt and Tariffs: An Empirical Investigation of the Evolution of Revenue Systems," *Journal of Public Economics*, 45: 215 – 42.

—— 1991b, "Political Checks and Balances and the Structure of Taxation in the United States and Canada," in Breton, Albert, Gianluigi Galeotti, Pierre Salmon, and Ronald Wintrobe, eds., *The Competitive State*, Villa Colombella Papers on Competitive Politics (Dordrecht: Kluwer Academic Publishers).

World Bank, 1993, *World Development Report: Investing in Health* (New York: Oxford University Press).

—— 1994a, *Averting the Old Age Crisis: Policies to Protect the Old and Promote Growth* (New York: Oxford University Press).

272   1994b, *World Development Report* (New York: Oxford University Press).

　　1995, *Bureaucrats in Business: The Economics and Politics of Government Ownership* (New York: Published for the World Bank by Oxford University Press).

　　1996, *Social Indicators of Development* (Baltimore: Johns Hopkins University Press).

　　1997, *World Development Report* (New York: Oxford University Press).

Wunder, Haroldene F., and Stephen R. Crow, 1997, "International Tax Reform since 1986: An Update," in *Tax Notes International* (April 7).

Zandvakili, Sourushe, 1994, "Income Distribution and Redistribution through Taxation: An International Comparison," *Empirical Economics*, Vol. 19, No. 3: 473 – 91.

Zee, Howell, 1996, "Taxation and Unemployment," IMF Working Paper 96/45, International Monetary Fund, Washington.

作 者 索 引

（此处页码为原书页码，即书边页码）

Alesina, Alberto 阿列辛纳, 阿尔贝托 15n10, 138, 139, 144, 145, 157, 216n6, 220, 236n5

Altenstetter, Christa 阿尔腾斯泰特, 克丽斯塔 5

Andic, Suphan 安迪克, 素芬 6t, 25t, 28t, 31t, 38t, 46t

André, Christine 安德烈, 克里斯蒂娜 6t, 25t, 31t, 46t

Aninat, Eduardo 阿尼纳特, 爱德华多 215

Ashford, Douglas E. 阿什福德, 道格拉斯 E. 9, 31n8

Barber, Lionel 巴伯, 莱昂内尔 236n6

Barro, Robert J. 巴罗, 罗伯特·J. 61n8

Bastiat, Frederic 巴师夏, 弗里德里克 4

Bator, Francis 巴托尔, 弗朗西斯 12

Baumol, William J. 鲍莫尔, 威廉·J. 29n4

Bercuson, Kenneth 贝尔库森, 肯尼思 124, 229

Berman, Harold J. 伯曼, 哈罗德·J. 168

Bertinotti, Sandro 贝尔蒂若蒂, 山德罗 234

Bird, Richard 伯德, 理查德 26t

Bishop, Matthew 毕晓普, 马修 223n10

Bismut, Claude 比斯麦特, 克洛德 136, 233

Bitran, Eduardo 比特朗, 爱德华多 214n4

Blejer, Mario I. 布莱赫尔, 马里奥·I. 137

Block, Walter 布洛克, 沃尔特 113t, 117t, 118n5

Blomqvist, Ake 布洛姆奎斯特, 阿克

188
Bohn, H. 博恩, H. 161
Borcherding, Thomas E. 博尔彻丁, 托马斯·E. 15
Borner, Silvio 博尔纳, 西尔维奥 116, 145n19
Bosworth, Barry 博斯沃思, 巴里 124, 214
Bottani, Norberto 博塔尼, 诺尔贝托 109t
Bourdieu, Pierre 布尔迪厄, 皮埃尔 232–3
Brandolini, Andrea 布兰多利尼, 安德烈亚 94
Brennan, Geoffrey 布伦南, 杰弗里 137
Breton, Albert 布雷顿, 阿尔伯特 15n10, 137n8
Brosio, Giorgio 布罗西奥, 乔治 6t
Brown, Frank 布朗, 弗兰克 186n13
Brunetti, Aymo 布鲁内蒂, 艾莫 61, 116, 118n5, 123n6, 145n19
Bruni, Franco 布鲁尼, 佛朗哥 203
Bruno, Michael 布鲁诺, 迈克尔 113t
Buchanan, James M. 布坎南, 詹姆斯·M. 15n10 19, 61, 137
Bucovetsky, W. 布科韦斯基, W. 26t

Burki, S. J. 布尔基, S. J. 216n6, 227n14
Butlin, N. G. 布特林, N. G. 6t, 25t, 46t, 48t, 52–3t, 56–57t, 65t
Calvo, Guillermo 卡尔沃, 吉耶尔莫 17n15
Campos, José Edgardo 坎波斯, 若泽·埃德加多 216
Cangiano, Marco 坎贾诺, 马尔科 210
Caragata, Patrick J. 卡拉加策, 帕特里克·J. 61n7
Cardoso, Teodora 卡多佐, 特奥多拉 175
Cerioni, Eugenio 切廖尼, 欧金尼奥 14, 22
Chand, Sheetal 钱德, 希特尔 42, 67–8, 192, 193t, 197
Chau, Leung Chuen 周良全 122, 124, 129
Chu, Ke-Young 朱葛勇 146
Clark, Colin 克拉克, 科林 54
Coe, David 科, 戴维 202n24
Commander, Simon 科芒德尔, 西蒙 103n2, 152
Connell, W. F. 康奈尔, W. F. 5
Coopers & Lybrand 库珀和莱布兰德 60t
Craig, Jon 克雷格, 乔恩 137, 138,

155

Crow, Stephen R. 克罗,斯蒂芬·R. 60t

Daveri, Francesco 达韦里,弗朗切斯科 60
Davoodi, Hamid 达沃蒂,哈米德 103n2, 152
de Haan, Jakob 德哈恩,雅各布 84, 157, 161
de Jouvenel, Bertrand 德茹弗内尔,贝特朗 10
Delorme, Robert 德洛姆,罗伯特 6t, 25t, 31t, 46t
De Melo, Martha 德梅洛,玛尔塔 203
Diamond, Peter 戴蒙德,彼得 214n4
Dornbusch, Rudiger 多恩布施,吕迪格 65t, 124, 214
Draghi, Mario 德拉吉,马里奥 65t
Drazen, Allan 德拉赞,艾伦 145

Easterlin, Richard A. 伊斯特林,理查德·A. 90t
Eichengreen, Barry 艾兴格林,巴里 237n8
Eijffinger, Sylvester 艾耶芬格尔,西尔维斯特 84
Engel, Eduardo 恩格尔,爱德华多 176n7
Eurostat 欧罗斯特 40t
Eusepi, Giuseppe 欧塞皮,朱塞佩 14, 22
Evans, Lewis 埃文斯,刘易斯 210

Fanizza, Domenico 法尼扎,多梅尼科 86, 88, 89t
Feld, Lars 费尔德,拉尔斯 157n9
Fernández Acha, Valentin 费尔南德斯·阿查,瓦伦丁 6t, 28t, 34t, 38t, 41t, 46t, 48t, 52 – 3t, 65t
Field, Frederick V. 菲尔德,弗雷德里克·V. 65t
Fischer, Ronald 费希尔,罗纳德 176n7
Flora, Peter 弗洛拉,彼得 6t, 26t, 36t, 94, 95t
Foot, David K. 富特,戴维·K. 26t, 198
Ford, Robert 福特,罗伯特 86
Forrester, Viviane 福里斯特,维维亚娜 233
Forte, Francesco 福特,弗朗切斯科 15n10, 19n17, 137
Foster, R. A. 福斯特,R. A. 25t, 31t
Frey, Bruno 弗雷,布鲁诺 15n10, 117t
Friedman, Milton 弗里德曼,米尔顿

184

Gaebler, Ted 格布勒,特德 136
Galbraith, John K. 加尔布雷思,约翰·K. 11–12, 13n8, 61
Galeotti, Gianluigi 加莱奥蒂,詹路易吉 15n10
Galetovic, Alexander 加莱托维奇,亚历山大 176n7
Giavazzi, Francesco 贾瓦齐,弗朗切斯科 144
Gingrich, Newt 金格里希,纽特 234
Giovannini, Alberto 焦万尼尼,阿尔贝托 203
Gómez-Ibáñez, José 戈麦斯-伊巴涅斯,若泽 173t, 180, 182–3t, 223n10
Goode, Richard 古德,理查德 51
Gore, Albert 戈尔,阿伯特 234–5
Gradstein, Mark 格拉德斯泰因,马克 186n13
Grimes, Arthur 格兰姆斯,阿瑟 210
Group of Ten 十国集团 191n16
Gulhati, Ravi 居尔哈蒂,拉维 227n10
Gupta, Sanjeev 古普塔,桑吉维 146
Gwartney, James D. 瓦特尼,詹姆斯·D. 113t, 117t, 118n5
Haddom-Cave, Philip 夏鼎基 121–2
Hagemann, Robert 阿热曼,罗伯特 191n16
Hammond, Bray 海蒙德,布雷 4n2
Harberger, Arnold C. 哈伯格,阿诺德·C. 95n11
Harden, Ian 哈登,伊恩 156, 157
Hausmann, Ricardo 豪斯曼,里卡多 139, 237n8
Hayek, Friedrich 哈耶克,弗里德里希 168
Heald, David 希尔德,戴维 176n7
Helbling, Thomas 黑尔布林,托马斯 86
Heller, Walter 赫勒,沃尔特 11n7
Herd, Richard 赫德,理查德 68
Hettich, Walter 赫蒂奇,沃尔特 15n10
Holsey, Cheryl M. 霍尔西,谢里尔·M. 15
Holzmann, Robert 霍尔兹曼,罗伯特 40, 190n15, 196, 215
Homer, Sidney 霍默,悉尼 45n12, 85
Hommes, Rudolf 霍梅斯,鲁道夫 139
Hull, Cordell 赫尔,科德尔 51

Inman, R.P. 英曼, R.P. 161
Inter-American Development Bank 泛美开发银行 216n6, 226t, 227n14
International Monetary Fund (IMF) 国际货币基金组织 52-3t, 65t, 155, 210
Irwin, Timothy 欧文, 蒂莫西 135n4, 176n7

Jacquet, Pierre 雅凯, 皮埃尔 136, 233
Jaeger, Albert 耶格, 艾伯特 42, 67-8, 192, 193t, 197
James, Estelle 詹姆斯, 埃斯特尔 186n13
James, Harold 詹姆斯, 哈罗德 232n3
Jimenez, Emmanuel 希门尼斯, 伊曼纽尔 188
Johansen, Leif 约翰森, 利夫 16
John, Christoph 约翰, 克里斯托夫 191n16
Jospin, Lionel 若斯潘, 利昂内尔 233
Joyce, M.A.S. 乔伊斯, M.A.S. 28
Justman, Moshe 贾斯特曼, 摩西 186n13

Kanbur, S.M. Ravi 坎伯尔, S.M. 拉维 109t
Kapur, Anil 卡普尔, 阿尼尔 177n8
Kawai, Masahiro 河合正弘 150n27
Kay, John 凯, 约翰 223n10
Kelley, E.W. 凯利, E.W. 9, 31n8
Kelsey, Jane 凯尔西, 简 213
Keynes, John Maynard 凯恩斯, 约翰·梅纳德 4, 9, 10-11
Kindleberger, Charles 金德尔伯格, 查尔斯 65t
King, Mervyn 金, 默文 149
Kirchgaessner, Gebhard 基希格斯纳, 格布哈特 157n9
Kisunko, Gregory 基苏尼科, 格雷戈里 61, 118n5, 123n6
Kohl, Helmut 科尔, 赫尔穆特 237
Kopits, George 科皮斯, 乔治 137, 138, 155, 158, 160n12
Kotlikoff, Laurence 科特利科夫, 劳伦斯 192n17
Kraus, Franz 克劳斯, 弗朗兹 6t, 94
Krueger, Anne O. 克鲁格, 安妮·O. 17n12, 13
Kwon, soonwon 权淳元 129

Laban, Raul 拉邦, 劳尔 124, 214
Lafontaine, Oskar 拉方丹, 奥斯卡 233-4
Lancaster, H.O. 兰开斯特, H.O.

90t

Lawson, Richard　劳森,理查德　113t, 117t, 118n5

Laxton, Douglas　拉克斯顿,道格拉斯　86

Lee, Une J.　李,乌内·J.　103n2, 152

Lee Kuan Yew　李光耀　122

Leroy-Beaulieu, Paul　勒鲁瓦-博利厄,保罗　5, 51, 64n10

Levitt, M.S.　莱维特,M.S.　28

Liesner, Thelma　莱斯纳,塞尔马　26t

Lindbeck, Assar　林德贝克,阿萨尔　19n19, 22n22, 31t, 82

Lindert, Peter　林德特,彼得　15n10, 30n7, 38t

Lopes, Paulo Silva　洛佩斯,保罗·席尔瓦　181

Lucas, Robert E. Jr.　卢卡斯,罗伯特·E. Jr.　140n14

McCrae　麦克雷　230-1, 232

McDermott, John　麦克德莫特,约翰　144

McFarlan, Maitland　麦克法兰,梅特兰　200, 201n23

Mackenzie, G.A.　麦肯齐,G.A.　204

Maddison, Angus　麦迪逊,安格斯　77, 90t, 93t

Marcel, Mario　马塞尔,马里奥　214n4

Marchese, Carla　马切塞,卡拉　6t

Massey, Patrick　马西,帕特里克　210

Masson, Paul　马森,保罗　68t

Mauro, Paolo　莫罗,鲍罗　117t, 118n5

Mayer, Colin　迈耶,科林　223n10

Merewitz, Leonard　梅雷维茨,莱昂纳德　12

Meyer, John R.　迈耶,约翰·R.　173t, 180, 182-3t, 223n10

Milesi-Ferretti, Gian-Maria　米莱西-费雷特,吉安-马里亚　138

Mitchell, B.R.　米切尔,B.R.　25, 46t, 52-3t, 56-7t, 65t, 78t, 83t, 90t, 93t

Moessen, Wim　莫森,维姆　157, 161

Moser, Peter　莫泽,彼得　13, 14

Mueller, Dennis　米勒,丹尼斯　15n10, 182-3t

Mullard, Maurice　米拉尔,莫里斯　224n11

Musgrave, Richard　马斯格雷夫,理查德　10, 17n14, 139

Mussa, Michael　穆萨,迈克尔　68t

Nallari, Raj　那拉利,拉杰　227n15

Neck, Reinhard 内克,莱茵哈德 6t
Niskanen, William 尼斯卡宁,威廉 13
North, Douglass C. 诺思,道格拉斯·C. 153
Nozick, Robert 诺兹克,罗伯特 135n3

Okawa, Kazushi 大川一司 25t
Okun, Arthur 奥肯,阿瑟 14
Olson, Mancur 奥尔森,曼丘 21
Osborne, David 奥斯本,戴维 136
Owens, Jeffrey 欧文斯,杰弗里 59,61,149
Oxley, Howard 奥克斯利,霍华德 200,201n23

Pagano, Marco 帕加诺,马尔科 144
Palacios, Robert J. 帕拉西奥斯,罗伯特·J. 40t,41t,49t
Palda, Filip 帕尔达,菲利普 97,140
Parker, David 帕克,戴维 228n16
Peacock, Alan 皮科克,艾伦 8,15n10,31t,46t,137
Penati, Alessandro 佩纳蒂,亚历山德罗 203
Perotti, Roberto 佩罗蒂,罗伯托 15n10,138,144,216n6,220,225n12,236n5
Perry, Guillermo 佩里,吉耶尔莫 216n6,227n14
Peters, G.H. 彼得斯,G.H. 12-13
Pfennig, Winfried 普芬宁,温弗里德 6t,94
Pommerehne, Werner W. 波梅雷内,维纳尔·W. 117t,138
Porta, Angelo 波尔塔,安杰洛 203
Pradhan, Sanjay 普拉丹,桑贾伊 216
Premchand, A. 普雷姆川德,A., 12,19,154,162n15,164
Prescott, Edward 普雷斯科特,爱德华 140n14
Psacharopoulos, George 普萨卡罗普洛斯,乔治 185,190
Putnam, Robert 帕特南,罗伯特 250

Rafuse 拉富斯 17n14
Ravallion, Martin 拉瓦利翁,马丁 113t
Reagan, Ronald 里根,罗纳德 19
Rimlinger, Gaston V. 里姆林格尔,加斯顿·V. 4n2,5
Robbins, Lionel 罗宾斯,莱昂内尔 4
Rodrik, Dani 罗德里克,达尼 229
Roseveare, Deborah 罗斯维尔,德博

拉 199
Rossi, Nicola 罗西,妮古拉 94
Rothbard, Murray 罗特巴特,默里 4n2
Rowley, Charles K. 罗利,查尔斯·K. 15n10

Sadka, Efraim 萨德卡,埃夫拉伊姆 198n21
Saez, Raul E. 塞斯,劳尔·E. 214n4
Salmon, Pierre 萨蒙,皮埃尔 15n120
Scherer, F. M. 谢勒,F. M. 190n15
Schick, Alen 希克,阿伦 164n20
Schmidt, Helmut 施密特,赫尔穆特 55
Schmoller, Gustav von 施莫勒,古斯塔夫·冯 5
Schneider, Friedrich 施奈德,弗里德里希 6t, 117t, 138
Schuknecht, Ludger 舒克内希特,卢德格尔 77n1, 136, 146n22, 212t, 217t, 226t
Schwartz, Gerd 施瓦茨,格尔德 181
Scott, Graham 斯科特,格雷厄姆 210, 221n1
Shinohara, Miyohei 筱原三代平 25t

Siebert, Horst 西伯特,霍斯特 82, 192n17
Slesnick, Daniel T. 斯莱斯尼克,丹尼尔·T. 74
Smith, Adam 斯密,亚当 4
Smithies, Arthur 史密瑟斯,阿瑟 12–13
Snower, Dennis 斯诺尔,丹尼斯 202n24
Solimano, Andres 索利马诺,安德烈斯 137, 214n4
Sosnick, Stephen H. 索斯尼克,斯蒂芬·H. 12
Squire, Lyn 斯夸尔,琳恩 113t
Stein, Ernesto 施泰因,埃内斯托 139
Stella, Peter 斯特拉,彼得 203–4
Steuerle, C. Eugene 施托伊尔勒,C. 尤金 150n27
Stewart, S. E. 斯图尔特,S. E. 25t, 31t
Strauch, Rolf 施特劳赫,罗尔夫 225n12
Sunkel, Osvaldo 森克尔,奥斯瓦尔多 137
Suzman, Mark 苏斯曼,马克 201n23, 243
Sylla, Richard 西拉,理查德 45n12, 85
Symansky, Steven 西曼斯基,史蒂文

作者索引　333

158, 160n12

Tabellini, Guido　塔贝利尼, 圭多　60

Tanzi, Vito　坦齐, 维托　5n4, 16, 17n14, 47, 51, 59, 61, 77n1, 86, 88, 89t, 94, 95, 103n2, 136, 148, 149–50, 167n25, 169, 184, 198n21, 203, 212t, 217t, 226t, 253

Teece, David　蒂斯, 戴维　210

Thatcher, Margaret　撒切尔, 玛格丽特　19

Tinbergen, Jan　丁伯根, 扬　16

Tobin, James　托宾, 詹姆斯　12, 14, 54n3

Tollison, Robert　托利森, 罗伯特　15n10, 19n17

Tullock, Gordon　塔洛克, 戈登　17n12

Umemura, Mataji　梅村又次　25t

Valdés-Prieto, Salvador　巴尔德斯-普列托, 萨尔瓦多　214n4

Van Den Noord, Paul　范登努德, 保罗　68

Velasco, Andres　韦拉斯科, 安德烈斯　214

Veverka, Jindrich　韦韦尔卡, 英德日赫　6t, 25t, 28t, 31t, 38t, 46t

Volkerink, Bjorn　福尔克英克, 比约恩　157, 161

Von Hagen, Juergen　冯·哈根, 于尔根　156, 157, 216n6, 225n12, 237n8

Wagner, Adolph　瓦格纳, 阿道夫　5, 15

Wagner, Richard E.　瓦格纳, 理查德·E.　19n17

Walford, Geoffrey　沃尔福德, 杰弗里　186n13

Weck-Hannemann, Hannelore　韦克-汉内曼, 汉内洛蕾　117t

Weder, Beatrice　韦德, 贝阿特丽策　61, 116, 118n5, 123n6, 145n19

Wescott, Robert　韦斯科特, 罗伯特　86, 144

West, Edwin W.　维斯特, 埃德温·V.　4, 92, 184, 186n13, 187

Wildavsky, Aaron　维尔德沃斯基, 阿伦　15n10

Wilkinson, Bryce　威尔金森, 布赖斯　210

Winer, Stanley L.　维纳, 斯坦利·L.　15n10

Wintrobe, Ronald　温特罗布, 罗纳德　15n10

Wiseman, Jack　怀斯曼, 杰克　8, 31t, 46t

World Bank　世界银行　29n5, 41,

90t, 109t, 148n25, 173t, 176, 192
Wunder, Haroldene 旺德,哈罗登 60t
Zandvakili, Sourushe 赞德维克利,苏

拉什 97t
Zee, Howell 徐,豪厄尔 60t, 61, 88n5, 103n2

主题索引

（此处页码为原书页码,即书边页码）

accountability 责任:用业绩合同把购买者与提供者联系起来以强化责任,163;经济与货币联盟中的责任,159;行政机关对立法机关的责任,154;财政部的责任,165;准财政管制的责任,204;强化责任,153

administration, public 公共管理:反托拉斯机构,165-166;核心财政机构,165;核心实施机构,165-167;腐败,165-167;公共支出管理,161-164;新兴工业化国家的公共管理,129-130;新西兰公共管理重建,210-213

African countries 非洲国家:集中预算过程,157;公共部门就业水平,240

Argentina 阿根廷:财政改革,226-7;养老金改革,195;私立大学,185;私有化,180n10

Asian countries, 亚洲国家:集中预算过程,157

Australia 澳大利亚:教育(1870-1994),92-93;公有部门就业(1870-1994),28;财政平衡状况(1960-1996),62;财政搅拌,140-141;财政改革,216-218;财政透明度,139;政府实际支出(1870-1995),27;政府规模与公共支出(1960,1990),100;健康指标(1870-1995),90-91;收入分配(1930年代,1960,1980年代),94-98;利息支出(1870-1995),45-46;利息支出(1960-1990),85-86;人均GDP(1870-1990),79;第二次世界大战后公共支出,16;公共债务(1870-1996),64-65;公共支出(1870年代),5,21;公共支出(1920年代),8;公共支出(1930年代),9-10;公共支出(1991,1996),216-218;公共支出趋势(1980-1996),21;反对教育券,187;资源账,205;收入(1870-1996),51-55;社会保险覆盖面

(1910－1975),36,39;教育支出(1870－1993),33－34;税率,59－60

Austria 奥地利:医疗保健成本,199－200;公共部门就业,25;政府规模与公共支出(1960,1990),100;健康指标(1870－1995)89－90;通货膨胀(1870－1997),83;利息支出(1870－1995),45－46;利息支出(1960－1990),85－86;第二次世界大战后的公共支出,16;第一次世界大战前军备,8;公共债务(1870－1996),64－66;公共养老金支出,41t,190－191;公共支出(1920年代),8;收入(1870－1996),52－55;社会保险覆盖面(1910－1975),36,39;补贴与转移支付(1870－1995),30;税率,59－60;失业保险支出(1937－1996),42－43

Baumol's disease 鲍莫尔病,23,29n4

Belgium 比利时:私立小学与中学的就学率,185;财政平衡状况(1960－1996),62,64;财政赤字,63－64;财政改革,217t,218;政府实际支出(1870－1995),29;政府规模与公共支出(1960,1990),99;利息支出(1870－1995),46;第二次世界大战后的公共支出,16;公共债务(1870－1996),64－66;公共支出(1983,1993),217t,218;收入(1870－1996),52－55;补贴和转移支付(1870－1995),30－32;税率,59－60;公共支出趋势(1980－1996),20;失业保险支出(1937－1996),42－43

Brazil 巴西:人均GDP,79;私有化,180n10

budgetary process 预算过程:预算过程的监督与制衡,154;有效预算过程,156;新规则下的预算过程(1980),214;预算过程的阶段,155－156;预算过程的透明度,152－153,155－157

budget office 预算办公室:财政部预算办公室,165

budgets 预算:预算的职能,154;预算改革以避免过度支出,38,42

budgets, balanced 预算平衡:用以评价一个国家财政状况,61;作为一种评价基准,61－62;对公共债务的影响,66;财政平衡状况(1960－1996),62;第二次世界大战后对预算平衡的兴趣,54－55;平衡预算规则,158;结构性预算平衡,63－64

Canada 加拿大:医疗保健成本,199－200;教育(1870－1994),

92 – 93；财政平衡状况（1960 – 1996），62，64；政府实际支出（1870 – 1995），27；政府规模与公共支出（1960，1990），100；收入分配（1930年代，1960，1980年代），94 – 98；养老金债务，68；公共债务（1870 – 1996），65 – 66；公共支出（1920年代），8；公共支出（1930年代），9；目前财政形势，64；收入（1870 – 1996），51 – 53；社会保险覆盖面（1910 – 1975），36，39；教育支出（1870 – 1993），33 – 34；税率，59 – 60；公共支出趋势（1980 – 1996），20；失业率（1870 – 1996），81

capital flows 资本流动：对财政改革的影响，148 – 149

Chile 智利：预算盈余，123；宪法（1980），214；政府分权，214 – 215；妇女受教育机会，128；教育水平，128；教育券制度，186 – 187；财政改革，207 – 208，210 – 213；政府行政效率，129；政府社会支出，129；财政改革的实施，150；收入分配，128；婴儿死亡率，128；司法改革，166n22；通货膨胀水平（1990年代），126；养老计划，126 – 127，192，214；人均GDP，126；市场激励与低水平政府支出政策（1960年代，1970年代），121；以购买力平价计算的人均收入，126；私立大学，185；私有化，210 – 213，214；退休保险私有化，124；公共支出（1982 – 1995），215；失业水平，127；运用市场力量，209

China 中国：人均GDP，126

civil service 公务员：公务员就业水平的变化，239 – 240；建立高效公务员队伍的条件，166 – 167；压缩公务员规模的时间安排，150 – 151

Colombia 哥伦比亚：健康指标，91

constitutions 宪法：有宪法作基础的平衡预算规则，161；作为宪法组成部分的预算过程，154；宪法对政府的约束，159；美国宪法事实上的变化，14；德国战后宪法中的财政政策，14；意大利宪法中的财政政策，14，22；瑞士宪法中的财政政策，14，21；财政政策改革中的宪法规则，138；宪法中的福利权利和国家职能，13 – 14

corruption 腐败：对财政政策的影响，153 – 154；政治腐败和官僚腐败的发生，168 – 169；腐败的破坏效应，168

cost-benefit analysis 成本 – 收益分析：经济计划中的成本 – 收益分析，12

debt, public 公共债务：巨额财政赤字所带来的公共债务负担

(1870-1996),64-66;公共债务对所支付的利率水平的影响,84-88

decentralization 分散化:智利的分散化,215;公共支出决策的分散化,162-163

defense spending 国防支出:欧洲国家的国防支出(1930年代),9;政府的国防支出(1990-1995),27-28;第一次世界大战的国防支出,8;第二次世界大战前的国防支出,54

demographics 人口:老年人口增加,37-39,41-42,49t,67-69;预期寿命提高,37-38,41,67

Denmark 丹麦:预算目标,155-156;财政搅拌,140-141

Discretion 斟酌决策:斟酌的反周期财政政策,160;聘用和解聘上的斟酌决策权,163;预算过程中议会的斟酌决策权,154

Economic and Monetary Union (EMU) 经济与货币联盟:平衡预算规则,160-161;预算政策,235-236;对成员国财政状况的监督,159;进入规则,160

economic growth 经济增长:利率水平对经济增长的影响,85;对公共债务水平的影响,66;1780-1913年间的经济增长,77;第二次世界大战以后的经济增长,77

economic shocks 经济冲击:石油价格冲击,55,78,84

education 教育:大学教育的收入,94,184-185,188;小学和中学教育融资,186;政府教育支出(1990),102;私人部门教育支出,188-190;公共教育支出(1870-1994),33-35,92-94,184-185;公共高等教育支出,35,94;小学和中学教育的收缩;斯密对教育重要性的理解,4;小学和中学教育的社会重要性,184;教育券制度,186-187

employment 就业:政府就业(1870-1994),25-27;公共部门就业,239-240;美国《就业法案》(1946),14

European countries 欧洲国家:税率,59-60

European Union (EU) 欧盟:公立小学和中学就学率,185;成员国预算过程,156-157;欧盟国家投资,47-48;欧盟财政政策监督,139;社会支出(1960-1980),32;《稳定与增长条约》,224-225,235-237;欧盟成员国补贴,240-241。还可参见 Economic and Monetary Union (EMU)

Exchange Rate Mechanism (ERM) 汇率机制, 88
exchange rates 汇率: 固定汇率体制崩溃(1970年代), 84; 汇率机制失败(1992), 88; 汇率高估, 203

Finland 芬兰: 教育券制度, 187; 财政改革, 217t, 219; 公共部门就业水平, 240; 公共支出(1993, 1995), 217t, 219

fiscal churning 财政搅拌: 消除财政搅拌的效应, 140-141; 一些国家财政搅拌水平, 140-141

fiscal deficits 财政赤字: 各国迈向财政赤字(1980年代), 62-63; 财政赤字的破坏作用, 64; 长期巨额赤字的影响, 64, 69; 拉美国家的财政赤字, 157; 出现财政赤字的时期(1870-1996), 51-55; 结构性财政赤字, 63-64

fiscal policy 财政政策: 财政透明度, 138-139; 改善收入分配的财政政策, 94-95; 强化稳健财政政策的制度特征, 152-153; 凯恩斯经济学的财政政策, 157-158; 征收累进税为公共支出融资, 13; 财政政策所需要的制度框架, 138-139; 财政政策所需要的透明度, 136-138; 对准财政措施冲销成本的反应(1980-1994), 203-204; 财政政策透明度, 155。还可参见 budgetary process, fiscal rules

fiscal policy reform 财政政策改革: 促进财政政策改革的条件, 148; 全球化对财政政策改革的影响, 148-149; 目标, 162-164; 短期负效应, 146; 障碍, 145-146; 时间安排, 149-151

Fiscal Responsibility Act (1994), New Zealand 新西兰《财政责任法》(1994), 211, 235

fiscal rules 财政规则: 起约束作用, 158; 用以解决财政账户不平衡, 158-159; 平衡预算, 158-160; 目前对财政规则的兴趣, 158; 经济与货币同盟的财政规则, 224; 典型财政规则, 159; 财政规则的监督与实施, 159; 财政规则改革建议, 137-138; 再分配效应, 136-137; 当财政规则行不通时, 160

France 法国: 预算执行程序, 157; 医疗保健成本, 199-200; 教育(1870-1994), 92-93; 政府就业, 167; 公共部门就业(1870-1994), 28; 财政平衡状况(1960-1996), 62; 政府实际支出(1870-1995), 27; 政府规模与实际支出(1960, 1990), 100; 健康指标(1870-1995), 89-90; 税收改革点滴, 241; 收入分配(1930年代, 1960,

1980年代),94-98;通货膨胀(1870-1997),82-83;公共债务利息(1960-1990),85-86;利息支出(1870-1995),45-46;公共部门就业水平,240;养老金债务,68-69,191;第一次世界大战前的军备,8;私有化,239;公共债务(1870-1996),64-65;公共支出(1870年代),5,21;公共支出(1920年代),8;收入(1870-1996),51-53,55;社会保险覆盖面(1910-1975),36-37,39;教育支出(1870-1993),33-34;国有航空公司和银行,174;补贴,240;补贴与转移支付(1870-1995),30-32;税率,59-60;公共支出趋势(1980-1996),20;失业保险支出(1937-1996),42-43;失业率(1870-1996),80-81

Germany 德国:预算执行程序,157;经济试验(1920年代,1930年代),9;教育(1870-1995),93;政府实际支出(1870-1995),24,26,27;政府规模与公共支出(1960,1990),100;健康指标(1870-1995),89-90;高质量学校教育,187;税收改革点滴,241;收入分配(1930年代,1960,1980年代),94-98;通货膨胀(1870-1997),83;公共债务利息(1960-1990),85-86;利息支出(1870-1995),45-46;养老金债务,68-69,191;战后宪法,14;第二次世界大战后的公共支出,15;第一次世界大战前的军备,8;私有化,150,180,239;公共债务(1870-1996),64-66;公共支出(1870年代)5;公共支出(1920年代),8;公共支出(1930年代),9;经济实体私有化所造成的收入损失,181;收入(1870-1996),52-55;社会保险覆盖面(1910-1975),36,39;社会保险制度(1880年代),5,35;高等教育资金来源,189;教育支出(1870-1993),33-34;国有企业,29;补贴,240;补贴与转移支付(1870-1995),30;公共支出趋势(1980-1996),20;失业率(1870-1996),80-81

Globalization 全球化:对财政政策改革的影响,148-149

government intervention 政府干预:凯恩斯主义思想主张政府干预,10-13;18世纪的政府干预,4;1960-1980年间的政府干预,16-17;瑞士的政府干预政策(1947),14;第二次世界大战后政府干预的理由,10-18;新加坡的政府干预,122;对政府干预的怀疑(1980

年代,1990年代),18-19

government role 政府职能:第一次世界大战后的政府职能,9-10;古典经济学家有关政府职能的思想,4-5;政府职能扩张带来的影响(1870-1996),73-77;以往政策对政府职能的影响,150;马克思主义有关政府职能的思想,5,10;第二次世界大战后政府职能的扩张,16;在所设计的医疗部门改革中政府的职能,201-202;政府在提供教育上的职能,92-94;世界银行养老改革建议中的政府职能,194

governments 政府:刺激政府改革的条件,136;政府产出的界定和成本计算,162;日本对政府的制度约束,21-22;政府运作的透明度,155;有关政府扩张的瓦格纳定律,15

governments, large 大政府:分配与社会稳定指标(1960,1990),112-115;经济增长(1960,1990),103-105;经济绩效(1960,1990),102-108;环境指标(1960,1990),109-112;治理指标,115-119;利率(1960年代-1990年代),107;投资(1960,1990),103,106;劳动力市场指标(1960,1990),102-108;支出水平(1960年到1990年代),100-102;1960年以后的公共债务,101-102;公共债务(1960,1990),102-108,106-107;影子经济与管制,118;社会指标(1960,1990),108-110;失业率(1960,1990),107-108

governments, medium-sized 中政府:分配与社会稳定指标(1960,1990),112-115;经济增长(1960,1990),103-105;经济绩效(1960,1990),102-108;环境指标(1960,1990),109-112;治理指标,115-119;利率(1960年代-1990年代),107;投资(1960,1990),103,106;劳动力市场指标(1960,1990),102-108;支出水平(1960年到1990年代),100-102;公共债务(1960,1990),102-108,107-108;第一次世界大战后的公共支出,8;社会指标(1960,1990),108-110;失业率(1960,1990),107-108

governments, small 小政府:分配与社会稳定指标(1960,1990),112-115;经济增长(1960,1990),103-105;经济绩效和产出,102-108;环境指标(1960,1990),109-112;治理指标,115-119;政府绩效指标(1990年代),121-130;利率(1960年代-1990年代),107;投

资(1960－1990),103,106;劳动力市场指标(1960,1990),102－108;1960年后的公共债务,101－102;公共债务(1960,1990),102－108,106－107;影子经济与管制,118;社会指标(1960,1990),108－119;失业率(1960,1990),107－108

government spending 政府支出:参见 public spending

Great Depression 大衰退:大衰退期间对公共支出缺乏约束,13－18,54;大衰退期间经济增长下降,77;对公共债务水平的影响,64－65;大衰退期间政府补贴与转移支付,30;对经济理论的影响,10－12;对补贴和转移支付的影响,30－32;公共支出计划的繁衍,24－26;对失业保险计划的考验,42

Greece 希腊:金融市场控制,204;公共债务利息,86

gross domestic product GDP: 人均GDP(1870－1990),78－80;新兴工业化国家人均GDP,126

health insurance 医疗保险:在所设计的改革中政府的职能,201－202;医疗保险的建立及支出,35－38;英国国家医疗保险服务署,223;OECD国家的医疗保险,199－200

health sector 医疗部门:政府公共医疗部门支出(1990),102;未来改革的潜力和指导方针,198－199,201－202;公共医疗部门的社会支出,35－38,43－45,73

Hong Kong 香港:经历的预算赤字,123;经济自由,129;经济增长(1980年代),124;教育政策,123－124;政府行政效率,129;收入分配,129;婴儿死亡率,128;预期寿命,128;人均GDP,126;公共支出(1970年代),121－122;教育水平,128;有关政府职能的观点,122

human capital 人力资本:教育对人力资本的贡献,92;大学教育经历对人力资本的贡献,94;人力资本的增长(1870－1996),73

Hungary 匈牙利:养老金改革,195;人均GDP,79;私有化,180n10;经济实体私有化带来的收入,181

income, per capital 人均收入(1870－1994),78－80

income distribution 收入分配:作为社会指标的收入分配(1930年代,1960年代,1980年代),94－98

income transfer programs 收入转移支付计划:政府为收入转移支付计划花费的支出,96－97;政府在收入转移支付计划上的支出(1870 – 1995),30 – 32;OECD国家,30 – 32,134 – 135,202;作为社会支出的一部分,32n9;削减收入转移支付计划支出的建议,202;其他收入转移支付计划上的公共支出,43 – 45

Indonesia 印度尼西亚:平衡预算规则,161;婴儿死亡率(1870 – 1995),89 – 92

Inflation 通货膨胀:各组国家之间的通货膨胀(1960,1990),106;反周期政策对通货膨胀的影响,55;政府对通货膨胀的影响,76;通货膨胀水平(1870 – 1997),82 – 84

Institutions 制度:影响财政政策的制度,154 – 157;促进稳健财政政策的制度,152 – 153;财政政策改革中的制度,164;把财政规则纳入制度框架,159;财政政策改革中制度的作用,138 – 139

interest groups 利益集团:对政府支出的影响,14 – 15;对变革的抵制,242 – 243

interest rates 利率:对经济增长的影响,85;利率水平对所要支付的公共债务的影响,84 – 88;新兴工业化国家的利率,107;公共债务的利息支出(1870 – 1995),45 – 47,84;小政府、中政府和大政府国家的利率水平(1960年代至90年代),107

International Monetary Fund (IMF) 国际货币基金组织:财政透明度法典,137n9

investment 投资:公共投资下降(1980年代,1990年代),88 – 89;削减公共投资的影响,175;政府对投资的影响,76;公共投资水平(1870 – 1995),47 – 48

Ireland 爱尔兰:私立小学和中学的就学率,185;财政平衡状况(1960 – 1996),62,64;财政赤字,63 – 64;财政改革,217t,219 – 220;政府实际支出(1870 – 1995),29;政府规模与公共支出(1960,1990),100;收入分配(1930年代,1960,1980年代),95 – 96;人均GDP(1870 – 1990),79 – 80;第二次世界大战后的公共支出,16;公共支出(1920年代),8;公共支出(1983,1994),217t,219 – 220;公共支出趋势(1980 – 1996),20 – 21;收入(1870 – 1996),52 – 54;社会保险覆盖面(1910 – 1975),36 – 37,39;补贴与转移支付(1870 – 1995),31 – 32;税率,59 – 60;失业保险支出(1937 – 1996),42 – 43;失业率(1870 – 1996),81

Italy 意大利:预算执行程序,157;

赤字融资,161;经济实验(1920年代,1930年代),9;财政平衡状况(1960-1996),62;政府规模与公共支出(1960,1990),99;健康指标(1870-1995),89-90;税收改革点滴,241;收入分配(1930年代,1960,1980年代),94-98;通货膨胀(1870-1997),83;公共债务利息(1960-1990),85-86;利息支出(1870-1995),45-46;公共部门就业水平,240;养老金债务,68,191;战后宪法,14;私有化,180;公共债务(1870-1996),64-66;医疗保健的公共提供,200;公共养老金支出,41t,190-191;公共支出(1870年代),5;公共支出(1920年代),8;近期财政形势,64;金融体系管制,203;收入(1870-1996),51-54;社会保险覆盖面(1870-1975),36,39;高等教育资金来源,189;国有航空公司与国有银行,174;国有企业,29;补贴,240;补贴与转移支付(1870-1995),30-32;税率,59-60;公共支出趋势(1980-1996),20,22;失业率(1870-1996),80-81

Japan 日本:行政效率,140;教育(1870-1994),93;政府就业,167;财政平衡状况(1960-1996),62;

财政赤字,64;政府实际支出(1870-1995),24,26,27;政府规模与公共支出(1960,1990),100;高质量学校教育,187;收入分配(1930年代,1960,1980年代),94-98;通货膨胀(1870-1997),83;其他转移支付计划,44-45;养老金债务,68-69,191;人均GDP(1870-1990),79-80;第二次世界大战后的公共支出,15-16;公共消费(1960,1995),135;公共债务(1870-1996),65-66;公共支出(1920年代),8;公共支出(1930年代),9;公共支出(1960),134;收入(1870-1996),52-53,55;社会保险覆盖面(1910-1975),36-37,39-40;高等教育资金来源,188-189;教育支出(1870-1993),33-34;补贴和转移支付(1870-1995),30,32,134-135;税率,59-60;公共支出趋势(1980-1996),21;失业保险支出(1937-1996),42-43;失业率(1870-1996),80-81

Judiciary 司法:在监督财政政策中的作用,166

Keynesian-based policies 基于凯恩斯主义的政策:财政政策,157-158;在规范的凯恩斯主义政策中的政

府职能,140-141
Keynesianism 凯恩斯主义:在第二次世界大战后的影响,10-13;1960年代和1970年代的凯恩斯主义,16-18,22,55;稳定政策,78
Korea 韩国:银行危机,123;政府支出控制,121;经济增长(1990年代),124;教育水平与支出,123,128;政府行政效率,129;政府社会支出,129;收入分配,128;养老金计划,127;人均GDP,126;以购买力平价计算的人均GDP,126;储蓄率,126;社会保险制度,122;失业水平,127

labor markets 劳动力市场:劳动力市场政策对就业水平的影响,82;与政府规模的关系,102-108。还可参见 employment, unemployment
laissez-faire policies 自由放任政策:第一次世界大战后的自由放任政策,9-10;自由放任下的经济增长(1870-1913),77-78;大衰退时期对自由放任政策的怀疑,77;第一次世界大战前的自由放任政策,3-8
Latin American countries 拉丁美洲国家:集中预算过程,157;赤字融资,161;财政赤字,157;司法改革,166n22;公共部门就业水平,240;

私立大学,185;经济实体私有化带来的收入,181;风险补偿金(1990年代),88
liabilities, government 政府债务:与养老体制缺陷有关的政府债务,67-69
life expectancy 预期寿命(1870-1995),89-92

Maastricht Treaty 马斯特里赫特条约:财政标准,157,159
Malaysia 马来西亚:财政改革,226t,227-228;人均GDP,79
marketability index 可市场化指数:具有私有化潜力的服务和行业的可市场化指数,177-180
markets 市场:政府影响市场,76
Marxism 马克思主义:对欧洲社会主义运动的影响,5
Mauritius 毛里求斯:财政改革,226t,227
Mexico 墨西哥:对金融市场的控制,203-204;健康指标,91;养老金改革,195;人均GDP,79;发行欧洲债券的风险补偿金,88;私有化,180n10
Ministry of finance 财政部:强有力的财政部的作用,165
monetary policy 货币政策:紧货币政策的效应(1980s),86。还可参

见 fiscal policy

Netherlands 荷兰:私立小学和中学的就学率,185;预算目标,156;为财政计划设置支出上限,161;财政平衡状况(1960-1996),62,64;财政改革,220-221;政府实际支出(1870-1995),29;政府规模与公共支出(1960,1990),99;健康指标(1870-1995),89-91;收入分配(1930年代,1960,1980年代),94-98;其他转移支付计划,43-4,202;养老金债务,68;养老金改革,195;公共支出(1870),5;公共支出(1920年代),8;公共支出(1930年代),9;公共支出趋势(1980-1996),20;第二次世界大战后的公共支出,16;公共支出改革,221;近期财政形势,64;收入构成(1870-1994),56-58;收入(1870-1996),52-54;补贴和转移支付(1870-1995),30-32;失业保险支出(1937-1996),42-43;失业率(1870-1996),80-81

newly industrialized countries (NICs) 新兴工业化国家:分配与社会稳定指标(1960,1990),112-115;经济和劳动力市场指标,124-127;经济增长(1960,1990),102-106;经济绩效(1960,1990),102-108;教育水平,128;环境指标(1960,1990),110-112;财政改革,225-229;公共支出重点,133-134;治理指标,115-119,129-130;政府绩效指标(1990年代),121-130;增长率(1990年代),126;收入分配,128;婴儿死亡率,89,91;利率(1960年代-1990年代),107;劳动力市场指标(1960,1990),102-108;私有化,180n10;公共债务(1960,1990),102-108;公共支出(1960,1990),100-102;公共支出模式,121-124;社会与分配指标,127-129;社会指标(1960,1990),108-110;失业率(1960,1990),107-108。还可参见 Chile; Hong Kong; Korea; Singapore

New Zealand 新西兰:经济政策变革,210;教育(1870-1994),93;财政平衡状况(1960-1996),62,64;财政改革,207-208,210-213;财政透明度,139;政府实际支出(1870-1995),29;政府规模与公共支出(1960,1990),100;健康指标(1870-1995),90-91;财政改革的实施,150;公共债务利息(1960-1990),85;人均 GDP(1870-1990),79;公共债务(1870-1996),64-66;近期财政形势,64;资源账,205;收入

(1870-1996),51-54;教育支出(1870-1993),33-34;补贴与转移支付,134-135;补贴与转移支付(1870-1995),32;税率,59-60;公共支出趋势(1980-1996),20-21;运用市场力量,209

Norway 挪威:教育支出(1870-1993),33-34;公共部门就业(1870-1994),28;财政平衡状况(1960-1996),62-63;政府实际支出(1870-1995),27;政府规模与公共支出(1960,1990),100;收入分配(1930年代,1960,1980年代),94-98;公共债务利息(1960-1990),85-86;其他转移支付计划,44-45,202;公共债务(1870-1996),65-66;公共支出(1920年代),8;公共支出(1930年代),9-10;第二次世界大战后的公共支出,16;公共支出趋势(1980-1996),20-21;收入(1870-1996),52-53,55;补贴与转移支付(1870-1995),30-32,32;税率,59-60;失业保险支出(1937-1996),42-43;失业率(1870-1996),80-81

Oceania 大洋洲:集中预算过程,157

OECD countries OECD 国家:财政改革,215-225;医疗保健体制,199-200;公共部门就业水平,240;公共养老金支出,40;公共债务风险补偿金(1991-1995),86-88;社会支出(1960-1980),32

oil price shocks 石油价格冲击:影响,55,78;第一次石油价格冲击后的通货膨胀(1973),84

pension systems 养老体制:固定缴费制的优点与缺点,195-197;智利,126-127,192,214;OECD 国家目前的养老体制,191;人口变化对公共养老体制的影响,67-69;退休人口增加的影响,67-69;改革的指导原则,192-195;私有化,190-191;公共养老金支出,190-191;现收现付制度的改革,197-198;世界银行研究报告(1994),192

Phillips curve 菲利普斯曲线,18

Poland 波兰:养老体制改革,195;私有化,180n10

Portugal 葡萄牙:金融市场控制,204;财政改革,217t,221-222;私有化,180;公共企业亏损,174-175

Privatization 私有化:好处,175-176;智利的私有化,210-212,214;有关私有化的争论,237-

238;私有化的影响,135;对政府支出的影响,29;政府活动的私有化,142－143;政府在私有化中的作用,172－174;新西兰的私有化,210－213;养老体制私有化,190－191;服务和行业私有化潜力排序,177－180;为削减公共消费支出而进行的私有化,135;财政政策改革中的私有化,146－147;私有化是对政府直接参与的替代,176－177;英国私有化,223

public debt 公共债务:第一次世界大战后欧洲国家的公共债务,51;利息支出(1870－1995),45－47;政府规模与公共债务,106－107

public goods 公共品:斯密的公共品概念,4

public sector 公共部门:公共服务承包,180－181

public services 公共服务:公共服务的私人提供,180－184

public spending 公共支出:第一次世界大战期间及之后的公共支出,8;增长的非对称性,20－22;公共支出所带来的好处,73－74;改革蓝图,171－174;预算在设定公共支出水平上的作用,154－155;购买者－提供者联系,162－163;国家之间的差异(1870－1995),20－29;公共教育支出(1870－1994),92－94;财政规则对公共支出的影响,136－137;影响公共支出削减的因素,148－149;第二次世界大战后的公共支出增长,13－18;高等教育支出,188－190;工业化国家的公共支出(1960年代),134;加尔布雷思、巴托尔和托宾对公共支出的影响,11－12;公共支出水平(1870－1996),5－7,20,73;第二次世界大战后的公共支出,15－16;公共医疗支出,89－92;实际支出(1870－1995),24;改革方案,172－174;1930年代的公共支出,9－10;受公共支出影响的社会经济指标,75－98;削减公共支出的时间安排,149－151;收入转移支付上的公共支出(1980年代),96－97;公共支出管理的趋势,162－164。还可参见 defense spending; education; governments, large; governments, medium-sized; governments, small; interest rates; newly industrialized countries (NICs); OECD countries; social spending

regulations 规制/管制:作为税收和支出的替代物,203;在小政府和大政府国家中的影响,118;需要变革国家的规制职能,134

rent controls 租金控制, 203

rent seeking 寻租, 17

resource accounting 资源账, 204 – 205

resource allocation 资源配置：古典经济学家的资源配置概念, 4 – 5; 政府在资源配置上失灵（1970年代）, 18; 凯恩斯主义经济学中的资源配置, 10 – 13; 马克思主义的资源配置, 5, 10

revenues, government 政府收入：构成变化（1870 – 1994）, 55 – 59; 增长, 59 – 61; 水平（1870 – 1996）, 51 – 55

Ricardo's equivalence theorem 李嘉图恒等式理论, 88

risk premiums 风险补偿金：公共债务的风险补偿金（1991 – 1995）, 84 – 88

rule of law 法治：市场经济中的法治, 167 – 168; 法治与政府腐败的关系, 167 – 170

rules of the game 游戏规则：游戏规则变化, 136 – 137; 不恰当游戏规则的影响, 137 – 138; 游戏规则概念, 153 – 154。还可参见 fiscal rules

Russia 俄罗斯：不切实际的预算, 157

Savings 储蓄：政府对储蓄的影响, 76

Singapore 新加坡：中央公积金, 124; 经济自由, 129; 金融资产, 123; 财政改革, 226t, 228 – 229; 政府行政效率, 129; 政府干预政策, 122; 通货膨胀水平（1990年代）, 126; 预期寿命, 128; 养老计划, 126 – 127; 人均 GDP, 126; 女性受教育机会, 128

social indicators 社会指标：教育水平（1870 – 1994）, 92 – 93; 健康指标, 89 – 92; 收入分配（1930年代, 1960, 1980年代）, 94 – 98

social security systems 社会保险体制：智利, 214; 有关社会保险支出的争论, 237 – 239; 政府社会保险支出（1960 – 1990）, 102; 设计的改革, 146; 1960年代和1970年代的社会保险体制, 16。还可参见 health insurance; income transfer programs; pension systems; unemployment

social spending 社会支出：其他转移支付计划, 43 – 45, 73; 构成, 32; 教育上的社会支出, 33 – 35, 73; 医疗上的社会支出, 35 – 38, 73; 养老上的社会支出, 36t, 39 – 42, 73; 失业保险上的社会支出, 36t, 42 – 43, 73 – 74, 82

social welfare 社会福利：公共支出对社会福利的影响, 71 – 77; 工业

化国家的社会福利水平(1960),133;国家在提供社会福利上的职能,142

Soviet Union 苏联:经济实验(1920年代,1930年代),9

Spain 西班牙:政府实际支出(1870-1995),26-27,27;政府规模与公共支出(1960,1990),100;健康指标(1870-1995),89-90;收入分配(1930年代,1960,1980年代),94-98;利息支出(1870-1995),45-46;公共部门就业水平,240;人均GDP(1870-1990),79-80;第二次世界大战后的公共支出,15-16;私有化,180;公共债务(1870-1996),65-66;公共支出(1920年代),8;公共支出(1930年代),9;高等教育资金来源,188-189;教育支出(1870-1993),33-34;国有航空公司和银行,174;补贴,240;补贴和转移支付(1870-1995),31-32,32;公共支出趋势(1980-1996),20

State,the 国家:私有化以削减国家职能,175;重新界定国家职能,131;削减国家职能,139-143;改革以削减国家职能,143-148

Subsidies 补贴:持续补贴的影响,135;欧盟国家的补贴,240-241;政府在补贴上的支出(1870-1995),30-32,73;OECD国家的补贴,30-32,134-135;有关补贴的公众争论,240-241

Sweden 瑞典:公共部门就业(1870-1994),28;财政平衡状况(1960-1996),62;财政搅拌,139;财政改革,22-23;政府实际支出(1870-1995),27,29;政府规模与公共支出(1960,1990),100;健康指标(1870-1995),90-91;收入分配(1930年代,1960,1980年代),94-98;利息支出(1870-1995),45-46;其他转移支付计划,44-45;养老金债务,68,191;人均GDP(1870-1990),79-80;公共债务(1870-1996),65-66;公共支出(1920年代),8;公共支出(1930年代),9;第二次世界大战后的公共支出,16;公共支出(1993,1995),217t,222-223;公共支出(1983,1989,1995-1996)217t,223-224;公共支出趋势(1980-1996),20-21;收入(1870-1996),52-55;社会保险覆盖面(1910-1975),36-37;教育支出(1870-1993),33-34;国有航空公司和银行,174;补贴和转移支付(1870-1995),31-32;税率,59-60;失业保险支出(1937-1996),42-3;失业率(1870

—1996),80-81

Switzerland 瑞士:行政效率,130;医疗保健成本,199-200;教育(1870-1004),92-93;财政平衡状况(1960-1996),62;政府实际支出(1870-1995),27;政府规模与公共支出(1960,1990),100;健康指标(1870-1995),89-92;高质量学校教育,187;利息支出(1870-1995),45-46;其他转移支付计划,44-45;养老金债务,68;人均GDP(1870-1990),79-80;战后对联邦权力的修正,14;第二次世界大战后的公共支出,15;公共消费(1960,1995),135;公共支出(1960),134;公共支出(1870年代),5,21;公共支出(1920年代),8;公共支出(1930年代),9;公共支出趋势(1980-1996),20-21;收入(1870-1996),52-53,55;社会保险覆盖面(1910-1975),36-37,39;高等教育资金来源,189;补贴与转移支付(1870-1995),32;税率,59-60;失业保险支出(1973-1996),42-43

Taxes 税收:税率提高,59-61;对收入分配的影响,96-98;所得税和社会保险税收入,55-59;增值税收入,55-59

tax systems 税收制度:新西兰的税收制度改革,210-213;税收改革,241

Thailand 泰国:健康指标,91

transition economies 转型经济:私有化,180n10;经济实体私有化所带来的收入,181

transparency 透明度:财政缺乏透明度的后果,153-154;财政政策透明度,152-153,155

treasury 国库:财政部国库办公室,165;对公共支出的监督,155

Turkey 土耳其:金融市场控制,204

unemployment 失业:政府对失业的影响,76;凯恩斯主义有关失业的观点,55;大衰退期间的失业水平,80-81;1870-1914年间的失业水平,80;第二次世界大战后的失业水平,80-81;与失业相关的社会问题,82

United Kingdom 英国:为削减政府职能而战,19;教育(1870-1994),92-93;公共部门就业(1870-1994),25,28;财政平衡状况(1960-1996),62;财政改革,223-224;财政透明度,139;政府实际支出(1870-1995),24,27-29;政府规模与公共支出(1960,1990),100;健康指标(1870-

1995),90,92;收入分配(1930年代,1960,1980年代)94–98;通货膨胀(1870–1997),82–83;预算限额,155;国民医疗服务署,223;养老金债务,68,191;养老体制改革,195;人均GDP(1870–1990),79;第一次世界大战前的军备,8;私有化,150,180,223,239;公共债务(1870–1996),64–66;医疗保健的公共提供,200;公共支出(1870年代),5;公共支出(1920年代),8;公共支出趋势(1980–1996),20–21;资源账,205;收入构成(1870–1994),56–58;高等教育资金来源,188–189;国有企业,29;补贴与转移支付(1870–1995),30–31;失业保险支出(1937–1996),42–43;失业率(1870–1996),81

United States 美国:行政效率,130;有关预算平衡的争论,236;为削减政府职能而战,19;医疗保健成本,199–200;目前预算盈余,158;公共部门就业下降,240;教育(1870–1994),92–93;教育券制度,187;政府就业,167;公共部门就业,25;财政平衡状况(1960–1996),62;财政搅拌,140–141;财政改革,224;政府实际支出(1870–1995),24,27–29;政府规模与公共支出(1960,1990),100;收入分配(1930年代,1960,1980年代),94–98;公共债务利息(1960–1990),85–86;允许政府干预的立法,14;预算限额,155;其他转移支付计划,44–45;养老金债务,68,191;人均GDP(1870–1990),79–80;第二次世界大战后的公共支出,16;私有化,180;公共债务(1870–1996),64–65;公立教育制度,185–186;公共支出(1920年代),8;公共支出(1930年代),9;收入(1870–1996),51–54;高等教育资金来源,188–189;与"新政"计划有关的支出,9;州级预算平衡规则,160;补贴与转移支付,134–135;补贴与转移支付(1870–1995),30,32;税率,59–60;失业保险支出(1937–1996),42–43;福利改革争论,238

Wagner's Law 瓦格纳定律,15,23
welfare 福利:公共政策分析中的福利计量,74。还可参见 social welfare
welfare rights 福利权利:作为宪法权利,13–14
welfare state 福利国家:第二次世界大战后的福利国家思想,13–18;福利国家削减社会计划,141–

142;社会政策创造福利国家,31 – 32

welfare systems 福利制度:新兴工业化国家的福利制度,120;英国福利制度改革,223

women 妇女:妇女劳动力的参与率(1960,1990),104 – 105,108;新兴工业化国家妇女的作用,127 – 128

working poor 工作穷人:工作穷人的出现,82

Zimbabwe 津巴布韦:金融市场控制,203 – 204

图书在版编目(CIP)数据

20世纪的公共支出:全球视野/(美)坦齐,(德)舒克内希特著;胡家勇译.—北京:商务印书馆,2005
ISBN 7 - 100 - 04431 - 6

Ⅰ.20… Ⅱ.①坦…②舒…③胡… Ⅲ.财政支出-研究 Ⅳ.F810.45

中国版本图书馆 CIP 数据核字(2005)第 035258 号

所有权利保留。
未经许可,不得以任何方式使用。

ÈRSHÍ SHÌJÌ DE GŌNGGÒNG ZHĪCHŪ:QUÁNQIÚ SHÌYĚ
20世纪的公共支出:全球视野

〔美〕维托·坦齐
〔德〕卢德格尔·舒克内希特 著
胡家勇 译

商务印书馆出版
(北京王府井大街36号 邮政编码100710)
商务印书馆发行
北京民族印刷厂印刷
ISBN 7 - 100 - 04431 - 6/F·541

2005年11月第1版　　开本 850×1168 1/32
2005年11月北京第1次印刷　印张 11 1/2
　　印数 5 000 册

定价:20.00元